Les conflits organisationnels

Restez maître du jeu !

Ghislaine Guérard, Ph.D.
Traduit de l'anglais par Claude Béland

Les conflits organisationnels

Restez maître du jeu !

ÉDITIONS YVON BLAIS
UNE SOCIÉTÉ THOMSON

Catalogage avant publication de Bibliothèque et Archives nationales du Québec et Bibliothèque et Archives Canada

Guérard, Ghislaine, 1949-

    Les conflits organisationnels : restez maître du jeu !

    Traduction de : Mastering the conflict game.
    Comprend des réf. bibliogr. et un index.

    ISBN 978-2-89635-194-7

    1. Gestion des conflits. 2. Psychologie du travail. 3. Comportement organisationnel. 4. Qualité de la vie au travail. 5. Culture d'entreprise. I. Titre.

KD42.G8314 2008   658.3'145   C2008-940749-0

Nous reconnaissons l'aide financière du gouvernement du Canada accordée par l'entremise du Programme d'aide au développement de l'industrie de l'édition (PADIÉ) pour nos activités d'édition.

© Les Éditions Yvon Blais Inc., 2008
C.P. 180 Cowansville (Québec) Canada
Tel. : (450) 266-1086 Fax : (450) 263-9256
Site Internet : www.editionsyvonblais.com

Dépôt légal : 2ᵉ trimestre 2008
Bibliothèque et Archives nationales du Québec
Bibliothèque et Archives Canada

ISBN : 978-2-89635-194-7

À Richard,
mon amour

REMERCIEMENTS

Ce livre est le résultat de plusieurs années de recherche, d'enseignement et de pratique comme consultante en communication organisationnelle. Dans ce contexte, je dois ma reconnaissance à plusieurs collègues, étudiants, clients et amis.

Je voudrais d'abord remercier les personnes qui m'ont aidé à faire de ce livre ce qu'il est aujourd'hui : ma traductrice, Claude Béland, qui combine une grande compétence avec un enthousiasme et une gentillesse hors du commun; Simon Drouin qui a réalisé l'affiche de la couverture; Marie-Élaine Tremblay et Hélène Arts, mes assistantes de recherche; l'équipe de « l'Invisible qui fait mal » qui m'a permis d'expérimenter ma méthode dans un projet de recherche sur les problèmes de santé mentale liés au travail.

Merci à Mike Snell, Libby Koponen, Richard Cawley et Denise Ouellette pour leur soutien et leurs précieux conseils. Je veux aussi remercier mes étudiants et mes clients qui ont joué un rôle important dans ma décision de publier ma méthode d'analyse et d'intervention. Merci aussi au Centre en études communautaires et en relations humaines de l'Université Concordia pour avoir été le premier éditeur de *Mastering the Conflict Game : Getting Ahead by Exploring The Hidden Life of Organizations.*

Je me suis assurée qu'on ne puisse identifier mes clients à travers les histoires et les anecdotes qui parsèment ce livre. Je leur suis très reconnaissante de leur collaboration et les remercie de tout cœur même si je ne peux les reconnaître officiellement pour des raisons de confidentialité.

Merci enfin à Mes Marie-Noëlle Guay et Stéphanie Toner des Éditions Yvon Blais pour leur précieuse collaboration.

TABLE DES MATIÈRES

INTRODUCTION

Nous étions dans les années 1970. Un président de syndicat m'annonce qu'il ne veut pas de moi comme conseillère.

- Je ne doute pas de tes compétences, précise-t-il. Tu as brillamment négocié pour nous plusieurs griefs. Non, le problème n'est pas là... C'est la façon dont tu t'habilles.

- Que veux-tu dire ?...

Il me disait ça à moi qui me suis toujours targuée d'avoir bon goût!

- Tu trouves que je m'habille mal ? Tu n'aimes pas ce que je porte ?

- Non, ce que tu portes est magnifique.

J'étais bien de cet avis aussi : mon petit tailleur vert à la mode et mes talons hauts étaient d'un goût exquis. Je reconnais que les talons n'étaient pas tout à fait adaptés aux marches forcées des manifestations, mais pas question pour moi de m'affubler de ces longues jupes paysannes et de ces increvables sandales Birkenstock qu'avaient toutes adoptées les femmes avec qui je travaillais alors.

Il m'a fallu des années pour prendre conscience que ma façon de m'habiller était au cœur du problème. Les vêtements sont plus que des vêtements : ce sont des symboles. Or, je m'habillais comme les patrons. Aux yeux de ce président de syndicat, je m'habillais comme l'ennemi; j'étais donc une ennemie. Il n'y avait pas que les vêtements qui faisaient de moi une inadaptée organisationnelle. En fait, je n'étais pas en phase avec l'organisation; je n'en faisais pas une bonne lecture. L'organisation et moi étions en conflit. Aujourd'hui encore, je n'en reviens pas que je n'avais pas vu comment mon attitude me marginalisait et m'avait fait peu à peu glisser du statut de « brillante recrue » à celui d'ex-employée.

Peut-être avez-vous développé, vous aussi, un comportement qui vous marginalise. Vous apprendrez dans ce livre à déchiffrer les codes subtils, et parfois même secrets, qui soustendent les structures des organisations et les différents réseaux qui les composent. Vous apprendrez ensuite à élaborer des stratégies qui vous permettront de mettre en pratique ce nouveau savoir et d'utiliser votre propre pouvoir afin de rester maître du jeu. En effet, C'EST UN JEU : il suffit d'en appliquer judicieusement les règles. Vous développerez en lisant ce livre les connaissances, la pratique et la confiance qui font les bons joueurs.

Ce n'est pas le travail qui rend les gens dingues, ce sont les relations de travail. Ce sont les mesquineries, les commérages, les complots contre le plus faible ou contre la plus brillante – et toutes ces conventions tacites qu'on ne perçoit pas. J'ai écrit *Les conflits organisationnels : restez maître du jeu !* à l'intention de ceux et celles qui veulent développer la faculté de rendre visible ce qui est invisible, atout indispensable pour qui tient à rester maître du jeu dans une situation de conflit. Ce livre vous donne des outils pour mieux comprendre vos propres comportements et votre milieu de travail.

Les pages qui suivent vont vous aider à prendre un certain recul, à vous observer avec lucidité et à prendre conscience de la manière dont vous vous intégrez dans votre environnement professionnel. Au fil des exercices, vous sentirez se développer votre compréhension des autres et de vous-même. Vous en viendrez même à percevoir les conflits comme autant d'occasions de prendre le contrôle de la situation et de changer le cours des événements. *Les conflits organisationnels : restez maître du jeu !* fournit des outils : des outils pour analyser ce qui se passe, des outils pour comprendre pourquoi telle ou telle personne (y compris vous-même) agit de telle ou telle façon et des outils pour développer les stratégies adaptées à chaque circonstance.

J'aurais bien aimé entrer sur le marché du travail en ayant entre les mains un ouvrage comme celui-ci. Dans toutes les organisations où j'ai travaillé, j'ai rencontré des gens malheureux qui pourtant, à première vue du moins, occupaient un poste fait sur mesure pour eux. Il m'a fallu retourner à l'école pour comprendre pourquoi il en était ainsi.

C'est l'accumulation des sources d'irritation qui déclenche les conflits. La première étape à franchir dans ce cas pour rester maître du jeu, c'est de chercher à comprendre ce qui se passe dans votre entreprise; alors seulement vous serez à même d'identifier avec précision les joueurs et les facteurs en cause (y compris votre propre comportement) dans ce conflit. Quand vous aurez acquis cette aptitude et que vous aurez appris à user de votre pouvoir, alors les conflits vous aideront à progresser dans votre carrière. Nous sommes en effet portés à considérer les situations conflictuelles comme une malédiction alors que, si nous apprenons à rester maître du jeu, les conflits deviennent des occasions d'améliorer ce qui va mal dans notre vie professionnelle.

La méthode que je vous propose enseigne comment gérer, étape par étape, une situation de conflit. Je n'ai pas inventé les concepts avec lesquels vous aurez l'occasion de vous familiariser dans ce livre : réseaux informels, culture, pouvoir, etc. Ces notions sont à la base de toutes les recherches qui se font en analyse des organisations. Malheureusement, elles ne figurent pas au programme de notre cursus scolaire et ne font pas partie du bagage qui nous a été transmis par notre éducation. Il en résulte qu'en matière de conflit, la plupart d'entre nous débarquons sur le marché du travail en parfaits illettrés qui se fient essentiellement à ce qu'ils voient et à ce qu'ils entendent. Or, la vie des organisations est pour une grande part cachée. Les incultes que nous sommes ont donc tôt fait de se mettre les pieds dans les plats, et ce n'est que petit à petit, en soignant nos blessures, que nous apprenons de nos erreurs. Il n'y a rien de mal à apprendre de ses erreurs, comprenez-moi bien; mais trop d'erreurs risque de vous faire perdre le sommeil, si ce n'est votre emploi ou, pire encore, votre équilibre mental.

Ce livre, je l'ai écrit à partir de mes propres expériences. Pour moi, il était très important que vous sachiez que, face à une situation de conflit, nous pouvons tous, vous et moi, nous révéler parfaitement inadaptés, mais que cela ne veut pas dire que la cause soit désespérée. Vous pouvez apprendre, tout comme moi j'ai appris. J'ai consacré ma maîtrise et mon doctorat à l'étude des communications organisationnelles et j'ai mis toutes mes énergies à comprendre la dynamique humaine en milieu de travail. J'ai étudié le rôle du pouvoir et de la culture dans les organisations; j'ai observé comment l'un et l'autre s'expriment dans la vie quotidienne en milieu de travail. J'ai cherché des réponses à des questions du type : Pourquoi les gens qui travaillent quotidiennement ensemble sont-ils si durs les uns envers les autres? Quel rôle joue le pouvoir dans une relation entre égaux? Pourquoi des personnes aimables, compétentes et créatives ont-elles des problèmes au travail et n'arrivent-elles pas à se faire une place dans les organisations ?

Les conflits organisationnels : restez maître du jeu ! est né de mes recherches mais il n'est sous aucun aspect un ouvrage universitaire. Je l'ai voulu aussi simple que possible, dans le but de rendre accessible au plus grand nombre de personnes des concepts essentiels dont nous avons tous besoin pour évoluer dans un contexte sécuritaire et enrichissant au travail.

Vivre en sécurité au travail

Pourquoi ce sous-titre : vivre en sécurité au travail ? C'est que les problèmes de santé mentale font actuellement des ravages dans les organisations. Épuisement professionnel et dépression sont le lot d'un nombre sans cesse croissant de travailleurs. La course à l'excellence et à la productivité, dans un contexte de diminution constante des effectifs, oblige les employés et les gestionnaires à lutter pour leur survie, dans des organisations qui sont devenues de véritables jungles et où les conflits pullulent. Pour rendre plus sécuritaires et plus sains nos milieux de travail, je crois sincèrement que nous devons miser sur une meilleure gestion des conflits. Chaque chapitre du livre se termine par un résumé des points saillants à retenir, auquel j'ai ajouté un paragraphe intitulé : *Pour protéger votre santé mentale*. Gérer les conflits de travail, c'est aussi gérer sa santé mentale; en vous exerçant à l'un, vous vous entraînez à l'autre.

Comment vous servir de ce livre

Il y a plusieurs années, un client a fait appel à mes services pour que je conçoive un atelier sur la négociation à l'intention de responsables de cas qui travaillent dans des services de soins à domicile pour les personnes âgées. Au fur et à mesure que mon client me faisait part des besoins de ces professionnels de la santé, je prenais conscience des nombreux conflits que ceux-ci vivaient avec différents types d'intervenants et de l'intérêt qu'ils auraient en effet à développer des talents de négociateurs. Mais j'ai expliqué à mon client qu'ils auraient aussi besoin, avant de passer à la phase de la négociation, d'apprendre à analyser un conflit. Je lui ai exposé qu'à mon point de vue, un conflit était le résultat de plusieurs facteurs liés à la fois au contexte, à la structure de l'organisation, à la culture et au pouvoir, et qu'avant de s'attaquer à la résolution d'un problème, il fallait d'abord l'analyser. J'ai convaincu mon client et c'est ainsi que ma méthode a vu le jour. Cette méthode en plusieurs étapes s'appuie à la fois sur la théorie des organisations et sur la théorie des conflits.

L'ouvrage que vous tenez entre vos mains vous livre presque tous les aspects de ma méthode. Je dis bien presque; en effet, pour des questions de clarté et de facilité de lecture, et aussi pour simplifier l'application des différents principes à la base de cette méthode, j'ai omis certaines étapes concernant, entre autres, les facteurs contextuels et les structures formelles de l'organisation. J'ai plutôt mis l'accent ici sur les aspects cachés, mais non moins réels, des organisations : les réseaux informels, les intérêts, la culture, le pouvoir. *Les conflits organisationnels : restez maître du jeu !* vous guidera, étape par étape, depuis les premières émotions ressenties qui vous indiquent la présence d'un conflit jusqu'au choix des stratégies à adopter; en d'autres mots : de vos émotions jusqu'à l'action. Bien que je recommande de lire ce livre comme il a été conçu, c'est-à-dire en suivant les unes après les autres les étapes de la méthode, ceux d'entre vous qui sont déjà très familiers avec certains concepts peuvent aller directement vers ceux qu'ils connaissent moins. Chaque chapitre forme un tout et aborde l'aspect théorique du concept étudié et son aspect pratique, par des analyses de cas, des anecdotes et des exercices.

Si vous n'êtes pas actuellement aux prises avec une situation de conflit, vous pourrez lire ce livre en prenant tout votre temps. Chaque chapitre suscitera une réflexion sur vos propres expériences de conflits qui vous serviront de matière pour faire les exercices. Vous prendrez le temps d'assimiler et de digérer toute l'information contenue dans ce livre et vous développerez de nouvelles aptitudes qui vous seront d'un grand secours lorsque surviendra un nouveau conflit. Cette fois, vous serez prêt !

Par contre, si vous êtes actuellement plongé jusqu'au cou dans un conflit qui met en jeu votre emploi ou qui menace votre équilibre psychologique, alors je suggère que vous passiez à travers ces pages en mode accéléré. Vous vous ferez rapidement une bonne idée de la situation et vous trouverez ce dont vous avez besoin pour bien choisir votre stratégie. Les émotions que l'on éprouve lors d'un conflit peuvent facilement brouiller notre jugement; dans ce contexte, il est facile de ne voir en l'autre qu'un méchant débile et en nous la victime sans tache. Cette perception des choses peut avoir un effet consolateur mais ne nous sera d'aucun secours dans le choix d'un comportement approprié. Si vous êtes très perturbé par un conflit, demandez l'aide d'un ami pour clarifier la situation et faire les exercices avec vous.

Les conflits organisationnels : restez maître du jeu ! se subdivise en trois parties qui correspondent à trois grands types de savoir et d'aptitudes; première partie : la connaissance de soi et des autres, deuxième partie : la connaissance de son organisation et de ses collègues, troisième partie : le choix d'une stratégie et le passage à l'action.

L'analyse des émotions et des styles pour mieux se connaître et connaître l'autre

Dans les chapitres 1 et 2, je vous invite à vous observer et à observer les autres en situation de conflit.

Découvrez votre univers émotionnel

Que ressentez-vous lorsque soudainement vous vous trouvez en situation de conflit ? Vous reconnaissez-vous dans cette personne en colère qui arpente le bureau en ruminant ses vieilles rancunes ? Ou, au contraire, êtes-vous cette petite souris apeurée qui voudrait disparaître entre les lattes du plancher ? Êtes-vous familier avec vos émotions cachées ? Les femmes, par exemple, confondent souvent colère et tristesse, parce qu'on leur a appris qu'il était plus convenable de pleurer que de crier sa colère. Au contraire, les hommes, eux, ont été éduqués à crier pour dissimuler leur peine. Le chapitre 1 vous convie à explorer vos émotions. Après avoir pris connaissance des analyses de cas et des quelques principes théoriques à assimiler, vous identifierez et analyserez, à l'aide des exercices proposés, vos propres émotions en vous reportant à vos expériences personnelles. En faisant ces exercices, vous serez en même temps amené à observer les émotions des autres.

Découvrez votre style

Au chapitre 2, vous découvrirez comment ces émotions dictent vos comportements. À l'aide d'un concept que nous appellerons les « styles de traitement de conflit », vous identifierez vos propres comportements et ceux des autres en situation de conflit. Un conflit survient toujours dans le cadre d'une interaction; ou bien c'est nous qui provoquons les autres ou bien ce sont les autres qui nous provoquent. Voilà un postulat qu'il ne faudra jamais perdre de vue pour apprendre à vous comporter de manière adéquate en cas de conflit.

L'analyse des relations, des intérêts, des valeurs et du pouvoir pour mieux connaître son organisation et ses collègues

Découvrez la structure informelle de votre organisation grâce au CLIP

Les organisations sont des systèmes complexes. Vous connaissez la formule : ce n'est pas ce que tu connais qui importe, mais qui tu connais. Autrement dit, votre réseau de connaissances a autant de poids dans la balance que vos compétences professionnelles. Le principe vaut également au niveau de l'organisation : le réseau informel des relations affectives y joue un rôle aussi important que la structure formelle qui dicte l'échelle hiérarchique et le circuit officiel des communications. Ce qui veut dire qu'un groupe de copains à l'intérieur d'un bureau qui aurait fait de vous sa tête de turc pourrait s'avérer aussi fatal à votre carrière qu'un patron despotique. Au chapitre 3, à l'aide du CLIP (Circuit des Liens InterPersonnels), vous apprendrez à déchiffrer, identifier et cartographier les structures informelles de votre organisation. Grâce à cet exercice, vous découvrirez sur qui vous pouvez vraiment compter et de qui vous auriez intérêt à vous méfier. Vous constaterez aussi pourquoi il importe de ne pas vous mettre à dos les personnes qui ont une forte cote de popularité auprès de vos collègues.

Sachez reconnaître quels sont vos intérêts et ceux des autres

Nous avons tous des intérêts à satisfaire, des besoins à combler, qui souvent vont à l'encontre de ceux des autres. Dans le cadre d'un conflit, être au courant des intérêts de l'autre vous sera d'un très grand secours. Au chapitre 4, vous vous exercerez à analyser vos intérêts et ceux des autres. Vous apprendrez également que vos intérêts sont eux aussi soumis à une hiérarchie. Par exemple, vos collègues et vous partagez peut-être les mêmes intérêts, mais il se peut que certains intérêts qui, dans leur cas, figurent en gros caractère tout en haut de la liste de leurs priorités occupent, dans votre liste de priorités, le dernier rang. Ces divergences d'intérêts sont à la source de nombreux conflits. Par contre, les convergences d'intérêts sont de précieux outils de résolution de conflits. Nous verrons comment.

Découvrez la culture de votre organisation et celle de vos collègues

Le chapitre 5 explore le concept de culture. Nous sommes tous guidés dans nos comportements par des normes, des valeurs et des croyances. Pour certains, honnêteté et équité sont les plus belles qualités. Pour d'autres, ambition et productivité passent avant tout. Ces différences de visions du monde peuvent difficilement coexister. En faisant les exercices proposés, vous apprendrez à identifier vos propres valeurs dominantes et à les comparer à celles de vos collègues et aux valeurs mises de l'avant par votre organisation. Vous vous exercerez également, dans ce chapitre, à reconnaître les signes extérieurs d'une culture. Par exemple, le vocabulaire en usage dans votre organisation, l'aménagement des lieux, sont des indices de ce qu'on y valorise et peuvent même vous envoyer un message qui contredit le discours officiel. Imaginons que votre entreprise fasse ouvertement l'apologie de l'équité; pourtant votre patron profite d'un immense bureau d'angle tandis que vous passez vos journées recroquevillé dans un placard sans fenêtres. À l'aide d'un questionnaire, vous arriverez à faire apparaître ces contradictions entre le visage officiel de votre organisation et son visage caché.

Découvrez votre niveau de pouvoir

Pour évoluer dans un contexte enrichissant et sécuritaire au travail, la notion que vous devez assimiler parfaitement à tout prix, c'est la notion de pouvoir. Lorsqu'on sent qu'on nous attaque, il peut arriver qu'on éprouve un sentiment d'impuissance. Cette impression est-elle justifiée ? Je vous ferai part, au chapitre 6, d'une définition du pouvoir qui *boostera* le vôtre pour toute la durée de votre vie professionnelle. Si je me permets de dire cela, c'est que mes étudiants et mes clients m'ont confirmé le changement que cette définition avait opéré en eux. Vous apprendrez, dans *Les conflits organisationnels : restez maître du jeu !* que tout le monde a du pouvoir et peut l'exercer. Vous découvrirez quelles sont vos sources de pouvoir, comment en maximiser l'impact et comment développer de nouvelles sources de pouvoir. Vous vous exercerez aussi à mesurer les limites de votre pouvoir. La conscience de vos limites, loin de vous démotiver, vous informe sur vos véritables ressources et vous évitera de dépenser votre énergie dans des combats perdus à l'avance. Grâce à deux précieux outils : l'*Inventaire des sources de pouvoir* et la *Grille de répartition du pouvoir*, vous aurez la possibilité d'évaluer votre propre pouvoir en le comparant à celui des autres. Connaître la juste mesure de son pouvoir constitue en soi un atout indéniable en situation de conflit.

Une vue d'ensemble à 360° grâce au CLIP combiné (CLIP-C)

Après avoir franchi les six premières étapes, vous disposerez d'une image fragmentée du conflit. Au chapitre 7, le CLIP combiné vous aidera à rassembler toutes les pièces du casse-tête et, petit à petit, grâce à cet outil, vous aurez une vue d'ensemble de la situation. Prenons un exemple. Imaginons qu'en procédant à l'analyse des intérêts propres à chaque personne de votre entourage, vous ayez découvert qu'un de vos collègues conteste vos compétences parce que, en fait, il convoite votre poste. Par ailleurs, vous avez noté, en explorant vos divergences culturelles, que lui et vous ne partagez pas les mêmes valeurs. Votre CLIP vous informe que cette personne a des amis haut placés dans l'entreprise. Par contre, la *Grille de répartition des pouvoirs* révèle que votre savoir ainsi que votre indice de popularité auprès de vos collègues vous confère un bon niveau de pouvoir. Que faire avec ces données éparses ? En combinant toute cette information dans votre CLIP-C, vous bénéficierez d'une vue en plongée sur l'ensemble de la situation et serez prêt à passer en mode stratégique.

Le choix d'une stratégie et le passage à l'action

Choisissez la bonne stratégie

Arrivé à cette étape, vous aurez exploré tous les aspects organisationnels d'un conflit. Vous en saurez plus sur vous-même et vous aurez acquis une bien meilleure connaissance de vos collègues. Vous aurez aussi repéré d'où vient le conflit. Maintenant, il reste à décider comment vous allez réagir. Allez-vous vous battre ? Allez-vous vous défiler et faire comme si de rien n'était, jusqu'à ce que tout explose ou que le combat cesse faute de combattant ? Allez-vous faire les premiers pas ? Allez-vous tenter une approche de résolution de problème auprès de vos adversaires ? Vous aurez à envisager différentes possibilités en fonction de la situation. Au chapitre 8, vous apprendrez comment faire des choix stratégiques, d'abord en vous posant deux questions fondamentales : 1- Quelle importance accordez-vous à l'enjeu ? 2- Quelle importance accordez-vous à la relation ou aux relations en cause ? Deux questions très simples. Les réponses le sont moins. Dans ce cas, votre *CLIP-C* vous fournira tous les renseignements nécessaires pour faire le meilleur choix.

Négociez la meilleure entente possible

Enfin, avant de clore ce livre, je tenais à vous faire cadeau d'un guide pour passer à l'action. Je vous l'ai annoncé dès le départ, mon objectif est de vous fournir une méthode qui à partir de vos émotions vous mène, étape par étape, jusqu'à l'action. La négociation est une des formes d'action possibles. Il en existe d'autres, bien sûr, mais à mes yeux celle qui vous sera la plus utile dans votre vie de tous les jours au travail, c'est la négociation. Disposant à ce stade de toute l'information nécessaire sur vous-même, sur votre adversaire et sur votre organisation, ayant clairement identifié les problèmes que vous voulez résoudre, vous en êtes au stade de la rencontre avec l'autre partie et de la négociation. Le chapitre 9 contient donc des conseils très pratiques pour apprendre à négocier, étape par étape. Un précieux aide-mémoire fait la liste de tout ce à quoi vous devez penser à l'étape cruciale de la négociation, c'est-à-dire celle de la préparation.

J'ai écrit *Les conflits organisationnels : restez maître du jeu !* dans l'objectif que vous ayez plaisir à le lire. J'ai donc délibérément évité toute citation tirée d'études universitaires sur le sujet qui aurait alourdi le texte. Je n'ai pas inventé les concepts avec lesquels vous aurez l'occasion de vous familiariser; je les ai réunis et j'en ai fait des exercices de manière à ce que vous, lecteur, lectrice, en veniez à percevoir les conflits comme une sorte de jeu dont vous maîtrisez suffisamment bien les règles pour en arriver à transformer votre vie quotidienne au travail.

Maintenant, installez-vous confortablement et plongez. Laissez-vous guider par ce livre dans l'exercice très délicat qui consiste à rester maître du jeu en situation de conflit.

PREMIÈRE PARTIE

LA CONNAISSANCE DE SOI ET DES AUTRES

CHAPITRE 1

DÉCOUVREZ VOTRE UNIVERS ÉMOTIONNEL

Jean est un travailleur acharné; il ne s'accorde aucun répit. Toujours de bonne humeur, enjoué, son humour fait rire tout le monde. Toujours prêt à donner un coup de main à ses collègues, toujours disponible pour rendre service, aux clients, aux patrons, à leurs enfants, à leurs mères. Dans les réunions, il n'hésite pas à donner son opinion, même quand celle-ci ne correspond pas aux politiques établies. Les bénéfices qu'il rapporte à l'entreprise pourraient lui valoir le titre d'employé du mois ou de l'année, ou même du siècle ! Pourtant Jean a été congédié; raccompagné à son bureau par le service de sécurité pour prendre ses effets personnels et escorté jusqu'au rez-de-chaussée, sa petite boîte dans les mains. Comme un criminel ! pensa-t-il. Que s'est-il passé ? Qu'a-t-il fait de mal ? Qu'a-t-on à lui reprocher ?

Jean n'a rien fait de mal; ni son honnêteté, ni sa productivité ne sont en cause – au contraire, son apport dans les façons de faire de l'entreprise a fait grimper les profits. Son erreur est de nature stratégique. Il a exclusivement concentré son attention et toutes ses énergies sur les tâches à accomplir et ne s'est pas rendu compte qu'au fur et à mesure que les profits augmentaient, il se mettait à dos tous ses collègues.

On croit généralement qu'il suffit de bien faire son travail pour que tout se passe bien. C'est une erreur ! Compétence et serviabilité ne sont pas gages de réussite. Le succès au travail repose plutôt sur la capacité de percevoir ce qui se passe réellement autour de nous et d'adopter les stratégies adéquates. C'est une question de sensibilité. Dans une organisation, l'accumulation des sources d'irritation provoque des émotions qui, à leur tour, déclenchent des conflits; ceux qui réussissent sont ceux qui savent tirer parti de la situation. Pour eux, chaque conflit est une source de renseignements précieux sur leurs collègues – sur ce qui se dissimule derrière les apparences. Ils ont ainsi accès à la vie cachée de l'organisation et peuvent choisir leurs stratégies en toute connaissance de cause.

Or, la plupart d'entre nous ne percevons pas ce qui se passe réellement, parce que nous sommes coupés de nos propres émotions. Combien de fois vous est-il arrivé de refouler la colère, la tristesse ou la honte que telle ou telle situation faisait monter en vous ? Sous le coup d'une émotion forte, ou bien nous réagissons sans réfléchir ou bien nous la réprimons pour ne pas avoir à y faire face. Que vous optiez pour l'une ou l'autre de ces réactions, vous mettez en danger votre bien-être. Vous avez, au contraire, tout intérêt à considérer vos émotions comme vos meilleures alliées. Pourquoi ? Parce qu'elles ont le pouvoir de vous venir en aide, et cela de trois façons :

1- Elles vous préviennent qu'il se passe quelque chose d'important.

2- Elles vous livrent de précieux renseignements sur vous et sur les autres.

3- Elles peuvent vous aider à améliorer vos relations avec vos collègues et avec vos supérieurs et vous rendre ainsi la vie plus agréable.

De plus, si vous apprenez à décoder avec précision vos propres émotions, vous serez plus sensible à celles des autres.

À mes débuts en tant que conseillère syndicale, j'avais un comportement très rationnel; je réagissais essentiellement en intellectuelle. J'évaluais tout du point de vue de la logique. Intellectuellement, je savais que pour survivre il m'aurait fallu suivre la ligne du parti, mais ça n'a jamais été dans ma nature d'agir ainsi. Je me sentais les qualités d'un chef et je refusais de me plier aux règles du jeu. J'ai bien vu les signaux d'impatience que me lançaient mes collègues. J'ai entendu leurs frustrations, leurs conseils, mais je n'en ai pas tenu compte. J'ai vu et entendu, mais je ne me suis pas laissée aller à sentir. C'est par la force des choses, des années plus tard, que j'ai finalement eu accès à mes émotions. Un collègue avait logé une plainte contre moi au comité exécutif. La plainte n'était pas fondée, mais cet incident m'avait brisée. Je pleurais sans arrêt; j'ai pleuré dix-huit heures pas jour jusqu'à ce que je décide de quitter mon emploi.

Cette expérience, en fin de compte, m'a servie. J'en suis sortie grandie parce que ces événements m'ont mise en contact non seulement avec mes émotions, mais aussi avec celles des autres et avec les différentes façons que nous avons de les exprimer. Les conflits sont des passages douloureux; c'est pour cela qu'on tente de les éviter, de les empêcher de monter à la surface, qu'on fait semblant de ne pas les voir. Parfois, la douleur est si grande que certains explosent sous la pression. Ce que je vous propose, c'est d'entrer en contact avec cette douleur et de l'utiliser, d'en faire votre alliée plutôt que votre ennemie.

Pour y parvenir, il vous faut renoncer à l'idée que c'est la raison qui régit les organisations. Derrière le rationnel se cachent les émotions. Mes collègues, par exemple, en me faisant des reproches, me laissaient deviner leurs émotions, me laissaient savoir qu'il leur était insupportable que je m'écarte de la ligne de l'organisation. Ils ont exprimé leur colère par une attitude froide et calculée, plus rationnelle, à première vue, qu'une crise de larmes. Mais c'était un leurre; et s'ils ont gagné ce n'est pas parce qu'ils ont été plus rationnels, mais parce qu'ils donnaient l'illusion de l'être. Pour rester maître du jeu en situation de conflit, il faut que vous sachiez identifier vos émotions cachées et même inconscientes, de même que celles des autres. Dans ce chapitre, vous apprendrez comment accéder à cet univers secret des émotions :

- Vous apprendrez comment émotions et conflits sont étroitement liés et pourquoi il est si important de tenir compte des uns et des autres.

- Vous découvrirez la panoplie des émotions en jeu dans un conflit.

- Vous vous familiariserez avec des outils – exercices, méthodes – grâce auxquels dorénavant vous tirerez un meilleur profit de vos émotions au travail.

COMPRENDRE VOS PROPRES ÉMOTIONS

Être sensible à ses propres émotions, voilà la première aptitude à développer. Vos émotions sont vos antennes; elles vous préviennent que quelque chose d'important se prépare.

Alice et Joseph sont amis et travaillent ensemble depuis vingt ans. La semaine dernière, Joseph a déclaré, en présence des autres superviseurs, qu'Alice était la personne la plus fiable mais aussi la plus lente de toutes celles avec qui il avait eu le privilège de travailler. Alice était sous le choc; jamais elle ne s'était sentie ainsi humiliée de toute sa vie. Ce soir-là, incapable de s'endormir, elle se repasse sans fin le film des événements. Petit à petit, elle en vient même à détester Joseph.

« Comment a-t-il osé insinuer que j'étais lente ? Lui, qui ne retrouve jamais rien dans son désordre. Il m'apporte toujours le travail à la dernière minute. Je ne serais pas étonnée qu'il se serve de moi pour camoufler ses propres faiblesses. » Plus tard dans la nuit, elle est réveillée en sursaut par un terrible sentiment de culpabilité : « Je suis lente, c'est vrai. Déjà, à l'école, je terminais toujours après les autres. Je n'arrive pas à suivre, je suis nulle. »

D'abord le choc, puis la colère, suivie de la haine et enfin la culpabilité : Alice est submergée par de fortes émotions. Cet incident, à première vue sans importance, a provoqué un petit séisme au cœur de son paisible quotidien.

Au petit-déjeuner, elle se confie à son mari qui tente de minimiser les choses : « Tu connais Joseph; il adore te taquiner. Laisse tomber. Tu ne vas pas perdre ton boulot pour ça. »

Bien sûr, Alice pourrait suivre les conseils de son mari et « laisser tomber ». Mais si elle opte pour cette solution, d'une part, elle continuera sans doute à nourrir son ressentiment envers Joseph et, d'autre part, son sentiment de culpabilité risque, petit à petit, de miner son estime de soi.

De tels conflits laissent des traces. Lorsque vous faites face à une situation qui déclenche vos émotions, posez-vous les questions suivantes :

- Les émotions que je ressens sont-elles fortes et sont-elles persistantes?

- S'agit-il d'un incident isolé ou récurrent ?

- Quelle importance revêt pour moi la relation avec la (ou les) personne(s) en cause ?

Les émotions provoquées par une situation de conflit peuvent aller de la simple irritation jusqu'à un déchirant sentiment de culpabilité qui vous gâchera la vie pendant des années. Alice, par exemple, a été profondément blessée, parce que Joseph a touché chez elle une corde très sensible. La culpabilité que cet incident a réveillée en elle a des racines très profondes.

Les émotions que je ressens sont-elles fortes et persistantes?

Une émotion très intense indique que plusieurs points sensibles ont été touchés : ou bien ils ont été menacés, ou ils ont été remis en question ou encore renforcés. Alice pourrait profiter de cet incident avec Joseph pour mieux se connaître; elle y gagnerait en maturité, en compétence et sans doute en sortirait-elle plus forte. Si vous profitez de l'occasion pour observer votre propre comportement et mesurer l'impact que les autres ont sur vous, vous arriverez plus facilement à rester maître du jeu en situation de conflit, et vous serez plus heureux.

Les émotions peuvent vous servir à mesurer l'importance d'un conflit et vous indiquer le degré d'attention que vous devriez y accorder. Pendant combien de temps ont persisté les émotions que vous avez ressenties ? Plus d'un jour ? Dans ce cas, il faut en tenir compte ! Des émotions fortes qui durent sont le signe d'un important conflit.

Toutefois, une émotion fugace et superficielle – ou bien intense mais éphémère (moins d'une journée), bien qu'elle ne justifie pas toujours une analyse approfondie, ne doit pas non plus être négligée. Souvent de petits incidents occasionnels, qui peu à peu gagnent en fréquence ou en intensité, peuvent être à l'origine d'un conflit. Si vous réglez tout de suite le premier petit différend, vous vous éviterez peut-être la grande scène qui bouffera toutes vos énergies. Pourquoi attendre de souffrir le martyre avant de commencer à réfléchir et à agir ? Pour déterminer si un conflit mérite d'être pris en considération, posez-vous les trois questions suivantes.

S'agit-il d'un incident isolé?

Les événements qui provoquent de fortes émotions ont généralement été précédés d'autres incidents dont nous avions choisi de ne pas tenir compte. Idéalement, nous devrions toujours chercher à comprendre ce qui se passe et agir avant que n'éclate un conflit généralisé.

Le conflit que vivent Alice et Joseph, par exemple, a commencé bien avant les quelques mots qui ont empêché Alice de trouver le sommeil ce soir-là.

Joseph a déjà enfilé son manteau et va quitter pour la fin de semaine quand Alice accourt avec les statistiques qu'il lui avait demandées. Voyant cela, Joseph se rassied à son bureau non sans jeter à Alice un regard exaspéré. Il n'est pas content, c'est le moins qu'on puisse dire. « Tu ne devais pas me rendre ces statistiques hier ? J'allais partir au chalet pour la fin de semaine; toute la famille m'attend. Alice, tu fais vraiment du très bon travail, mais les délais de livraison laissent souvent à désirer. Ne serais-tu pas un peu trop perfectionniste ? Il y a des jours où tu me compliques la vie ! Il faut maintenant que je travaille là-dessus avant de partir. » Visiblement contrarié, il lui souhaite une superbe fin de semaine.

Alice, elle, repart satisfaite d'elle-même; Joseph lui a dit qu'elle travaille bien. C'est tout ce qu'elle a retenu. Elle n'a pas tenu compte de son exaspération et n'a pas entendu sa remarque à propos des délais de livraison. En réalité, elle a choisi de ne pas entendre. Elle a choisi aussi de ne pas voir que Joseph devait travailler plus tard à cause d'elle. Personne n'aime qu'on le critique. Joseph est quelqu'un de bien, mais il ne supporte pas les conflits. Aussi espère-t-il qu'Alice comprendra ses allusions.

Voilà un cas classique mettant en présence deux personnes qui ont choisi d'éviter les conflits. Si Alice et Joseph avaient profité de cet incident du vendredi soir pour discuter de leurs méthodes de travail, et pour en venir à une entente qui les satisferait tous les deux, ils n'auraient pas eu à traverser cette crise qui a tant blessé Alice. Pour éviter la crise, il aurait fallu que Joseph perçoive ses propres émotions et accepte le fait qu'il y avait là un conflit. Alice, de son côté, aurait dû tenir compte du double message de Joseph, à la fois positif et négatif. Elle aurait alors perçu son exaspération et elle aurait pu réagir.

Alice et Joseph ont raté l'occasion de régler le conflit à ses débuts. Maintenant, Alice doit prendre conscience qu'elle fait face à un scénario qui se répète, à une sorte de séquence. Impossible de revenir sur le passé, mais elle peut profiter de la crise actuelle pour réévaluer les émotions de l'autre et apprendre à les reconnaître.

Quelle importance revêt la relation ?

Vous avez sans doute traversé au cours de votre vie des conflits avec des amis, avec des collègues et, ce sont les plus fréquents, avec des personnes que vous n'aimiez pas. La nature de la relation joue un rôle essentiel dans la façon de gérer un conflit.

L'importance de la relation détermine le degré d'attention qu'on doit accorder à la situation. Par exemple, dans le cas d'une personne que vous ne reverrez jamais, vous pouvez vous permettre de laisser passer ou de faire comme si... Par contre, s' il s'agit d'une personne que vous côtoyez quotidiennement, vous avez tout intérêt à régler rapidement le différend. Le niveau d'effort que vous mettrez à analyser et à régler une situation devrait être directement proportionnel à l'importance de la relation. Si, de plus, cette personne a le pouvoir de vous congédier ou de vous empoisonner la vie, vous n'avez pas le choix : réagissez. Vous devez également tout faire pour résoudre le conflit quand celui-ci met en jeu une relation qui vous tient à cœur.

Alice, par exemple, a commencé à détester Joseph; si elle veut préserver sa relation avec celui-ci, elle doit faire l'effort, entre autres, de reconnaître ses propres émotions et ce qui les a provoquées. Si les émotions que vous ressentez sont fortes et que la relation est importante pour vous, prenez le temps d'analyser la situation.

CAPTER CE QUE LES AUTRES RESSENTENT

Première étape à franchir pour rester maître du jeu en situation de conflit : reconnaître ses propres émotions. Deuxième étape : capter celles des autres.

La plupart d'entre nous avons appris très jeunes à décoder le langage des émotions. Un ton sec, une attitude réservée, un sourire narquois, un visage qui pâlit ou un visage triste nous indiquent un malaise chez l'autre. Nous émettons tous de tels indices émotionnels qui nous permettent de maintenir entre nous des relations saines. Si vous ne portez pas attention à ces indices, le problème qui a induit cette réaction subsistera.

Joseph et Alice n'ont pas été attentifs à ces signes. Quand Joseph a fait remarquer à Alice son retard, il a choisi de diluer son reproche en soulignant en même temps la qualité de son travail. Alice, elle, a refusé de décoder le message, permettant ainsi que le problème s'aggrave.

Il n'y a pas trente-six manières d'entrer en contact avec les émotions des autres. Il suffit d'être attentif. Un sourire, un froncement de sourcils, un regard froid sont tous des signes qui nous font comprendre où en est la relation. Aucun indice n'est à négliger et, si nécessaire, il faut poser des questions pour clarifier les choses. Bien sûr, vous devrez agir avec doigté; soyez subtil. Si vous faites subir un interrogatoire à toutes les personnes avec lesquelles vous entrez en relation, vous aurez tôt fait de vous bâtir une réputaion de casse-pied ou de paranoïaque : évitez les questions trop directes. Après tout, si l'autre pour vous faire comprendre que vous lui tombez sur les nerfs se contente d'un froncement de sourcils, vous serez bien avisé en faisant preuve de la même subtilité dans votre enquête. C'est plus prudent et plus poli.

LES ÉMOTIONS EN JEU DANS UN CONFLIT ET CE QUI LES DÉCLENCHE

L'amour

L'amour est un sentiment extrêmement puissant, source de joie et de créativité. Il peut aussi s'avérer une force destructrice par la jalousie, l'intolérance et les alliances qu'il suscite. Il peut prendre plusieurs formes dont l'amitié, l'amour de son travail, l'attachement à une entreprise, la passion pour une cause et, bien sûr, l'amour romantique. L'amour, dit-on, peut déplacer les montagnes; mais on dit aussi qu'il rend aveugle. L'amour, sous toutes ses formes, a des œillères qui rétrécissent votre champ de vision. Pour rester maître de la situation au travail, il faut que vous ayez une vision claire de tout ce qui se passe autour de vous. L'amour, même l'amour de notre travail, tend à nous rendre moins réceptifs.

L'amour de son travail ou la passion pour une cause

Les personnes qui aiment leur travail ou qui sont très attachées à leur organisation représentent une fabuleuse source d'énergie pour leur environnement professionnel. Inventives, créatives, elles vont au-delà de leurs limites pour bien remplir leurs fonctions. Mais attention, ce type d'engagement peut vous rendre trop exigent envers ceux qui ne partagent pas votre enthousiasme. Les bourreaux de travail ont tendance à concentrer toutes leurs énergies sur leurs tâches. Ce type de comportement a parfois des effets néfastes sur les autres aspects de leur vie et sur leurs relations avec leurs collègues au travail.

La passion pour une cause, elle aussi, s'avère parfois source d'intolérance. Lorsque j'étais conseillère syndicale, j'ai travaillé avec des collègues pour qui défendre les droits des travailleurs était une vocation. Ils s'engageaient à un point tel qu'ils n'avaient plus que leur propre vision du monde pour seule vérité. Toute personne qui divergeait d'opinion était immédiatement considérée comme suspecte. L'intolérance naît souvent d'une passion mal gérée et les organisations ont parfois à faire face à leurs propres petites guerres de religion, ainsi qu'au fanatisme qui en découle.

Pierre et Caroline ont décidé que Joachim doit partir. Ce dernier a publiquement déclaré que leur organisme aurait intérêt à créer une alliance avec la communauté d'affaires locale dans le but de favoriser le développement du quartier. Aux yeux de Pierre et de Caroline, le simple fait de mentionner cette possibilité constitue en soi une trahison. Les gens d'affaires sont des ennemis et doivent être traités comme tels. Ils ont réussi à convaincre les autres membres que Joachim devait quitter leur association. On l'a également prié de ne plus jamais assister aux réunions.

L'amitié

Les relations de travail engendrent souvent des liens d'amitié. Or, ces liens privilégiés peuvent parfois nous compliquer la vie, et même nous entraîner dans des conflits qui, autrement, ne nous auraient pas concernés. Je suis très amie avec une de mes collègues de travail. Il y a quelques années, j'ai soutenu une proposition qu'elle avait faite, avec laquelle je n'étais pourtant pas d'accord. À mes yeux, l'amitié passait avant tout et je ne me serais pas permis de frayer avec ses adversaires. Résultat, j'ai compromis ma propre intégrité et ma propre crédibilité face à mes collègues. Si la chose se produit une fois, il n'y a pas vraiment un problème; mais si elle se répète régulièrement, le prix à payer peut être très élevé.

L'amitié est également pour beaucoup dans une pratique très populaire qui fait des ravages dans les organisations : les ragots. Cette pratique, alimentée par l'obsession d'éviter à tout prix les conflits, nous sert d'exutoire et nous empêche d'exprimer directement nos insatisfactions.

Bien que très blessée par les commentaires qu'Émilie a faits à propos de son travail, Suzanne n'ira pas s'expliquer directement avec celle-ci. Par contre, mue par un impérieux besoin de partager ses états d'âme, dès le lendemain, elle va tout raconter à son amie Florence. En moins de quelques heures, tout le bureau est au courant qu'Émilie a fait du mal à Suzanne. L'histoire prend bientôt de telles proportions que plein de gens au bureau en viennent à se sentir eux-mêmes la cible des propos d'Émilie. Plus la semaine avance, moins Émilie arrive à comprendre pourquoi certaines personnes qu'elle connaît à peine la regardent avec hostilité.

Le quotidien au bureau manque parfois de distraction; les ragots y ajoutent un peu de piquant, comme un feuilleton télévisé qui ponctue le rythme d'une journée. Rumeurs, ragots sont si bien intégrés à la vie quotidienne des bureaux qu'on n'en perçoit plus les effets perturbateurs et destructeurs : réputations salies, liens détruits, clans qui s'affrontent.

Si vous vous surprenez en flagrant délit de colporter des ragots, posez-vous les questions suivantes : y a-t-il une émotion particulière qui me pousse à agir ainsi ? Y a-t-il un conflit sous-jacent ? Est-ce qu'il ne serait pas plus efficace d'aller directement vers la personne qui a provoqué en moi cette émotion plutôt que d'en parler avec les autres ? Si les émotions ressenties sont dues à vos propres conflits intérieurs, ne pourriez-vous pas tenter de les résoudre plutôt que de les projeter sur quelqu'un d'autre ?

L'amour romantique

La vie de couple au bureau est source de conflits. Non, l'amour ne rend pas complètement aveugle, mais il brouille la vue, et peut nous empêcher de voir autour de nous, et plus particulièrement d'apprécier en toute objectivité les comportements de la personne aimée. La relation ayant préséance, qu'arrivera-t-il si cette personne que vous aimez se trompe ? Vous en rendrez-vous compte ? Et si oui, aurez-vous l'audace de le lui dire ? Aurez-vous le courage de la contredire en pleine réunion ?

Et que dire si la personne aimée est le patron ou la patronne. Gare au favoritisme ! Et toute passion ayant une fin, il pourrait arriver que le patron, ou la patronne, traite injustement ou avec trop de rigueur son ancienne flamme. Pour ne pas compromettre la relation, on peut aussi imaginer qu'un des deux en arrive à mettre de côté ses propres intérêts.

Gisèle entretient une relation avec son patron. Celui-ci a pris l'habitude de lui demander de rester après les heures pour lui confier des travaux de dernière minute. Jamais Gisèle n'oserait s'en plaindre, de peur de le perdre. Il lui a aussi demandé de renoncer à une augmentation de salaire « pour donner un petit coup de pouce aux finances de l'entreprise ». Le lendemain midi, elle apprenait que ses collègues avaient tous obtenu une augmentation de 3 %.

Le monde est rempli de Gisèle !

Le bonheur des uns, pense-t-on, fait le bonheur des autres. Il arrive que ce soit vrai, mais la jalousie et l'envie sont des réactions plus courantes. Les gens heureux suscitent souvent envie et ressentiment chez ceux qui ne le sont pas.

La joie

Si l'on pouvait, toute sa vie, filer le parfait bonheur, le monde se porterait mieux et notre travail en bénéficierait aussi. Les meilleurs antidotes aux conflits sont la joie et le plaisir que nous retirons de notre travail et de nos relations avec les autres. Les personnes qui travaillent dans la joie risquent moins de provoquer des conflits ou même de prendre parti dans des querelles destructrices. Elles seront, au contraire, les premières à les prévenir en privilégiant le bon côté des personnes et des choses.

La tristesse, la dépression et le désespoir

Malheureusement, il faut reconnaître que tristesse, déprime et désespoir sont plus courants que la joie dans nos lieux de travail. L'histoire qui suit en est un exemple extrême.

À peine arrivé à la maison ce soir-là, Thomas cale en moins de deux une première bouteille de vin. Puis, il hésite avant d'en déboucher une seconde, mais se convainc en se disant qu'en fin de compte ce n'est pas tous les jours que son équipe le traite de paresseux et de négligent.

Depuis des mois, Thomas sent que ses collègues abusent de sa disponibilité. Parce qu'il vit seul, ils en ont conclu qu'il peut se permettre de rattraper leurs négligences. Ils lui ont mis toute la responsabilité du projet sur le dos. Ils trouvent toujours un bon prétexte pour ne pas avoir à travailler après les heures et, aujourd'hui, en pleine réunion, c'est lui qu'ils pointent du doigt en lui reprochant le retard accumulé. Leur attitude met carrément en péril leur relation et laisse croire à Thomas que c'est lui qui a tort. Mais c'est Thomas qui a permis que les choses en arrivent là. S'entendant accusé de la sorte, dans un premier temps, il sent la moutarde lui monter au nez. Puis, après un coup d'œil aux personnes présentes autour de la table, il se sent submergé par un profond sentiment d'impuissance. À quoi bon se défendre ? Comment expliquer à ses collègues qu'ils attendent trop de lui ?

Comment ensuite se montrer à nouveau devant eux ? C'est lui qu'on congédiera et il n'y aura personne pour prendre sa défense.

Sa deuxième bouteille à moitié vide, Thomas sombre dans un profond sommeil. Le lendemain, il reste au lit et soigne sa déprime à coups de Bloody Mary.

Si on analyse le cas de Thomas, on apprend que, depuis des mois déjà, il endure en silence une situation qui le fait souffrir. Quand, ce jour-là, ses collègues passent à l'attaque, à nouveau il choisit de ne rien dire. Une fois à la maison, au lieu de faire face à ses émotions, il les noie dans l'alcool. Or, quelles sont ses émotions ? Thomas se sent insulté, trahi, déconsidéré, il ressent de la colère, de la tristesse et il a peur de perdre son boulot. À ce cocktail viennent ensuite s'ajouter la honte et probablement la culpabilité. Thomas ne voit pas qu'il est triste; le phénomène est courant : on ne pleure pas nécessairement quand on est triste. En fait, les larmes n'ont pas droit de cité au bureau. Les hommes ont appris qu'il ne fallait pas pleurer. Quant aux femmes, si elles laissent libre cours à leurs larmes, ou bien elles s'en veulent ou bien on les traite de manipulatrices.

Parce qu'il n'a pas pris conscience de ses émotions, Thomas n'a jamais réglé son problème. S'il vous prend soudain l'envie de vider une bouteille, de vous remettre à fumer ou d'engouffrer un paquet de petits gâteaux, pensez « émotions ». De tels comportements sont le signe que vous cherchez à faire taire ce que vous ressentez en passant par un substitut. Vos émotions sont des signaux d'alarme et il ne faut surtout pas les faire taire. Si nécessaire, faites-vous aider par un professionnel. Plusieurs organisations disposent d'un programme d'aide aux employés pour vous soutenir en situation de crise.

La honte et la culpabilité

Un copain un jour me dit : « Si j'échoue à ma défense de thèse, seras-tu toujours mon amie ? » Le cas peut sembler extrême mais nous sommes nombreux à réagir ainsi face à l'échec. À chaque erreur que nous commettons succède un irrépressible sentiment de honte.

En fait, cette honte nous la portons en nous. Si les autres ne voient pas nos faiblesses, nous, nous les voyons. Une foule de petites voix intérieures nous reprochent sans cesse aussi bien nos vraies faiblesses que nos défauts imaginaires :

« Je n'écoute pas assez, je suis lente, je suis paresseuse », notre discours intérieur est truffé de ces expressions. La honte et la culpabilité sont des émotions normales et très répandues; elles plongent généralement leurs racines dans l'enfance et, dans bien des cas, ont été refoulées jusqu'à ce qu'un événement les déclenche, libérant du coup de puissantes forces telluriques.

La meilleure façon d'éviter de telles réactions, c'est de faire un travail sur soi. À vous de choisir : ou bien vous changez ce que vous n'aimez pas en vous (ce qui vous fait honte ou qui vous fait sentir coupable), ou bien vous vous acceptez comme vous êtes et vous ne réagissez plus ainsi. Choisissez et tenez-vous en à votre choix. Changez les choses que vous avez décidé de changer et apprenez à accepter les autres – dites-vous que si vous n'êtes pas parfait, les autres non plus ne le sont pas et que d'ailleurs personne n'a le droit de vous demander de l'être.

La colère

On associe *spontanément* colère et conflits. La colère, la nôtre ou celle des autres, est une émotion qui fait peur. Ses effets, parfois dévastateurs, lui ont forgé une bien mauvaise réputation. En fait, on confond la colère avec sa manifestation la plus violente : l'agression.

Vous avez sans doute, un jour ou l'autre, eu à faire face à une agression. Vous avez rencontré des gens qui crient, qui lancent des accusations, qui profèrent des injures. Certaines organisations tolèrent de tels comportements : c'est inacceptable ! Toute personne qui a le pouvoir de le faire devrait y mettre un terme ou tout simplement congédier les personnes qui se comportent ainsi.

La colère est une émotion normale que tout humain peut éprouver lorsque ses intérêts sont menacés. Malheureusement nous avons, la plupart d'entre nous, appris ou bien à réprimer notre colère ou bien à l'exprimer de manière détournée. C'est ce que prescrit le code des bonnes manières.

Or, ces deux comportements sont en eux-mêmes destruc-teurs. La colère, comme toute autre émotion, a parfois besoin de s'exprimer, mais rares sont ceux qui savent le faire de manière constructive. Nous sommes plus habiles à la dissimuler. « Une bonne petite fille » ne se fâche pas – elle boude, elle pleure, ou elle fait semblant.

Dans mon cas, j'ai appris à exprimer ma colère par les larmes. Une fois adulte, il m'a fallu des années pour comprendre que mes larmes n'exprimaient pas toujours de la tristesse mais souvent de la colère. Nous avons été « dressés » à ne pas afficher notre colère en public, à considérer son expression comme de la grossièreté, tant et si bien que nous n'arrivons plus à exprimer clairement cet état d'âme. Nos parents nous ont inculqué un tel degré de politesse que nos émotions restent invisibles même à nos propres yeux. Résultat : les conflits couvent et minent les liens entre les personnes sans aucune manifestation extérieure.

Quelle proportion des conflits émerge au grand jour dans un bureau ? Impossible de résoudre un conflit si toutes les mani-festations en restent cachées. Or, la colère est une des plus importantes manifestations d'un conflit. Mieux vous savez recon-naître votre propre colère, meilleures sont vos chances de rester maître du jeu en situation de conflit.

Pour y parvenir, il faut savoir identifier ses émotions dès le moment où on les ressent. Une fois l'émotion identifiée, vous pouvez tenter d'analyser ce qui l'a provoquée et comment vous réagirez. La colère, nous l'avons vu, porte divers masques; l'humour, le sarcasme en sont des expressions socialement acceptables. Joseph a eu recours à ces masques pour exprimer sa frustration lorsqu'Alice lui a remis en retard les statistiques dont il avait besoin. Malgré les inconvénients qu'il subissait, il n'est pas arrivé à afficher ouvertement ce qu'il ressentait ni à réagir efficacement. Alice a raison, les propos de Joseph devant ses collègues de travail constituent une agression. Ce qu'on n'ar-rive pas à exprimer directement, s'exprime indirectement. La colère s'exprime souvent par l'humour; ce peut être une manière de la dissimuler ou de ne la faire voir qu'à la personne à qui elle s'adresse. Si Joseph avait lui-même pris conscience de sa propre colère, il aurait perçu que quelque chose d'important se passait et aurait réfléchi à la façon de résoudre le problème. À la fin du présent chapitre, nous verrons comment Joseph aurait pu gérer la situation pour son plus grand bien et pour celui d'Alice.

La peur (angoisse, anxiété, inquiétude)

La peur, elle aussi, est une émotion généralement associée au conflit. On éprouve de la peur face à un danger, réel ou potentiel. Au travail, la peur peut avoir plusieurs sources : la peur de perdre son emploi, celle d'être jugé incompétent, de ne pas arriver à respecter les calendriers de production, la peur de perdre ses amis, de ne pas progresser, de se voir refuser une promotion. La peur peut littéralement vous miner le moral. Le cas qui suit l'illustre bien.

> Ce matin-là, Léo reçoit un appel de l'adjointe de son directeur. Celle-ci lui demande de se présenter au bureau de son patron à 13 h 30. Une première en dix ans! Tout de suite son imagination s'emballe. Il y a des rumeurs qui circulent à propos d'une éventuelle restructuration de l'entreprise. Avec un troisième enfant en route et une grosse hypothèque à rembourser, Léo n'a pas les moyens de perdre son emploi. Quand arrive l'heure de son rendez-vous, Léo est dans un état épouvantable et n'a rien produit de la matinée. Bonne nouvelle : son patron l'avait convoqué pour le féliciter de son travail.

La peur, même quand elle n'est pas fondée, est une émotion qui coûte cher. L'anxiété qui s'y associe gâche votre sommeil, sabote votre créativité, hypothèque vos relations de travail, annihile toute sensation de bien-être. Certains bureaux génèrent la peur; on y fixe des objectifs qui exigent qu'on s'épuise littéralement à la tâche, sous peine de perdre son emploi. Ailleurs, c'est une menace de restructuration qu'on laisse planer d'année en année. Chaque organisation a ses harceleurs qui profitent de la peur des autres.

La haine

Il est rarement fait mention de la haine dans les nombreuses études qui traitent des émotions. Peut-être parce que la haine tient à la fois de la peur et de la colère. Il importe toutefois qu'on s'y arrête ici parce que la haine joue un rôle important dans les situations de conflit. Par définition, un conflit oppose différentes parties. Tant qu'il n'est pas résolu, il constitue un excellent terreau pour que croisse cette haine entre ces parties qui s'affrontent. Toutes leurs interactions en seront imprégnées. Au lieu de voir en leurs adversaires des humains normaux qui ne partagent pas leurs intérêts ou leurs valeurs, elles en viendront à les percevoir comme des êtres pétris de mauvaises intentions, l'incarnation du mal. Tous leurs gestes seront interprétés sous cet éclairage défavorable. Si quelqu'un que j'aime me fait du mal, je lui trouverai toutes les excuses possibles; mais le même geste de la part de quelqu'un que je hais sera interprété comme une attaque délibérée dans le but de me nuire.

La plupart des contes populaires mettent en scène un héros et son méchant ennemi; dans les vieux westerns, le « bon » est vêtu de blanc de la tête aux pieds tandis que le « méchant » ne porte que du noir. Parce que les conflits au travail tournent souvent en bataille rangée, nous avons tendance à leur appliquer cette même vision dichotomique et à classer leurs protagonistes en deux catégories bien étanches : d'un côté, les gentils, et de l'autre côté, les méchants. Bien sûr, le rôle du gentil nous revient de droit et celui de la vipère ira à notre adversaire – que, de ce fait, nous nous autorisons à haïr. Or, la haine est la plus dangereuse des émotions; elle ne fait pas de quartier et trouble notre vision de la réalité. Il faut vous en méfier.

> Depuis longtemps déjà, Albert subit les provocations de Julie, sa collègue. Un jour, en pleine réunion d'équipe, devant plus de vingt personnes, Julie insinue qu'Albert a dû, en son temps, être un fort en thème. Ce à quoi il répond du tac au tac que les forts en thème font de meilleurs chimistes que les reines de carnaval. Tout le monde a ri, sauf eux. À partir de ce jour, Albert et Julie ont nourri l'un envers l'autre un profond sentiment de haine. Leur attitude a peu à peu empoisonné l'atmosphère du bureau à un point tel que leur supérieur a décidé de transférer l'un des deux – et il a choisi Albert. Cinq ans plus tard, celui-ci réintègre le service, cette fois à titre de directeur. Dès le premier jour, il ne voit en Julie qu'une incompétente et elle ne voit en lui qu'un patron stupide et abusif. Aucune issue possible, ni pour l'un ni pour l'autre. Julie s'acharne à miner la réputation d'Albert qui, par conséquent n'a de bonnes relations avec personne dans le service. De son côté, Albert scrute à la loupe tout ce que fait Julie, espérant la prendre en faute et lui rendant ainsi la vie impossible.

La haine est sans doute la plus destructrice des émotions, plus encore pour la personne qui l'éprouve que pour celle qui en est l'objet. Si vous éprouvez de la haine envers une personne de votre entourage cherchez à comprendre d'où vient ce sentiment et comment vous pourriez le transformer en une émotion qui vous laisserait intact.

> Tania est littéralement rongée par la haine qu'elle nourrit envers Marc. Elle ne peut s'empêcher de le dénigrer aux yeux de leurs collègues. Quand elle et lui sont ensemble elle fuit systématiquement son regard. Elle fait de longs détours pour ne pas le rencontrer dans les couloirs. Elle a même refusé une promotion pour ne pas avoir à travailler avec lui. Puis, un jour, une amie lui fait remarquer qu'elle en a marre de ces conversations à propos de Marc, qu'elle devrait cesser de le dénigrer ainsi. Du coup, Tania prend conscience qu'elle doit changer d'attitude, à défaut de quoi elle risque de perdre des amis et peut-être même son boulot.

PRENDRE CONSCIENCE DE VOS ÉMOTIONS ET IDENTIFIER CE QUI LES A PROVOQUÉES

Voici venu le moment d'observer vos propres émotions. Pour vous aider dans cet exercice, vous aurez à remplir trois carnets de bord (qui figurent à la fin du présent chapitre). Ce seront vos outils pour identifier les émotions ressenties dans le cadre d'un conflit passé ou présent. Cette analyse comporte trois étapes correspondant à trois angles d'observation. Pour vous familiariser avec ces outils, voici des exemples qui illustrent comment vous en servir pour en tirer le maximum d'information.

Les émotions et leurs diverses manifestations

Nous éprouvons généralement plusieurs émotions à la fois. De plus, nous avons appris à dissimuler ces émotions, même à nos propres yeux. Il faudra donc, dans un premier temps, mettre un peu d'ordre dans ce que nous ressentons pour arriver à bien nommer chacune d'elles. Sur votre premier carnet de bord, vous raconterez brièvement les faits dans vos propres mots. N'essayez pas d'être objectif; votre subjectivité recèle de précieux renseignements; pour en avoir une illustration, lisez le carnet de bord n° 1 de Cynthia.

TABLEAU 1.1

Carnet de bord n° 1
Les émotions et leurs manifestations

Sans vous censurer, répondez à chacune des questions aussi rapidement que possible et en essayant de n'omettre aucun détail.

Exemple : Cynthia – Carnet de bord n° 1

La situation	Racontez dans vos propres mots ce qui est arrivé. À la pause-café, mes copines m'apprennent que Paul, cet abruti de petit morveux, est allé rapporter au patron que le nouveau produit que nous venons de mettre sur le marché comporte des défauts. J'ai pensé mourir. Qu'est-ce qui ne va pas dans mon produit ?
Votre première émotion	Quelle émotion avez-vous ressentie en premier lieu ? J'étais folle de rage. J'avais envie de crier, de frapper, de traiter Paul de sexiste, d'opportuniste, de traître, de moins que rien.
Ses manifestations	Qu'avez-vous ressenti physiquement ? J'étais rouge comme une tomate. Je n'arrivais plus à penser clairement. Une fois dans mon bureau, je me suis mise à tourner comme un ours en cage. Je me retenais de pleurer et les yeux me piquaient. J'avais les mains glacées. Mon cœur battait trop vite. J'aurais voulu aller me cacher dans les toilettes.
Votre discours intérieur	Maintenant que votre première réaction est passée, que pensez-vous ? Je me demande pourquoi Paul n'est pas d'abord venu m'en parler. Je suis si nulle que je ne me suis pas rendu compte moi-même que le produit n'était pas parfait. Qu'est-ce que le patron va penser de moi maintenant ? Je ne peux quand même pas aller le voir pour en parler; peut-être a-t-il déjà pris la décision de me congédier.
Vos émotions secondaires	Analysez votre discours intérieur. Quelles autres émotions y détectez-vous ? Je me sens triste d'avoir été trahie. J'ai peur de perdre mon boulot et que ma réputation en prenne un coup.

Vos émotions cachées	Selon vous, les émotions que vous percevez en dissimulent-elles d'autres moins évidentes ? Je pense que derrière tout ça se cache la honte de ne pas être parfaite. Je pense que j'ai certains points faibles. On m'a toujours dit que je travaille très bien mais je n'en fais jamais assez. C'était comme ça déjà à la maison quand j'étais petite; quand je décrochais un A, mes parents auraient voulu un A+. Ma confiance en moi est facilement ébranlée.
L'intensité de vos émotions	Selon vous, votre réaction est-elle appropriée ou démesurée ? S'il s'agit d'une simple rumeur, alors ma réaction est trop forte. Par contre, si les choses se sont vraiment passées comme on le dit, alors il s'agit d'une véritable agression et ma réaction est la bonne.
Découvertes importantes	Je constate que ma colère dissimule beaucoup de honte. Peut-être suis-je en train de me torpiller moi-même.

On constate, en lisant cette description des faits, que la subjectivité dont fait preuve Cynthia lui sera d'une aide précieuse pour identifier d'importantes émotions. Le simple fait qu'elle qualifie Paul d'« abruti » et de « petit morveux » lui en dit long sur ce qu'elle ressent. Le choix également du verbe « rapporter » montre qu'elle considère que Paul a mal agi. Son carnet de bord lui apprend toutefois qu'elle a rapidement eu le réflexe de se considérer comme la première responsable de ce qui est arrivé et donc qu'elle a tendance à s'incriminer avant même que les autres ne le fassent.

À votre tour, en rédigeant *en toute subjectivité* votre version des faits, vous obtiendrez une matière brute qui vous permettra ensuite d'analyser vos émotions et ce qui les provoque. Ne seriez-vous pas votre pire ennemi ? C'est le cas pour plusieurs personnes; elles se sentent très facilement coupables, ce qui leur enlève énormément de pouvoir.

Une fois rédigé ce court compte-rendu des faits, les deux prochaines étapes consistent à identifier la ou les premières émotions que vous avez ressenties, puis à décrire les manifestations physiques qui s'en sont suivies. Les émotions, en effet, provoquent des réactions physiologiques; apprenez à observer ces signaux d'alarme. Le simple fait de noter ces réactions physiques sur un carnet de bord peut aussi vous aider à gérer ces manifestations qui, à la longue, pourraient s'avérer nuisibles pour votre santé. Une mauvaise gestion des émotions peut être à la source de divers maux, tels les ulcères d'estomac, la crise cardiaque et la dépression.

Ensuite, vous aurez à consigner votre discours intérieur. En notant librement ce qui vous passe par la tête, sans vous censurer, vous ferez apparaître de nouvelles données, dont vous ignoriez peut-être jusque-là l'existence. Par exemple, votre tendance à dramatiser, à exagérer les faits, ou à vous culpabiliser. Votre discours intérieur pourrait aussi vous révéler vos peurs. On ne peut agir sur ce qu'on ne sait pas. Or, dans une situation de conflit, la partie la plus difficile à déchiffrer c'est, dans bien des cas, nos propres réactions. Notre discours intérieur lève le voile sur ce mystère.

Ce livre traite de la vie cachée des organisations, et le présent chapitre traite plus particulièrement de la face cachée des personnes qui composent ces organisations. Vous-mêmes faites partie de ces personnes. Apprenez à vous décoder ! Cela vous permettra d'agir avec plus d'efficacité et d'être moins vulnérable face aux autres, qui savent parfois mieux nous décoder que nous n'y arrivons nous-mêmes. Si leurs intentions sont mauvaises, alors nous sommes entièrement à leur merci.

Le carnet de bord n° 1, vous propose ensuite d'évaluer la pertinence de vos émotions. Par exemple, votre réaction est-elle exagérée ? Les émotions ne sont pas des phénomènes rationnels, et il se peut qu'un événement qui se passe aujourd'hui éveille en vous des émotions du passé. Si tel est le cas, vous risquez de mal identifier les causes de vos émotions et de réagir de manière inappropriée. Dans le cas de Cynthia, on constate en lisant son carnet de bord qu'elle a réagi sans connaître les faits, à partir de simples rumeurs et de l'interprétation qu'elle en a faite. Ses émotions lui en disent long sur elle-même, mais brouillent les cartes lorsqu'elle tente de se faire une idée juste de la situation. Voilà pourquoi il importe d'analyser votre propre réaction et d'en évaluer la pertinence.

Ce premier carnet de bord vous sera particulièrement utile si vous êtes du genre à réagir fortement. Il arrive que les personnes qui ont tendance à tout dramatiser perdent contact avec elles-mêmes et finissent par ne plus être prises au sérieux. Quand tout prend une importance démesurée, plus rien n'a d'importance.

> Sophie est la plus drôle et la plus agréable collègue qui soit, jusqu'à ce qu'on appuie sur le mauvais bouton. Au moindre commentaire négatif sur son travail, elle lance la machine à rumeurs et en moins de deux s'en est fait de la réputation du malheureux critique. Peu à peu tout le monde en est venu à avoir peur de lui parler. Elle a été congédiée sans même savoir pourquoi.

Si vous réagissez comme Sophie, il faut que vous en soyez conscient. Êtes-vous souvent en colère, ou triste ou en état de panique? Si oui, il faut que vous sachiez décoder si ces émotions sont à l'échelle de ce qui se passe vraiment ou si vous êtes hyper susceptible. Il faut apprendre à choisir ses combats, c'est ce que vous verrez dans le chapitre qui traite des styles. Il faut aussi apprendre à vérifier si ce que vous ressentez signale une crise réelle ou non. Si oui, alors vous devez y prêter attention et en tirer l'information dont vous avez besoin sur ce qui se passe, sur vos collègues, etc. Si, après analyse, les émotions que vous ressentez s'avèrent être une manifestation de votre susceptibilité ou de vos propres problèmes, il faudra les reconnaître pour ce qu'elles sont et décider ensuite ou bien de ne pas en tenir compte, ou de les réajuster.

Dans un cas comme dans l'autre, les émotions agissent comme une alarme d'incendie dans un immeuble. Une alarme qui sonne à tout bout de champ ne sert plus à rien le jour où la maison brûle vraiment. Plus vous en saurez sur vous-même et sur votre vie émotive, plus vous vous ferez confiance et agirez avec efficacité.

Les agents de provocation : événements et personnes

Apprendre à reconnaître ce qui provoque vos émotions constitue une autre étape importante pour vous assurer que celles-ci travaillent en votre faveur. Que s'est-il passé exactement ? Qui est en cause ? Cette situation vous en rappelle-t-elle une autre, correspond-elle à un scénario qui vous est familier ? Comment avez-vous interprété la situation ? Pouvez-vous situer les événements dans un contexte plus large qui a pu avoir un effet sur vos émotions ?

Certaines situations ne se produisent qu'une fois et, de ce fait, comportent peu de points de repère pour vous y adapter. D'autres vous auront pris de court la première fois, mais vous en aurez tiré des leçons et serez mieux préparé quand elles se reproduiront. D'autres enfin se répètent si souvent qu'elles en viennent à constituer une sorte de schéma. Si vous arrivez à reconnaître ces schémas répétitifs, vous apprendrez peu à peu à y réagir de façon efficace et appropriée. Le carnet de bord n° 2 vous aidera à repérer ces agents de provocation.

Le cas de Cynthia, profondément perturbée par l'attitude de Paul, illustre bien la pertinence de considérer LES FAITS tels qu'ils nous paraissent s'être déroulés et d'identifier avec précision les différentes personnes en cause. La description des faits tels que perçus par Cynthia ne correspond pas à ce qui s'est réellement passé. L'exercice suivant, qui consiste à préciser qui est en cause et le contexte dans lequel les faits ont eu lieu, apportera un nouvel éclairage.

TABLEAU 1.2

Carnet de bord n° 2
Les déclencheurs de vos émotions : événements et personnes

Restez calme et répondez à chacune des questions en réfléchissant bien et avec le plus de précision possible.

Exemple : Cynthia – Carnet de bord n° 2

Les faits	Racontez ce qui est arrivé.
	Je prenais un café avec des copines quand celles-ci m'ont dit qu'on avait repéré des défauts dans l'un de nos produits. Elles m'ont dit aussi que Paul en avait informé le patron.

Les personnes concernées	Qui a provoqué votre réaction (ami, ennemi, patron, employé, collègue…) ?
	Les deux collègues qui m'ont transmis cette information sont mes amies; nous travaillons ensemble depuis des années. Nous nous faisons mutuellement confiance et nous nous racontons tout. Paul est un de nos collègues; nous le détestons. Il est arrivé il y a à peine six mois, bien décidé à gravir rapidement tous les échelons en se faisant bien voir du patron. Le patron, notre patron, Samuel, ne tolère aucune erreur. S'il vous soupçonne d'avoir commis une erreur, c'est la porte. Il me fait peur et, d'ailleurs, il fout la trouille à tout le monde.
Votre interprétation de la situation	Comment avez-vous interprété la situation ?
	Quand j'ai appris, par des collègues, que les derniers produits que nous venions de mettre sur le marché causaient problème et que Paul avait rencontré le patron pour lui faire un rapport de la situation, j'ai vu rouge. J'ai tout de suite présumé qu'il s'agissait de mon logiciel et que Paul était allé voir le patron pour se plaindre de mon travail et demander mon congédiement.
Le contexte	Pouvez-vous situer ces événements dans un contexte plus vaste ?
	Chez nous, à la moindre erreur, on risque de perdre son emploi. Il y a un gros roulement de personnel. J'ai réussi à survivre ici en travaillant 60 heures par semaine tout en étant payée 35. Nous évoluons dans un marché très compétitif et beaucoup de jeunes débarquent dans ce secteur. Nous sommes facilement remplaçables et on nous le fait sentir.
Les faits et les suppositions	Pouvez-vous distinguer ce qui relève des faits de ce qui pourrait n'être que des suppositions de votre part ? Tant en ce qui concerne les événements que les personnes en cause.
	Les faits : un de nos produits cause problème et Paul en a fait rapport au patron. Mes suppositions : il s'agit d'un de mes produits; Paul se fait bien voir du patron en me critiquant; tout ça va me coûter mon emploi.
Découvertes importantes	Il y a une rumeur qui court dans le bureau. J'ajoute foi à cette rumeur 1- parce que ce sont mes amies qui m'en font part, 2- parce que cette rumeur concerne quelqu'un que je déteste. Nous sommes tous débordés de travail et traqués par la peur de perdre notre boulot.

Peut-être Paul a-t-il déposé un rapport qui incrimine Cynthia, mais peut-être pas. Peut-être s'agit-il d'un produit dont Cynthia a fait elle-même la vérification, mais peut-être pas. Peu importe. Quoi qu'il en soit le carnet de bord de Cynthia s'avère une précieuse source de renseignements. Il lui permet de prendre conscience que :

- Il y a des bruits qui courent dans le bureau.

- Elle ajoute foi à ces rumeurs parce qu'elles viennent de ses amies.

- Elle croit ces rumeurs parce qu'elles concernent quelqu'un en qui elle n'a pas confiance et qu'elle n'aime pas.

- Tout le monde dans ce bureau est débordé de travail et a peur de perdre son emploi.

Et si Paul était allé voir le patron tout simplement dans le but d'obtenir une journée de congé pour rendre visite à sa mère qui est malade ?

Le simple fait de replacer un événement dans un contexte plus vaste permet souvent de distinguer entre fiction et réalité. Si vous avez tendance à confondre l'une et l'autre, ce carnet de bord n° 2 vous aidera à mettre le doigt sur ce qui brouille votre vision et provoque vos émotions. Dans bien des bureaux, le moindre petit événement est prétexte à créer un drame; à en croire certains, c'est ce qui mettrait du piquant dans leur vie. Peut-être bien, mais ces crises à répétition contribuent aussi à déformer la réalité et entraînent un terrible gaspillage d'énergie émotionnelle. Vous aurez beaucoup plus de facilité à rester maître du jeu en situation de conflit si vous vous en tenez aux faits.

Les émotions et leurs causes

Le carnet de bord n° 3 vous servira à identifier ce qui a provoqué vos émotions. La plupart des conflits ont plus d'une cause. Cynthia, par exemple, avait plusieurs raisons d'en vouloir à Paul.

TABLEAU 1.3

Carnet de bord n° 3
Les coulisses de vos émotions

Réfléchissez à ce qui s'est passé et répondez à toutes les questions en fonction du conflit que vous vivez.

Exemple : Cynthia – Carnet de bord n° 3

Vos valeurs (justice, honnêteté, loyauté, etc.)	Y a-t-il une ou des divergence(s) de valeurs à la source de ce conflit ? Sur laquelle de vos cordes sensibles ces événements ont-ils eu un effet ? C'est injuste. Paul a des conditions de travail beaucoup plus faciles. Il arrive quand il veut et personne ne lui fera de remarque. Il arrive tard, il quitte tôt, et il nous laisse tout le travail.
Vos compétences	Avez-vous senti que vos compétences étaient mises en doute ? Trois autres personnes ont vérifié ce produit mais c'est moi qui suis à blâmer. Je savais bien qu'un jour ou l'autre je ferais une erreur. Ce n'était qu'une question de temps.
Vos relations	Quel type de relation avez-vous avec les différentes personnes concernées ? Je n'aime pas Paul. Il représente tout ce que je déteste. Le patron ne vaut guère mieux mais, avec lui, je dois faire comme si je le trouvais bien.
Votre survie dans l'organisation	Ai-je des raisons de croire que ma survie dans cette entreprise est mise péril par ce qui s'est passé ? J'ai peur de perdre mon emploi. J'ai de grosses responsabilités financières et j'ai besoin de travailler. J'ai peur aussi que, si je venais à perdre mon boulot, plus personne ne voudrait m'embaucher.
Découvertes importantes	Je constate que je travaille toujours sous pression. Peut-être que ce contexte ne me convient pas ? C'est une vraie jungle ici. Ce n'est pas l'idéal pour quelqu'un qui prend tout à cœur comme moi... Je devrais réorienter ma carrière.

Les événements ont bousculé les valeurs de Cynthia. Elle est sensible à l'injustice qui sévit dans cette entreprise. Elle réagit à la présence d'un patron qui ne fait preuve d'aucune compassion et traite ses employés comme des esclaves.

Quand nos valeurs sont contrariées par ce que les personnes de notre entourage disent ou font, nous réagissons émotionnellement. Devant une injustice, par exemple, la plupart d'entre nous réagissons avec force. On peut aussi être irrité par des habitudes de vie très différentes des nôtres. Pour certains, la loyauté envers l'organisation, l'honnêteté et le travail sont des valeurs fondamentales. Ces personnes ont tendance à réagir fortement quand les autres ne se conforment pas à leurs valeurs. Plus loin, au Chapitre 5, vous aurez l'occasion d'analyser vos propres valeurs en les comparant à celles de vos collègues et de votre organisation. Prendre conscience de ses propres valeurs est un exercice fondamental.

Pour le moment, contentons-nous d'évaluer notre seuil de tolérance face à des valeurs qui ne sont pas les nôtres. Par exemple, vous arrive-t-il de vous mettre en colère ou de sentir monter votre frustration simplement parce que les autres ne partagent pas vos valeurs et vos priorités ? Votre intolérance pourrait rendre la vie intenable à ceux qui vous entourent.

> Albert est salarié dans une banque alimentaire. Pendant les premières années qui ont suivi son embauche, il a consacré tout son temps et toute son énergie à cet organisme. Il travaillait presque tous les soirs et les fins de semaine. Depuis, il s'est marié et il a eu deux enfants. Un jour, il a pris conscience que son travail mettait en péril son mariage et qu'il ne voyait pas grandir ses enfants. Il a donc diminué ses heures de travail. Or, quelques mois plus tard, il constate que ses collègues se montrent de plus en plus distants à son égard. Certains en sont même venus à l'éviter totalement. Albert a transgressé la règle numéro 1 de la banque alimentaire : l'organisation avant tout.

Notre bien-être au travail repose en grande partie sur la reconnaissance de notre savoir-faire. La remise en question de nos compétences peut donc, elle aussi, déclencher de fortes réactions émotionnelles. Nous avons besoin que soit reconnue la qualité de notre travail. Si elle est mise en doute, à plus forte raison publiquement, nous perdons la face et, avec raison, nous nous sentons ébranlés. Il faudra ensuite redorer notre blason et reconstruire notre réputation. La simple peur d'être perçu comme incompétent au travail peut vous empoisonner l'existence. Cynthia, par exemple, a réagi trop vite lorsqu'elle a cru que Paul était en train de saboter sa réputation. Voilà un type de réaction qu'il lui faudra apprendre à gérer pour protéger son équilibre mental.

Plusieurs des cas cités jusqu'ici mettent en scène ce thème de la critique, et plus particulièrement de la critique faite en public. Même en privé, les reproches peuvent être blessants; à plus forte raison en public. Utiliser la place publique pour exprimer ses insatisfactions dénote une certaine cruauté. Alice a été blessée et elle est en colère parce que Joseph a exprimé ses commentaires en public. Il aurait pu agir autrement.

Joseph croise Alice dans le couloir.

- Bonjour Alice. Pourrais-tu venir dans mon bureau quelques minutes ? J'aimerais qu'on se parle. Est-ce un bon moment pour toi ?

- Bien sûr. Tu m'intrigues. Que se passe-t-il ?

- Entrons dans mon bureau.

Joseph précède Alice dans son bureau et ferme la porte derrière lui.

- S'il te plaît assieds-toi, Alice. Il y a quelque chose qui m'agace depuis déjà un certain temps et j'aimerais que nous en parlions. Je n'irai pas par quatre chemins. Il arrive souvent que je sois obligé de rester au bureau après les heures parce que tes statistiques rentrent trop tard. La chose s'est produite quatre fois au cours des deux derniers mois, et à deux reprises toute ma famille a dû m'attendre pendant des heures avant de partir au chalet. Ça m'énerve de plus en plus.

- Joseph, je suis sincèrement désolée. Je ne m'étais pas rendu compte de cette situation. Je croyais que tu étais satisfait de mon travail.

- Je suis très satisfait de ton travail et je ne mets pas du tout en doute tes compétences. Mais il faut régler cette question de retard. Que se passe-t-il ?

- Pour être bien franche avec toi, je n'en suis pas certaine. J'aimerais qu'on prenne un moment pour réunir toute l'équipe et qu'on revoie le calendrier de travail. J'ai l'impression qu'on ne s'alloue pas suffisamment de temps. Selon moi, il serait peut-être plus efficace de sortir les statistiques deux fois par mois au lieu de quatre.

- L'idée de la réunion me plaît. Je vais convoquer tout le monde pour vendredi après-midi. J'espère que je ne t'ai pas froissée, mais il fallait que je t'en parle avant de sortir de mes gongs.

Dans cet exemple, Joseph transmet efficacement son message à Alice sans toutefois l'humilier. Elle a sans doute ressenti un petit pincement et un peu de honte; ça ne fait jamais plaisir d'apprendre qu'on n'est pas parfait. Mais en s'y prenant ainsi, Joseph a fait connaître ses propres émotions tout en minimisant le plus possible les effets douloureux. Leur franche conversation a mené à la solution du problème, en partie d'ailleurs grâce aux suggestions d'Alice.

SYNTHÈSE DU CHAPITRE 1

1- *À partir d'aujourd'hui, lorsque vous ressentirez une forte émotion, en particulier s'il s'agit d'une émotion négative comme la colère, la honte, la peur, vous saurez que cette émotion est un signal d'alarme qui révèle une importante situation de conflit. En portant attention à ces émotions et en cherchant à identifier ce qui les a provoquées, vous vous allouez le temps de réfléchir et de bien choisir quelle sera votre réaction.*

2- *Trois questions suffiront pour décider si vous devez ou non tenter de résoudre ce conflit : Les émotions ressenties sont-elles fortes et persistantes ? La situation est-elle récurrente ? Les relations en jeu sont-elles importantes pour vous ? Si vous répondez oui à au moins une de ces questions, le conflit mérite votre attention : il faut que vous sachiez ce qui se passe.*

3- *Une bonne atmosphère de travail repose en grande partie sur de saines relations interpersonnelles. Or, les conflits qui ne sont pas gérés de façon constructive ont des répercussions directes sur nos relations avec les autres. Faites-vous un devoir de porter attention à ce que vous ressentez et à ce que les autres ressentent, quelle que soit la façon dont ceux-ci expriment leurs émotions : apprenez à décoder. Certains expriment leur mécontentement par l'indifférence ou par le sarcasme. D'autres se retirent dans leur cocon ou pleurnichent sans arrêt. Vous apprendrez peu à peu à interpréter ce langage propre à chaque personne autour de vous.*

4- *Exercez-vous à repérer ce qui provoque chez vous de fortes émotions. Est-ce que ce sont toujours les mêmes personnes ou les mêmes situations qui ont cet effet sur vous ? Y a-t-il des moments où vous êtes plus sensible ? Y a-t-il des moments où votre subjectivité vous entraîne sur de fausses pistes ? N'oubliez pas que nous avons chacun notre façon de percevoir la réalité, et celle-ci peut parfois nous mener à de fausses interprétations. Avant de sortir de vos gongs et de laisser vos émotions prendre le contrôle de votre jugement, il serait sage de vérifier vos suppositions. Certaines émotions peuvent aussi brouiller les pistes. Nourrissez-vous des préjugés à propos de certaines personnes ou vous êtes-vous fabriqué des idées toutes faites à propos de certains événements ?*

5- *Branchez-vous sur votre discours intérieur. Vous en apprendrez beaucoup sur ce que vous ressentez vraiment. Même nos propres émotions, que nous avons si bien appris à refouler ou à travestir, restent pour nous une forêt mystérieuse. Si vous êtes un homme, on vous a interdit de pleurer et peut-être cela vous a-t-il coupé de votre propre tristesse, qui en est venue à s'exprimer par la colère. Si vous êtes une femme, au contraire peut-être exprimez-vous votre colère par des larmes.*

6- *Chaque carnet de bord se termine par une section intitulée* Importantes découvertes. *Utilisez cette section pour résumer ce que vous avez appris sur vous et sur les autres et consignez-y vos objectifs.*

7- *Si vous êtes constamment en état d'hyperémotivité, si tout vous met en colère, vous rend triste ou vous frustre, c'est que quelque chose ne va pas. Vous devriez peut-être demander de l'aide, non pas que ce soit un tort de ressentir ces émotions mais pour vous donner la chance de comprendre votre univers émotionnel et d'en devenir maître. Dans certains cas, il n'est pas possible d'y arriver seul. Comprendre vos émotions et celles des autres, voilà la première étape à franchir pour rester maître du jeu en situation de conflit.*

POUR PROTÉGER VOTRE SANTÉ MENTALE

Si votre vie professionnelle est hantée par de fortes émotions négatives telles que la colère, la peur et la honte, sachez que votre santé mentale est menacée. Si, après avoir complété les différents exercices proposés dans ce livre, vous en venez à la conclusion qu'il n'est pas en votre pouvoir d'abaisser votre stress émotif, alors je vous conseille fortement d'aller chercher du secours, soit auprès du programme d'aide aux employés de votre entreprise, ou auprès d'un psychologue, ou encore auprès de votre médecin de famille qui vous aidera à identifier où vous pourriez obtenir l'aide dont vous avez besoin.

On arrive facilement à se faire à l'idée qu'on n'est pas heureux au travail, et à en prendre son parti. Mais ce n'est pas une bonne chose. N'attendez pas qu'il soit trop tard. Ce sont peut-être les autres qui sont responsables du problème, mais c'est vous qu'on traitera de fou, de cynique, de paresseux ou d'hystérique ! N'attendez pas d'en être arrivé là.

EXERCICE 1.1

**Carnet de bord n° 1
Les émotions et leurs manifestations**

Sans vous censurer, répondez à chacune des questions aussi rapidement que possible et en essayant de n'omettre aucun détail.

La situation	Racontez dans vos propres mots ce qui est arrivé.
Votre première émotion	Quelle émotion avez-vous ressentie en premier lieu ?
Ses manifestations	Qu'avez-vous ressenti physiquement ?
Votre discours intérieur	Maintenant que votre première réaction est passée, que pensez-vous ?

Vos émotions secondaires	Analysez votre discours intérieur. Quelles autres émotions y détectez-vous ?
Vos émotions cachées	Selon vous, les émotions que vous percevez en dissimulent-elles d'autres moins évidentes ?
L'intensité de vos émotions	Selon vous, votre réaction est-elle appropriée ou démesurée ?
Découvertes importantes	

EXERCICE 1.2

Carnet de bord n° 2
Les déclencheurs de vos émotions : événements et personnes

Restez calme et répondez à chacune des questions en réfléchissant bien et avec le plus de précision possible.

Les faits	Racontez ce qui est arrivé.
Les personnes concernées	Qui a provoqué votre réaction (ami, ennemi, patron, employé, collègue...) ?
Votre interprétation de la situation	Comment avez-vous interprété la situation ?
Le contexte	Pouvez-vous situer ces événements dans un contexte plus vaste ?
Les faits et les suppositions	Pouvez-vous distinguer ce qui relève des faits de ce qui pourrait n'être que des suppositions de votre part ? Tant en ce qui concerne les événements que les personnes en cause.
Découvertes importantes	

EXERCICE 1.3

Carnet de bord n° 3
Les coulisses de vos émotions

Réfléchissez à ce qui s'est passé et répondez à toutes les questions en fonction du conflit que vous vivez.

Vos valeurs (justice, honnêteté, loyauté, etc.)	Y a-t-il une ou des divergences de valeurs à la source de ce conflit ? Sur laquelle de vos cordes sensibles ces événements ont-ils eu un effet ?
Vos compétences	Avez-vous senti que vos compétences étaient mises en doute ?
Vos relations	Quel type de relation avez-vous avec les différentes personnes concernées ?
Votre survie dans l'organisation	Ai-je des raisons de croire que ma survie dans cette entreprise est mise péril par ce qui s'est passé ?
Découvertes importantes	

CHAPITRE 2

DÉCOUVREZ VOTRE STYLE

Campé devant la porte de son bureau, Clarence attend Carole de pied ferme, paré pour l'attaque. Celle-ci tente de l'éviter mais il lui barre le chemin.

- Où étais-tu passée?, lance-t-il à tue-tête. Si j'ai bien compris, tu ne t'es jamais présentée à la réunion de la Bellehumeur & Cie. Je ne tolérerai pas très longtemps ces façons de faire.

Puis il lui tourne le dos et claque la porte de son bureau derrière lui. Transformée en statue de sel, Carole n'a même pas eu le réflexe de lui dire que la réunion avait été annulée. Le souffle coupé, elle court se réfugier dans la cuisinette, peu fréquentée à cette heure-là. Debout, pétrifiée, elle n'en a pas bougé lorsqu'apparaît son adjointe.

- Que s'est-il passé ? Qu'est-ce qui ne va pas ? Tu es toute pâle ?

Clarence est passé en mode attaque sans prévenir, sans demander d'explications. Carole, elle, est restée clouée sur place, incapable de se défendre. Clarence se comporte toujours ainsi quand il est contrarié; quant à Carole, elle paralyse devant une personne en colère.

On appelle *styles de traitement des conflits* ces réactions impulsives à des situations chargées d'émotions fortes. Nous avons tous plus ou moins développé un type de réaction face à une situation déplaisante ou à des personnes qui expriment des émotions intenses. Par exemple, Clarence, lui, attaque pour obtenir ce qu'il veut; Carole, elle, recule en présence d'une personne en colère. Chaque personne réagit différemment en fonction du « style » qui lui est propre.

> Le jour où Clarence s'en est pris à Johanne (une fille très sûre d'elle), celle-ci a menacé de porter plainte pour harcèlement. Quand Laura, à son tour, a essuyé la colère de Clarence, elle lui a demandé ce qui n'allait pas :
>
> - Est-ce que j'ai fait quelque chose qui te contrarie ? Aimerais-tu qu'on en parle en prenant un café ?
>
> Quant à Pierre, il lui a carrément dit de « la fermer » !

Clarence a menacé quatre personnes – Carole, Johanne, Laura et Pierre; chaque fois, il s'y est pris exactement de la même façon, pourtant chacune a réagi différemment. Cette manière d'agir ou de réagir en situation de conflit, c'est ce qu'on appelle un style.

Face à une menace ou à une contrariété, nous réagissons, dans la plupart des cas, impulsivement et de façon émotive; mais il pourrait en être tout autrement. En effet, vous pouvez choisir quelle sera votre réaction en situation de conflit. Si votre style vous dessert, ne joue pas en votre faveur, changez de style ! Dans ce deuxième chapitre, vous apprendrez à identifier le style qui vous est le plus naturel et ensuite à choisir, en toute connaissance de cause et de manière stratégique, le ou les style(s) que vous aimeriez adopter dans le cadre d'une situation de conflit.

Pourquoi adoptons-nous spontanément certains styles ? Il y a plusieurs réponses à cette question. Il s'agit, selon le cas, d'un comportement inné ou bien acquis; par exemple, un schéma développé dans l'enfance. Vos parents étaient-ils autoritaires ? Ou étaient-ils permissifs et vous laissaient-ils faire vos quatre volontés ? Comment réagissiez-vous ? Vous rouliez-vous par terre pour avoir gain de cause ou usiez-vous plutôt de votre charme, assaisonné d'un tantinet de manipulation. En situation de crise, nous retrouvons souvent l'enfant que nous avons été.

Certains de mes souvenirs d'enfance sont d'éloquentes illustrations de mes styles préférés. On m'a appris à être une petite fille charmante, un brin séductrice. J'entends encore ma grand-mère : « Vas faire un bisou à ton oncle pour qu'il nous emmène en voiture à la fête. » Je devais avoir six ans. J'ai donc pris conscience très tôt du pouvoir de la séduction. J'étais aussi une petite fille qui avait peur de tout. Fille aînée d'une famille nombreuse, je devais bien me comporter et donner l'exemple; quand il m'arrivait de ne pas être à la hauteur, j'étais punie. Devant une personne en autorité qui se mettait en colère, j'avais tendance d'abord à reculer, puis à me rendre. Encore aujourd'hui, mon premier réflexe devant la colère, c'est la peur. Voilà quelque chose que j'aurai à travailler sans doute jusqu'à la fin de mes jours.

Travailler votre style vous amènera à modifier vos comportements ! Il y a quelques années, une amie d'enfance aperçoit mon nom, accompagné de mes qualifications, dans un document quelconque. Elle me téléphone et nous allons déjeuner ensemble. La conversation bien sûr tourne autour de nos souvenirs d'enfance, et nous constatons avec étonnement à quel point nous avons toutes les deux changé. Elle, la terreur du voisinage, est devenue une sympathique travailleuse sociale. Moi, la docile petite Ghislaine, me voilà conseillère syndicale, avide d'affrontements. Mais notre conversation nous apprend aussi que, face à une menace, nous avons toutes les deux tendance à adopter, encore aujourd'hui, les styles qui étaient les nôtres dans notre enfance.

En poussant un peu plus loin notre analyse, nous constatons toutefois que, dans son cas comme dans le mien, le style n'est pas le même selon que nous représentons d'autres personnes ou que nous sommes seules en cause ! Je me montre, en effet, beaucoup plus combative si le sort des autres est en jeu et beaucoup moins si je suis la seule concernée. Pourquoi en est-il ainsi ? La réponse est la même pour la plupart d'entre nous : c'est que, tout petits, nous avons développé un certain style pour défendre les autres et un autre style pour nous défendre.

Les organisations, elles aussi, ont leurs styles préférés; chacune, en effet, favorise tels styles plutôt que d'autres. Par exemple, dans beaucoup d'organisations, les employés ont constamment à prouver ce qu'ils valent. Une telle culture encourage la concurrence à outrance et favorise les affrontements. Ailleurs, dès que les choses ne tournent pas rond, on cherche un bouc émissaire; un tel contexte favorise, il va sans dire, une culture du reproche et de la dénonciation. Difficile de rester soi-même et coopératif dans une organisation qui encourage la compétitivité. Heureusement, il y a des organisations où le respect, la camaraderie et l'entraide sont la norme.

Quels sont vos styles préférés ? Êtes-vous plutôt du genre coopératif ou combatif ? Savoir qui vous êtes et comment vous réagissez quand on vous marche sur les pieds, voilà une information indispensable pour rester maître du jeu en situation de conflit. Pourquoi ? Parce que vous risquez sinon de répéter *ad nauseam* les mêmes schémas qui vous desservent. Par exemple, tandis que vous vous félicitez d'avoir tout simplement bien défendu votre point de vue, peut-être les autres considèrent-ils que vous avez agi en autocrate. Il se peut aussi que vous ayez le sentiment de ne faire de mal à personne en cédant plus souvent qu'à votre tour, alors qu'au contraire vos employés vous en veulent de ne pas prendre leur défense.

Nos expériences passées nous amènent à user d'un style plutôt que d'un autre. Or, un style qui jouait en notre faveur dans notre enfance peut ne plus suffire à nos besoins une fois adulte, et parfois même se révéler tout à fait inapproprié. Dans ce cas, il vous faudra développer de nouveaux styles. Carole, par exemple, est une administratrice aguerrie et une meneuse. Ses employés l'admirent. Mais Clarence a le don de la déstabiliser. Si elle ne s'entraîne pas à adopter un autre style face à lui, sa confiance en elle sera petit à petit réduite en miettes et tous les autres aspects de sa vie professionnelle en subiront le contrecoup.

Dans les pages qui suivent, vous apprendrez d'abord à reconnaître les différents styles de traitement des conflits. Ensuite, en vous aidant des carnets de bord, vous apprendrez à établir des liens entre vos propres styles et :

• votre rôle dans l'organisation,

• les émotions que vous ressentez,

• vos comportements,

• les personnes avec lesquelles vous êtes en conflit.

Une fois que vous aurez complété ces exercices, vous serez en mesure de choisir quels styles et quels rôles vous auriez intérêt soit à délaisser, soit à adopter plus souvent. En effet, pour rester maître du jeu en situation de conflit, il faut absolument que vous arriviez à identifier vos propres styles et à en saisir la mécanique, puis à modifier ce qui doit l'être, pour vous adapter ensuite au contexte et aux personnes avec lesquelles vous êtes en conflit.

On distingue quatre grands styles (voir Tableau 2.1), comportant chacun ses avantages et ses inconvénients. L'*affrontement*, par exemple, peut s'avérer casse-gueule dans certaines circonstances mais, à d'autres moments, tout à fait approprié. Dans la vie quotidienne, chacun de ces styles s'incarne dans différents *rôles*. Par exemple, vous pouvez *concéder* la victoire parce que vous êtes un *bon gars*, une *bonne fille*, mais peut-être aussi parce que vous êtes une *carpette*.

TABLEAU 2.1

Styles et rôles

AFFRONTEMENT	COLLABORATION
Utiliser son pouvoir pour résoudre un conflit.	**Utiliser la communication pour résoudre un conflit.**
• Le meneur • L'autocrate • L'activiste • Le harceleur	• Le démocrate • Le communicateur • Le subversif • Le procrastinateur
ÉVITEMENT	CONCESSION
Se retirer en réponse au conflit.	**Céder pour mettre fin au conflit.**
• Le stratège • Le fantôme	• Le bon gars, la bonne fille • La carpette

Note : Cette terminologie a été influencée par celle de Thomas & Kilmann.

L'AFFRONTEMENT

L'*affrontement* est un recours au pouvoir pour résoudre un conflit. Les adversaires passent à l'attaque comme les joueurs de hockey sur la patinoire. Le but ultime est de gagner.

> Jean et Charles sont en lice pour le poste de PDG dans leur entreprise. Au cours des derniers mois, ils se sont tous les deux efforcés de créer des alliances en vue de gagner. Jean a multiplié les contacts auprès de certains membres du conseil d'administration pour solliciter leur appui, insistant sur les services qu'il leur a rendus dans le passé, sans omettre de rappeler au passage les soupçons qui ont pesé sur Charles, il y a de cela quelques années, à propos de sommes non justifiées figurant sur sa feuille de dépenses. Pendant ce temps, Charles, qui entretient depuis toujours de bonnes relations avec le syndicat des employés, s'engage auprès de celui-ci à satisfaire ses demandes lors de la prochaine négociation de la convention collective. Le syndicat organise tout de suite une campagne de soutien en sa faveur : on fait courir la

rumeur que si Jean obtient le poste il y aura des mises à pied et qu'on peut s'attendre à ce que soient remis en question certains acquis. Chacun des candidats a tout mis en œuvre en vue d'augmenter son propre pouvoir et de diminuer celui de l'autre. Les hostilités sont déclenchées.

Voilà un bon exemple de ce qu'on entend par *affrontement*. À moins d'une défection d'un des deux candidats, Charles et Jean n'ont pas le choix de passer à l'attaque. Cela dit, rien ne les oblige à démolir leur adversaire. Une saine émulation n'a pas à dégénérer en lutte fratricide. C'est malheureusement trop souvent le cas et les adversaires en viennent à se détester. Charles et Jean pourraient s'en tenir à un combat loyal, sans tactiques douteuses. Celles qu'ils ont choisies ne peuvent qu'entraîner des conséquences fâcheuses, tant pour eux que pour leur organisation; des clans vont se créer et une amitié de vingt ans va être sacrifiée. Un des deux sera nommé PDG et l'autre perdra son emploi. Cela en valait-il vraiment la peine ? Le risque, lorsqu'on choisit l'affrontement, c'est de perdre de vue ses objectifs en voulant gagner à tout prix.

Pour toutes ces raisons sans doute, l'affrontement s'est forgé une mauvaise réputation. Or voilà un préjugé dont vous aurez à vous défaire si vous tenez à rester maître du jeu en situation de conflit. L'affrontement n'est pas en soi une mauvaise chose. Ce qui est répréhensible, c'est de volontairement causer du tort à autrui; or, l'affrontement n'exige en aucun cas qu'on en arrive là.

Charles et Jean auraient pu choisir d'autres armes. Ils auraient pu se rencontrer et, convenant que tous les deux veulent le poste, se fixer des règles auxquelles s'en tenir; par exemple, pas de coups bas. Bien sûr, chacun n'aurait eu de cesse de tirer toutes les ficelles possibles pour l'emporter, mais sans pour autant perdre de vue que l'affrontement est un jeu et non une guerre à finir. Leur amitié aurait été sauve et ils auraient évité de semer la destruction autour d'eux. L'affrontement crée problème quand il y a manquement à l'éthique et absence de compassion. Si vous vous engagez à respecter les standards moraux et la réputation des autres, alors amusez-vous, et optez pour l'affrontement lorsque les circonstances s'y prêtent.

Les rôles qui font appel à l'affrontement vont du plus positif au plus destructeur. Le meneur et l'activiste choisissent l'affrontement pour défendre ce qu'ils jugent être dans l'intérêt d'autrui. L'autocrate et le harceleur montent aux créneaux pour satisfaire leurs propres besoins, leurs propres ambitions. Lequel de ces rôles diriez-vous que vous jouez lors d'un affrontement ?

Le meneur

Depuis un certain temps déjà, Virginie, chef de département, jongle avec le problème des heures supplémentaires. Selon la politique de l'entreprise, tous les employés sont tenus de faire du temps supplémentaire si nécessaire. Mais ces heures ne leur sont pas payées et l'équipe compte un grand nombre de jeunes mères; difficile donc de faire respecter cette mesure. Virginie se dit que les employés eux-mêmes sont les personnes les mieux placées pour l'aider à trouver une solution. Elle décide de les convoquer à une réunion spéciale.

Après leur avoir laissé une dizaine de minutes pour converser librement, elle entame la discussion. Elle fait d'abord un résumé de la situation, puis laisse les gens s'exprimer :

- Tu sais, Virginie, moi je ne peux pas travailler après les heures. C'est ma mère qui garde les enfants et elle ne peut pas rester cinq minutes de plus.

Marie est la dernière à prendre la parole :

- Moi, j'en ai assez ! C'est toujours sur moi que retombent les travaux de dernière minute et c'est toujours moi qui dois rester tard le soir. Vous parlez toutes de vos enfants mais, jeudi dernier, il y en a qui sont allées magasiner et ont ensuite dîné en ville. Et pendant que vous dévalisiez les boutiques, moi je me tapais le temps supplémentaire. L'idée ne vous est même pas venue de m'inviter. Jamais personne ne me dit merci. Je n'en peux plus, c'est trop injuste.

En sanglots, Marie quitte la salle.

Tout le monde est mal à l'aise, mais personne ne se porte volontaire pour travailler après les heures ou n'émet la moindre piste de solution. Quand Virginie suggère que chacun à tour de rôle fasse deux jours par mois de temps supplémentaire, tout le monde pousse les hauts cris. Après une heure de tergiversations, Virginie ajourne la réunion. Elle en est toujours au même point. Chacun protège ses propres intérêts. Parce que personne ne veut s'y coller,

Marie est maintenant la seule à rester tard, presque tous les soirs. Virginie comprend très bien ses états d'âme et l'attitude des autres commence à l'agacer sérieusement. Elle réalise finalement qu'elle ne viendra jamais à bout de ce problème par la collaboration.

Le lendemain, elle annonce donc à tous les employés qu'ils vont bientôt recevoir le nouveau calendrier des heures supplémentaires. Elle précise que chacun devra se rendre disponible un jour toutes les deux semaines pour rester après les heures. À chacun d'organiser son emploi du temps en conséquence. Un véritable concert de cris et de plaintes s'élève. Virginie retourne dans son bureau et ferme la porte derrière elle. Elle sait qu'elle a pris la bonne décision. Elle se promet qu'à partir de maintenant jamais plus elle ne tolérera l'injustice, et que dorénavant elle n'hésitera pas, si nécessaire, à prendre comme aujourd'hui des décisions unilatérales.

Virginie a usé du pouvoir que lui confère son poste pour régler la situation. Si elle ne le faisait pas, elle permettait à une injustice de perdurer. Or, il arrive souvent qu'une personne qui en aurait le pouvoir s'en remette à la bonne volonté de chacun pour résoudre un problème. Dans la plupart des cas, cela ne suffit pas. Il faudra que quelqu'un impose une solution. Nous n'apprécions pas particulièrement qu'un autre nous impose ses décisions ; nous n'aimons pas non plus que perdurent le chaos et les injustices. Dans ces circonstances, un patron doit faire preuve d'autorité et prendre la décision que nous n'arrivons pas à prendre nous-mêmes parce que nous sommes trop directement concernés.

Les recherches sur les troubles psychologiques en milieu de travail révèlent que nombre d'employés souffrent de troubles émotionnels parce que leur patron ne sait pas imposer son autorité quand la situation dégénère. On rencontre, dans la plupart des organisations, des employés qui abusent de leurs collègues et du système; seules les personnes en autorité, les patrons, ont le pouvoir de mettre fin à ces comportements. Un vrai *meneur* sait guider son équipe vers les bonnes décisions. Si les membres de l'équipe n'arrivent pas à se mettre d'accord, il doit avoir le courage de décider à leur place.

Je dis bien « courage », parce que les décisions prises unilatéralement ne plairont pas toujours à tout le monde et risquent d'égratigner l'opinion qu'on a du décideur. Plusieurs employés, par exemple, en voudront sans doute à Virginie pendant un certain temps et elle devra faire face à cette pression. Occupez-vous un poste de cadre ? Avez-vous le courage de prendre des décisions qui ne sont pas populaires ?

L'autocrate

L'*autocrate*, lui aussi, prend unilatéralement des décisions, sans tenir compte des autres et sans les consulter. L'autocrate aime le pouvoir pour le pouvoir et n'hésite pas à s'en servir.

> Rodolphe mène d'une main de fer les destinées de son école primaire. De son point de vue, élèves et professeurs sont paresseux et incapables d'assumer des responsabilités. Il a rédigé des règlements pour tout. Les enfants, quand ils se déplacent en groupes, doivent former deux rangs bien droits. Chaque vendredi, il inspecte les rangs : trente centimètres entre chaque élève et soixante centimètres entre les deux rangs. Récemment, il a congédié un professeur qui n'arrivait pas à obtenir que ses élèves se tiennent droits et gardent le silence pendant l'inspection. Il se pointe dans les classes au moment où il sait qu'on ne l'y attend pas pour vérifier que tout est à sa place et bien rangé. Il a même sonné les cloches à un professeur, pendant un cours d'arts plastiques, à cause d'une tache de peinture sur le sol. Tous les professeurs d'expérience fuient cette école et demandent une nouvelle affectation dès qu'ils le peuvent. Des vingt enseignants qui y travaillent, dix-huit comptent moins de cinq années d'ancienneté. Ils accomplissent leur tâche sans enthousiasme et sans espoir de voir leur situation s'améliorer. Ils se sont tournés vers leur syndicat pour obtenir de l'aide mais n'ont pu trouver aucun motif de grief contre leur directeur qui suit les règlements à la lettre et traite tout le monde à la même enseigne. Aux yeux de la commission scolaire, cette école et son directeur comptent parmi les meilleurs de la région. Les parents aussi apprécient qu'on inculque un peu de discipline à leurs enfants. Ils ne tarissent pas d'éloges devant l'ordre et le calme qui règnent dans cette école.

Des professeurs qui tremblent devant leur supérieur, des enfants malheureux et un faible taux de créativité, voilà ce qu'a engendré le comportement de ce directeur. Combien seriez-vous prêt à parier que les jeunes professeurs qui feront auprès de lui leurs premières armes auront tôt fait de laisser tomber la profession ?

L'autocrate éprouve un besoin viscéral de tout contrôler. Pour exercer ce pouvoir il est prêt à se mettre tout le monde à dos. Les autocrates ont en général une très haute opinion d'eux-

mêmes. Toute tentative de collaboration avec eux est généralement vouée à l'échec parce qu'ils sont convaincus d'avoir raison
en toutes circonstances. Selon moi, le seul avantage à avoir un
autocrate comme patron c'est que celui-ci a un don pour créer
l'unanimité contre lui. J'ai travaillé sous les ordres d'un patron
autocrate. Nous en avions tous tellement peur et nous le détes-
tions tous à un point tel que le lien entre nous s'en trouvait d'autant renforcé. Nous formions un groupe compact et étions tous
devenus de véritables amis.

L'activiste

L'*activiste* se campe dans la position de l'adversaire. Il veut
que ça change, soit parce que la situation actuelle ne le satisfait
pas, soit parce que celle-ci va à l'encontre de ses valeurs ou de ses
principes. Les activistes sont présents dans presque tous les
milieux de travail ; ce sont des personnes qui se battent pour
leurs convictions. Ils excellent à créer des alliances et à employer
les groupes de pression pour contraindre leurs adversaires.

Dans un mémo envoyé à toutes les assistantes administratives,
Gérald, associé directeur dans un cabinet d'avocats, annonce à
celles-ci qu'elles devront toutes dorénavant travailler une fin de
semaine sur deux et cela pour une période indéterminée. Justine
est à l'emploi de la firme depuis quinze ans. À sa connaissance,
jamais on a eu à recourir à une telle mesure. Cette politique va lui
créer un tas de problèmes ainsi qu'à la plupart de ses collègues.
Folle de rage et outrée, elle se rend au bureau de Gérald, avec qui
elle a toujours eu de bonnes relations.

- Gérald, que se passe-t-il ? Si la quantité de travail augmente
pourquoi n'embauches-tu pas du nouveau personnel ? Tu sais
bien que la plupart d'entre nous avons de jeunes enfants ! Que fais-
tu de la conciliation travail-famille ?

- Écoute, Justine, j'ai des enfants moi aussi et je travaille sept jours
sur sept ! Ma femme et moi, nous nous sommes organisés en conséquence. On occupe les enfants en les inscrivant à des activités
pendant les fins de semaine. Le cabinet n'a pas les moyens actuellement d'embaucher, sans compter le temps qu'il nous faudrait
pour former ce nouveau personnel. Tu vas devoir te soumettre à la
règle et mieux organiser ton temps.

Justine comprend rapidement qu'elle n'obtiendra rien de Gérald. Elle est révoltée par son manque d'empathie. Le lendemain, elle aborde le sujet avec les autres assistantes devant la machine à café et constate rapidement le haut taux d'insatisfaction que cette nouvelle politique suscite. Au risque de perdre son boulot, elle décide d'organiser un mouvement de protestation. Du jour au lendemain, toutes les assistantes administratives refusent tout travail qui ne fait pas directement partie de leur description de tâches. Elles cessent aussi de sourire. Après trois jours de ce traitement, Gérald est inondé de plaintes de la part des avocats du cabinet. Dans le cadre d'une réunion convoquée de toute urgence, les associés décident de procéder à l'embauche de nouveau personnel.

Les activistes sont des personnes qui ont le courage de leurs opinions et qui n'hésitent pas à prendre des risques pour défendre ce qui leur paraît juste. Comme Justine, elles surmontent leurs craintes et mobilisent leur entourage. Les activistes sont un atout dans une organisation. Ils font avancer les choses et font valoir les intérêts de leurs collègues tout en défendant les leurs. Malheureusement, il arrive qu'ils paient cher leur audace. Dans une organisation très hiérarchisée de type dictatorial, l'activiste est perçu comme une menace.

L'activiste ne jure que par l'affrontement quel que soit le problème à résoudre; c'est là son talon d'Achille. Dans notre société bureaucratique, on se méfie de ceux qui secouent le cocotier; l'activiste y est toujours en danger. Il se doit, à moins d'être suicidaire, de bien choisir ses combats et d'éviter de lever les troupes au moindre litige.

Le harceleur

Si je me fie à ma propre expérience en tant que consultante, un conflit sur trois met en cause un *harceleur*. Le harceleur est un belliqueux et ses armes sont la peur et l'humiliation. Lui aussi est présent dans presque tous les bureaux. En fait, les harceleurs prospèrent dans les organisations. Leur arme privilégiée est la terreur et ils se servent de ce pouvoir pour forcer les gens à devenir leurs alliés.

Clara est en congé de maladie à cause d'une dépression. Travailleuse sociale dans une clinique communautaire, elle fait partie d'une équipe multidisciplinaire de six personnes responsable des soins à domicile auprès de personnes âgées. Elle ne sait pas dans combien de temps elle pourra reprendre le travail. Si vous demandez à ses collègues ce qui a pu causer sa dépression, ils vous répondront que la pression est trop forte pour elle. Mais si vous lui posez la question, à elle, sa réponse tiendra en un seul mot : Simone ! Depuis son arrivée à la clinique il y a deux ans, Simone ne l'a pas lâchée.

« Où étais-tu hier ? Mme Poulain a téléphoné ; il paraît que tu ne t'es pas présentée. » « Qu'est-ce que tu as fait encore ? M. Picard a demandé qu'on lui envoie quelqu'un d'autre; il te trouve trop brusque. » « Tout le monde dans l'équipe se plaint que tu parles trop pendant les réunions. Tu aurais intérêt à garder tes opinions pour toi. »

À la longue, Clara en est venue à croire ce que disait Simone. Après tout, Simone est parfaite : toujours disponible, aimée de ses clients, adulée par le directeur de la clinique. Comment pourrait-elle se tromper ?

Le harceleur use d'une stratégie infaillible : il vous fragilise. Il parviendra à vous convaincre que vous ne valez rien. Ensuite, ce sera un jeu d'enfant de vous assener le coup de grâce.

Le harceleur cache son jeu sous un vernis de respectabilité, parfois même de bonté et de générosité. Il manœuvre en douce et construit peu à peu son pouvoir en minant celui des autres.

Dans l'exemple cité au début de ce chapitre, si Carole n'a pas assisté à la réunion qu'on lui reproche d'avoir ratée, c'est tout simplement que celle-ci a été annulée. Qu'à cela ne tienne, elle se sent quand même coupable ! Clarence, comme Simone, a lui aussi recours à l'humiliation et induit chez l'autre un sentiment de honte. Dans un premier temps, le harceleur agit sous couvert puis, une fois qu'il s'est fait des alliés, fort de leur appui, plus rien ne l'empêche de sévir au grand jour. Voici quelques-unes de ses armes :

• Se permettre, en public, des remarques désobligeantes sur votre travail ou mettre en doute vos compétences.

• Avoir recours à de l'information obtenue sous le sceau de la confidentialité pour vous discréditer et saper votre pouvoir.

• Employer un langage, verbal et non verbal, humiliant.

Certains harceleurs agissent en toute connaissance de cause et prennent plaisir à faire souffrir les autres. D'autres, inconscients, peu enclins à l'introspection, n'ont aucune idée de l'effet destructeur de leur comportement. Ce sont les plus dangereux; difficile, en effet, de s'amender quand on n'est pas conscient de ses défauts.

Que faire si un harceleur sévit dans votre organisation ? Il n'existe pas de solution miracle ni de panacée. Reprenons l'exemple de Carole. Comment peut-elle réagir face aux attaques de Clarence ? Quels styles adopter ? Voici les conseils qu'on pourrait lui donner :

• Tenir un registre des faits et gestes de Clarence, avec dates, heures et circonstances de l'agression.

• Noter par écrit les noms des témoins.

• Envoyer une lettre à Clarence précisant que cette information sera transmise à ses supérieurs s'il ne change pas d'attitude.

• Créer des alliances avec les personnes qui subissent le même traitement de la part de Clarence.

• Mettre vos amis au courant des faits ; dans ces circonstances, on ne parle pas de « ragots » mais de « partage d'information ».

Si rien ne change :

• Mettre votre patron au courant et lui demander de mettre fin à cette situation.

• Si cela ne donne pas de résultat, déposer une plainte auprès des autorités judiciaires.

• Si rien de tout cela ne fonctionne, fuyez ! Les personnes comme Clarence ne valent pas la peine qu'on leur sacrifie notre santé mentale.

Un harceleur qui ne s'amende pas devrait être congédié. On tolère souvent beaucoup trop longtemps ce genre de personne, qui peut rendre la vie impossible à tout le monde dans un bureau. Il ne faut pas le prendre en pitié. Sa présence a un effet toxique sur tout l'environnement. Bien sûr, ce sont souvent des personnes qui sont mues par leurs propres peurs et qui expriment leur anxiété en s'en prenant aux autres. Mais êtes-vous prêt à sacrifier dix personnes pour en sauver ou en protéger une seule ? À vous de choisir.

Au Québec, un article a été inclus dans la *Loi sur les normes du travail* qui condamne le harcèlement psychologique. Non seulement cet article constitue-t-il un recours pour les travailleurs, mais il stipule également (article 81.19) que les employeurs ont l'obligation de prévenir tout harcèlement dans leur entreprise.

Le harcèlement psychologique peut prendre des formes très subtiles; il n'est pas toujours facile d'en faire la preuve. Mais le simple fait de connaître vos droits ainsi que les obligations de votre employeur constituera pour vous une source de pouvoir. Si vous n'habitez pas au Québec, informez-vous des législations en vigueur dans votre pays.

LA COLLABORATION

La *collaboration* suppose un effort commun en vue de résoudre un problème. Tandis que l'affrontement repose sur le pouvoir, la collaboration, elle, repose sur la communication : les personnes en conflit échangent, discutent, confrontent leurs versions respectives des faits en vue de trouver un terrain d'entente.

Solution idéale mais complexe, la collaboration exige l'engagement, la bonne foi de chacun et une volonté commune d'en arriver à une entente. Ce sont des ingrédients rares, pas toujours faciles à réunir, mais certaines organisations, certains dirigeants et certains travailleurs en sont des adeptes convaincus.

La collaboration, selon moi, s'incarne dans quatre rôles : le *démocrate*, le *communicateur*, le *subversif* et le *procrastinateur*. Les deux premiers sont de véritables adeptes de la collaboration; les deux derniers utilisent la collaboration à leurs propres fins. La collaboration, de nos jours, est une attitude à la mode, c'est pourquoi les mordus de l'affrontement tentent parfois de se faire passer pour plus coopératifs qu'ils ne le sont.

Le démocrate

Le *démocrate* se plaît à aplanir les divergences en cherchant les terrains d'entente, et en insistant pour que toutes les personnes concernées soient inclues dans le processus de communication et de résolution du problème. Les partisans de ce style partagent la conviction que c'est par la communication et le dialogue que les problèmes peuvent être résolus. L'avantage de la démocratie, c'est que toutes les personnes concernées sont entendues, participent à la décision et, de ce fait, sont par la suite enclines à y adhérer sans réserve.

Reprenons l'exemple du cabinet d'avocats qui exigent de ses adjointes administratives qu'elles travaillent dorénavant une fin de semaine sur deux. Transposons-le en mode démocratique.

Depuis un certain temps, les plaintes s'accumulent sur le bureau de Gérald en provenance des différents services à l'effet que les mandats ne sont pas complétés à temps. Les adjointes administratives ne suffiraient pas à la tâche. Gérald juge qu'il faut y voir de toute urgence et convoque toutes les adjointes à une rencontre extraordinaire.

- Bonjour, je vous ai réunies aujourd'hui parce que notre cabinet fait face à un important problème qui doit être résolu de toute urgence. Vous êtes au courant que le cabinet Pignon et Larue a fermé ses portes récemment en nous transférant tous ses clients. Je remercie chacune de la patience et de la diligence dont vous avez fait preuve pour venir à bout de ce surcroît de travail. Malheureusement, cet effort ne suffit pas. Nous avons dû, la semaine dernière seulement, demander le report de dix causes parce que les documents nécessaires n'avaient pu être complétés à temps. La Cour nous a même servi un sérieux avertissement à l'effet que cette situation ne peut plus durer. J'ai besoin de vos suggestions pour régler ce problème et j'en ai besoin maintenant. Je propose que, dans un premier temps, nous mettions en commun toute l'information dont chacune dispose concernant cette situation. Ensuite nous tenterons d'en tirer des solutions. Toutes les avenues doivent être explorées, y compris le temps supplémentaire.

La rencontre se déroule selon la proposition de Gérald et, finalement, on en arrive à un plan en plusieurs étapes. Pour une période d'un mois, toutes les adjointes travailleront dix heures par semaine en temps supplémentaire rémunéré. Justine est chargée d'établir un tableau des horaires qui tiendra compte, dans la mesure du possible, des responsabilités familiales de chacune. De son côté, Gérald déclenchera un processus d'embauche. Il est suggéré, entre autres, qu'on tente de recruter les adjointes anciennement à l'emploi du cabinet Pignon et Larue. Une équipe de volontaires est mise sur pied pour former les nouvelles recrues. On sollicite également la collaboration des avocats eux-mêmes pour qu'ils identifient des priorités parmi les causes urgentes.

La réunion terminée, aucune des adjointes n'en ressort enchantée à l'idée d'un surcroît de travail, mais chacune est fermement décidée à tout mettre en œuvre pour que le problème soit résolu.

La démocratie n'a pas que des avantages ; son principal inconvénient c'est qu'elle exige du temps. Toutefois, quand les divergences sont profondes, il peut valoir la peine qu'on s'y attarde, car les solutions élaborées démocratiquement ont des effets durables. Les dissensions superficielles, par contre, ne méritent pas toujours qu'on y investisse des heures de discussion.

Le communicateur

La parole, pour les *communicateurs*, constitue la clé universelle en matière de résolution de problèmes. Ces personnes paraissent toujours avoir le temps de discuter. Je me considère moi-même comme une communicatrice. Je suis, et depuis toujours, convaincue que le temps pris à créer des liens est largement compensé par celui que l'on gagne quand vient le moment de résoudre un conflit. Malheureusement, la vie quotidienne dans les organisations encourage de moins en moins ce mode de relations. La conversation, qu'on confond aujourd'hui avec le bavardage, s'efface devant les exigences sans cesse croissantes d'efficacité et de productivité, et n'est plus qu'une activité réservée aux repas entre amis. J'ai vécu un conflit avec une collègue avec laquelle j'avais une relation, disons, plutôt tendue. Un jour, je la croise dans le couloir qui mène à nos bureaux respectifs.

- Marie, que dirais-tu si nous prenions le temps de discuter de cette politique sur laquelle nous ne sommes pas d'accord ? Est-ce que demain midi, au *lunch*, ça t'irait ?

- Tu veux dire que tu as encore le temps de manger, toi, le midi ? Merci pour l'invitation, mais moi je suis débordée. Pourquoi tu ne m'envoies pas un courriel pour qu'on poursuive la discussion ?

Elle tourne les talons et moi je reste là en colère, honteuse d'avoir même osé aborder le sujet. Inutile de préciser que son courriel, elle l'attend toujours !

Créer des liens est une activité souvent perçue comme une perte de temps. Pourtant, nous le verrons dans les prochains chapitres, le maintien de l'harmonie et d'une saine atmosphère dans une organisation repose sur la sincérité et la solidité des relations entre les personnes. Ces liens constituent aussi pour les individus un moyen d'accroître leur pouvoir et leur influence.

Le subversif

Le *subversif* fait mine de collaborer mais, dans les faits, son arme de prédilection est le pouvoir. La collaboration suppose une mise en commun des idées et des opinions. Or, le subversif utilise cette information pour ensuite écraser la partie adverse. Il vous est sans doute arrivé de vous confier à un subversif et de constater, mais trop tard, qu'on avait abusé de votre confiance.

> Judith confie à Hélène qu'elle se sent parfois dépassée dans ses nouvelles fonctions, qu'entre autres elle n'arrive pas à gérer l'insatisfaction de ses employés depuis la signature de la nouvelle convention collective. Si elle en parle à Hélène, c'est pour obtenir un soutien et des conseils. Or, une semaine plus tard, son VP la convoque dans son bureau.
>
> - Judith, après mûre réflexion, et après en avoir parlé avec certains de tes collègues, j'ai décidé de te réintégrer dans tes anciennes fonctions. Tu parais avoir du mal à gérer les insatisfactions de tes employés et j'ai entendu dire que tu te sentais dépassée par les événements.
>
> Judith frissonne de la tête aux pieds en entendant, dans la bouche de son patron, les mots qu'elle-même a utilisés lors de sa conversation avec Hélène. Comment celle-ci a-t-elle osé répéter ce qu'elle lui avait confié ?

Bien sûr, Hélène a mal agi, mais Judith n'a-t-elle pas, de son côté, fait preuve d'un excès de confiance ? Hélène, elle aussi, avait posé sa candidature à ce poste. Est-ce que Judith n'aurait pas dû en tenir compte ? Il y a des gens qui ne font confiance à personne, et d'autres qui font confiance à tout le monde. Les deux attitudes sont dangereuses.

Le procrastinateur

Le *procrastinateur* fait en sorte de ne jamais avoir à prendre une décision, en s'abstenant tout simplement d'agir, ou bien en prolongeant sans fin les discussions. Vous avez sans doute un jour, au cours d'une réunion, éprouvé cette impression de « déjà vu », ce sentiment d'avoir entendu des centaines de fois ce qui s'y raconte. Le procrastinateur use des principes de la démocratie pour que rien ne change. S'il n'y a pour lui aucun avantage à ce que la décision soit prise, ou s'il craint, en tant que patron, que le choix qui devrait être fait nuise à sa popularité, il s'en tirera en créant un comité doté d'un vague mandat et sans échéances précises.

Nos organisations, nous l'avons souligné, n'ont pas de temps à perdre à encourager les liens entre les individus, mais pourtant elles traînent comme un boulet des problèmes non résolus qui bouffent en réunions stériles un nombre d'heures phénoménal. Refuser de prendre une décision, c'est en soi une manière d'en prendre une. Rien de plus démocratique, à première vue, qu'un comité ; la formule peut toutefois cacher des intentions qui n'ont rien de démocratique, de la part de personnes qui ont le pouvoir de leur retirer toute efficacité.

> Albert ne voit pas d'un bon œil l'ascension de Jacques dans l'entreprise. Pas de doute, la proposition de Jacques à l'effet que la compagnie devienne une entreprise publique sera entérinée au prochain conseil d'administration. Pour lui bloquer la route, Albert convainc le PDG et un certain nombre des membres du conseil d'administration de proposer la création d'un comité pour étudier la proposition. Il s'assure également d'être lui-même nommé à la présidence de ce comité. Aucune crainte à avoir : avec Albert à sa tête le comité en a pour des années avant d'en venir à une décision.

L'ÉVITEMENT

Choisir l'évitement, c'est choisir de s'exclure du conflit, soit parce qu'on refuse de le voir, soit pour prendre un certain recul en vue de préparer sa stratégie, soit tout simplement pour se protéger. Ce style s'incarne dans deux rôles : le *stratège*, qui attend le moment propice pour agir et le *fantôme*, qui fuit tout conflit quel qu'il soit.

Le stratège

Le *stratège* évite le conflit, temporairement – il prend ses distances. Un conflit, nous l'avons vu, déclenche parfois de fortes émotions. Or, une réaction impulsive, dictée par ces émotions, peut s'avérer dangereuse. En prenant un certain recul, vous retrouverez votre calme, vous accordant ainsi le temps de choisir le style approprié et la bonne stratégie.

> Claudette, avocate d'expérience, est à la veille d'un important procès. À la toute dernière minute, elle apprend que son client a omis de lui mentionner certains éléments clés de l'affaire. Déstabilisée, elle est sous le choc et assaillie par une foule d'émotions contradictoires : d'abord la frustration, puis la colère, ensuite le découragement, puis la peur de se trouver la risée de la cour et que c'en soit fait de sa réputation. Pas question de faire une scène à son client, ce qui pourrait être une réaction normale si elle se laissait aller à réagir spontanément. Les cris, elle le sait, ne changeront rien à la situation et risquent de faire perdre à son cabinet un client de longue date.

> Elle choisit donc de quitter la pièce pour dissimuler ses émotions, et va aux toilettes s'asperger le visage d'eau froide. Une fois calmée, elle revient vers son bureau, prête à faire face à son client. « À la lumière de ces nouvelles informations, lui annonce-t-elle, il me faudra un peu de temps, d'ici à demain, pour élaborer une nouvelle stratégie. Donnons-nous rendez-vous une heure avant le début de l'audition. »

Claudette aurait pu crier, hurler, s'emporter. Elle aurait été justifiée de le faire. Mais en quoi cela aurait-il fait avancer sa cause ? Vous arrive-t-il parfois d'avoir envie de punir la personne qui vous a trahi ? Rien de plus normal, mais rien de moins rentable toutefois. Si vous êtes un stratège, vous choisirez plutôt l'évitement pour vous donner le temps de retrouver vos esprits et d'imaginer une façon appropriée de réagir.

Le fantôme

Certaines personnes, littéralement allergiques à tout conflit, préfèrent agir comme si rien ne s'était passé. Le mot évitement, dans leur cas, est à prendre au sens strict : on fait comme si ..., on ne retourne pas les appels, on ne répond pas aux courriels et on s'impose mille détours pour s'assurer de ne jamais croiser ses adversaires. Certains de ces fantômes pratiquent l'évitement systématique en n'abordant jamais une situation de front.

Joseph, on l'a vu dans le premier chapitre, ne peut se résoudre à exprimer directement son mécontentement à Alice. Il ne sait pas comment énoncer clairement ses attentes. Alice, elle, choisit plutôt de faire comme si le problème n'existait pas. Elle a entendu les reproches de Joseph mais elle choisit de concentrer son attention sur l'aspect positif de son message. L'un et l'autre agissent en *fantôme*.

On aura beau ne pas en tenir compte, les conflits disparaissent rarement d'eux-mêmes. Alice en a fait l'expérience. Un conflit, si vous vous entêtez à ne pas y prêter attention, reviendra vous hanter tôt ou tard. Vous constaterez alors qu'un conflit qu'on néglige a tendance à prendre de l'expansion. Plus il couve longtemps sous les braises plus ce sera laid quand il éclatera au grand jour. Il peut arriver à tout le monde de vouloir, et même de devoir éviter *temporairement* un conflit. Mais à trop repousser l'échéance, on risque de mettre en péril certaines relations.

Il y a une personne à mon bureau que j'aimais beaucoup. J'ai longtemps apprécié tout particulièrement les conversations que nous avions ensemble. Nous sommes très différentes l'une de l'autre et chacune de nos rencontres m'apportait quelque chose de nouveau. Un jour, au cours d'une réunion, elle m'a humiliée devant mes collègues. Je ne crois pas qu'elle en ait été consciente, mais je n'ai pas cru bon aller ensuite vers elle pour clarifier les choses. Je n'en ai pas eu le courage. Je sais aujourd'hui que j'ai fait une erreur. Bien que nos échanges soient toujours agréables, je n'en retire plus autant de plaisir. En fait, je tente le plus possible de l'éviter. En jouant le fantôme, j'ai tué notre amitié.

LA CONCESSION

Concéder, c'est renoncer à ses propres intérêts en faveur de ceux d'un autre. Attitude, dans certains cas, fort sage. Il n'y a rien de déshonorant, en effet, à rendre les armes, par exemple si vous constatez que vous avez tort ou si, pour vous, l'issue du conflit a moins d'importance qu'elle en a pour l'autre. Mais ce comportement peut aussi, en d'autres circonstances, s'avérer très dangereux. Certaines personnes ne jurent que par la concession de peur qu'on ne les aime plus. Elles donneraient leur dernière chemise (parfois plus) pour maintenir la paix.

Le bon gars, la bonne fille

Samuel est un bon patron. Au bureau, tout le monde l'aime. Il est toujours prêt à remuer ciel et terre pour accommoder les autres. Par exemple, si une employée ne se sent pas très bien, il l'affectera à une tâche moins lourde. Si quelqu'un a besoin de temps libre, il n'aura de cesse d'avoir trouvé une manière de lui en donner.

Michel, un nouveau venu dans la boîte, a rapidement su profiter de la situation. Un jour, pour assister à un match de baseball, il se déclare malade. Au beau milieu de la partie, il entend crier son nom. C'est Samuel. « Salut ! », se contente de répondre Michel sans interrompre sa conversation avec ses amis. Le lendemain, Michel entre au bureau sûr de lui, certain que tout va bien se passer. Soudain, il voit Samuel qui se dirige vers lui. L'expression de son visage n'annonce rien de bon.

- Tu m'as menti hier ! Que je t'y reprenne une seule fois et c'est la porte. Bonne journée.

Un *bon gars*, Samuel, mais pas une *carpette*. On a généralement tendance à abuser de la bonne nature des personnes accommodantes. Michel, lui, a confondu bonté et mollesse. C'est une erreur. Certaines personnalités fortes manient très efficacement ce style. Elles en apprécient les effets positifs sur leurs relations avec les autres et en retirent des bénéfices souvent supérieurs à l'investissement. C'est le cas de Samuel dont les employés affichent le plus haut taux de productivité dans l'entreprise. Il se décarcasse pour eux et, en retour, eux ont à cœur de lui faire plaisir.

La carpette

La concession a deux visages. Les personnes qui ont peur de tout sont, elles aussi, toujours prêtes à accommoder tout le monde. Si elles capitulent, c'est par crainte des représailles ou parce qu'elles sont convaincues que c'est là la seule façon de préserver leurs relations. Ce sont généralement des personnes dépendantes émotionnellement, qui seront portées à adopter ce style à l'exclusion de tout autre.

> Chantal travaille pour un patron tyrannique. Depuis dix-sept ans, elle lui obéit au doigt et à l'œil peu importe ce qu'il lui demande. Elle court chez le cordonnier chercher les chaussures de sa femme, elle lui apporte le café, à lui et aux clients; elle est toujours prête à rester après les heures quand il l'exige, à renoncer au dernier moment à des vacances planifiées depuis des lustres, à courir les magasins pour l'anniversaire des enfants, etc. En un mot, elle lui appartient. Il ne lui a jamais demandé de coucher avec lui ! Dieu seul sait ce qu'elle aurait répondu !

> Vous croyez que j'exagère ? Vraiment ?

ANALYSEZ VOTRE STYLE

À vous de jouer maintenant !

À l'aide des carnets de bord réunis à la fin de ce chapitre :

- Repérez les rôles que vous jouez habituellement et ceux que vous ne jouez que rarement ou même jamais.

- Identifiez les styles auxquels vous avez tendance à avoir recours lorsque vous êtes sous l'emprise d'émotions fortes.

- Observez comment vous vous comportez au moment où vous ressentez ces émotions.

- Identifiez les personnes qui provoquent ces émotions.

Mais auparavant, pour vous familiariser avec ces différents exercices, prenez connaissance des exemples qui suivent.

Rôles et styles

En situation de conflit, nous l'avons vu, nous jouons tous un ou des rôle(s) qu'on peut regrouper sous différents styles. Selon vous, êtes-vous un *meneur* ou un *harceleur* ? Diriez-vous que vous êtes une *stratège* ou plutôt une *carpette* ? Bien qu'il nous arrive, selon les circonstances et les personnes en présence, de jouer différents rôles, nous nous en tenons généralement à un nombre limité. Le premier carnet de bord vous servira à identifier les styles et les rôles qui vous sont habituels. Il vous permettra également de prendre conscience des rôles que vous ne jouez jamais ou des styles que vous avez jusqu'à maintenant négligés; car, n'oubliez pas, chacun des quatre styles a son utilité. Si vous ne savez pas à l'occasion user de l'évitement, c'est l'épuisement qui vous guette. Si vous ne concédez jamais rien, vous mettez en danger vos relations avec les autres. N'oubliez pas non plus que la collaboration ne résout pas tous les conflits; dans certains cas, il vaut mieux rendre les armes et dire oui.

En plus de vous aider à identifier vos styles et vos rôles, le premier carnet de bord vous servira aussi à vous fixer des objectifs. Par exemple, est-ce que dans certaines circonstances vous aimeriez vous montrer plus combatif ? Si oui, ce sera un de vos objectifs. Vous trouverez au chapitre 8 qui traite des stratégies, un guide pour vous aider à identifier les circonstances qui vous permettront de mettre en pratique, en toute sécurité, vos nouveaux comportements.

Jetons un coup d'œil au carnet de bord de Justine.

TABLEAU 2.2

Carnet de bord n° 1
Quels rôles jouez-vous en situation de conflit ?

1- Soulignez les rôles que vous jouez le plus souvent en situation de conflit.

2- Cochez (✓) ceux que vous ne jouez jamais, ou très rarement, mais que vous aimeriez jouer, ou jouer plus souvent.

3- Ajoutez vos commentaires et fixez-vous des objectifs à atteindre.

Exemple : Justine – Carnet de bord n° 1

AFFRONTEMENT	COLLABORATION
• Meneuse ✓ • Autocrate • Activiste • Harceleuse	• Démocrate • Communicatrice • Subversive • Procrastinatrice
ÉVITEMENT	**CONCESSION**
• Stratège • Fantôme ✓	• Bonne fille • Carpette

COMMENTAIRES

Les rôles que je joue naturellement

• Je suis une activiste. Devant l'injustice je monte spontanément aux barricades, pour le meilleur et pour le pire. Il m'est déjà arrivé de me torpiller professionnellement.

• Je suis une démocrate et j'excelle à trouver des solutions, plus particulièrement avec l'aide des autres. Je suis sociable et je crée facilement des liens. J'ai beaucoup d'amis au bureau.

• Je suis une *bonne fille*. Je suis facile à vivre sous bien des aspects. Si l'enjeu n'en vaut pas la peine, je cède volontiers. Je dirais même qu'il m'arrive d'agir en carpette quand le ton monte.

• Confrontée à un harceleur, il m'est aussi arrivé de jouer la harceleuse moi-même. Je n'en suis pas fière. Mais je m'étais juré de lui rendre la monnaie de sa pièce. Pour moi, c'était la seule façon que justice soit faite.

Les rôles que je ne joue pas

• Je constate qu'il y a plusieurs rôles positifs que je ne joue pas. Je ne suis pas une meneuse; je ne supporterais pas d'avoir à imposer des directives impopulaires. Sous cet aspect, je manque de courage. J'ai peur qu'on ne m'aime plus.

• Je ne suis pas une très bon stratège. Je n'évite pas suffisamment.

OBJECTIFS

• Comme activiste, prendre soin de bien choisir mes combats. M'entraîner à éviter et à être une meilleure stratège.

• Veiller à ne pas me transformer en harceleuse quand on me harcèle.

Le carnet de bord de Justine laisse deviner une personne qui a de l'assurance. Les rôles d'activiste et de démocrate lui vont à merveille. C'est aussi une personne qui sait construire de vraies relations. Toutes de bonnes choses ! Elle a pris plaisir à jouer ces rôles qui lui ont permis d'accumuler les succès.

Toutefois, son activisme allié à son incapacité à éviter lui a aussi valu des déboires.

Allergique à l'injustice et à l'intolérance, Justine passe à l'attaque dès qu'elle est témoin d'une humiliation ; elle a dénoncé des situations et combattu des autocrates souvent à ses propres dépends. Par contre, Justine ne sait pas pratiquer l'évitement. Or, même lorsqu'on est dans son droit, même quand on a raison, il faut savoir au besoin éviter l'affrontement, sinon on risque l'épuisement, le rejet et la dépression. Employés de façon stratégique, l'évitement et la concession, vous aident à considérer les choses avec calme et sérénité.

Les objectifs que Justine s'est fixés ont trait à deux rôles qu'elle joue habituellement et à un rôle qu'elle ne joue pas. En tant qu'activiste, elle souhaiterait choisir ses combats avec plus de discernement. Elle veut aussi apprendre à faire face à un harceleur sans avoir elle-même recours aux mêmes tactiques.

Enfin, elle rêve depuis toujours de jouer le rôle de la meneuse mais s'est jusqu'à maintenant toujours défilée devant cette responsabilité. Elle tentera de favoriser une occasion de s'y exercer ; peut-être en posant sa candidature à un poste de cadre.

Émotions et styles

Certaines émotions appellent spontanément certains styles. Lorsque nous sommes en colère ou frustrés, nous avons tendance à adopter des comportements coercitifs. Quand on nous blesse, on tend à rendre la pareille. Comme si, de cette façon, notre douleur ou notre peine allait se dissiper. Ce sont nos émotions qui nous amènent à réagir ainsi.

Que cela nous plaise ou pas, au plus profond de nous-mêmes, depuis la nuit des temps, nous sommes mus par la loi du Talion : œil pour œil, dent pour dent. Bien sûr si on vous maltraite ou si on vous harcèle, il faut prendre les mesures pour que cela cesse. Mais même dans de telles situations, agir impulsivement dans l'intention de punir s'avérera rarement le choix le plus astucieux.

Il peut arriver aussi que ce soit vous qui attaquiez en premier. Si vous avez tendance à vous mettre en colère dès qu'on vous contredit, à agresser et à blesser les autres, vous avez de sérieuses questions à vous poser. Peut-être obtenez-vous ainsi ce que vous voulez, mais à quel prix !

Comme on peut le constater au Tableau 2.3, Carole est en général bien conseillée par ses émotions. Dans son cas, frustration et impatience sont le signal qu'il est temps pour elle de passer à l'affrontement. Par contre, quand elle se sent bien avec les gens, elle choisit plutôt la collaboration. Mais il arrive que ses émotions la trahissent. Par exemple, lorsque Clarence l'attaque. Rien à faire, à tout coup elle sent la honte qui l'envahit et court se cacher. Pas de bol, Clarence, lui, interprète cette réaction comme un feu vert qui l'autorise à aller plus loin. Carole note aussi qu'il lui arrive de jouer la carpette avec ses propres amis. Analysons son carnet de bord.

TABLEAU 2.3

Carnet de bord n° 2
Émotions et styles

1- Dans un contexte d'affrontement, de collaboration, etc. ressentez-vous d'autres émotions que celles énumérées ci-dessous ? Si oui, ajoutez-les à la liste.

2- Soulignez les émotions que vous ressentez le plus souvent.

3- Ajoutez vos commentaires et fixez-vous des objectifs à atteindre.

Exemple : Carole – Carnet de bord n° 2

AFFRONTEMENT	COLLABORATION
• Colère • Haine • Impatience • Frustration • Jalousie • Envie • Peur	• Amour • Amitié • Joie • Peur • Respect
ÉVITEMENT	**CONCESSION**
• Peur • Anxiété • Impatience • Frustration • Honte • Haine • Colère	• Amour • Amitié • Culpabilité • Peur • Pitié

COMMENTAIRES

• Quand je ressens de la colère, j'ai tendance à chercher l'affrontement. Je reconnais qu'il aurait mieux valu parfois agir autrement. Dans certains cas, ma colère était tout à fait justifiée et l'affrontement a porté fruits. À d'autres moments par contre, mon attitude s'est révélée suicidaire ou destructrice.

Quand ma colère ne trouve pas d'exutoire, c'est la haine qui prend le dessus.

• J'opte aussi pour l'affrontement quand je constate que la collaboration ne mène nulle part et que la frustration et l'impatience me gagnent, mais je suis une personne plutôt patiente.

• Des émotions telles que l'amour, l'amitié et le respect favorisent chez moi la collaboration et je crois que c'est bien ainsi. Ces émotions m'ont aussi amenée à faire des concessions que j'ai plus tard regrettées. Il m'est arrivé de jouer la carpette avec des amis de peur de les perdre. Dans certains cas, j'en suis venue à ne plus avoir de respect pour eux.

• Certaines personnes ont le don de déclencher en moi un sentiment de honte ; je suis incapable d'affronter ces personnes de peur qu'elles ne me fassent sentir encore plus mal. Dans ce cas, je n'ai qu'une seule envie : partir, disparaître. Clarence provoque chez moi ce genre d'émotions. En sa présence, même quand je n'ai rien à me reprocher, je me sens incompétente. J'ai toujours cette peur qu'il n'aille parler contre moi au patron.

OBJECTIFS

Dans l'ensemble, je suis plutôt satisfaite de mon comportement. Par contre, j'aimerais améliorer les points suivants :

1- Je veux me montrer plus combative face à Clarence la prochaine fois qu'il m'attaquera.

2- Je veux apprendre à pratiquer l'évitement stratégique quand je suis en colère.

3- Avec mes amis, je vais tenter de me montrer moins accommodante et de privilégier la collaboration. Je cède souvent trop facilement.

Le principal objectif de Carole sera donc de se montrer plus ferme face à Clarence.

Comportements et styles

Styles et comportements sont intimement liés. Les autres ne voient pas nos émotions; ce qu'ils voient ce sont nos actions. Je peux agresser ou humilier un collègue parce qu'il a eu des propos blessants envers moi. Les autres ne verront pas ma peine; ils ne verront que mon comportement et en concluront que je suis une terrible harceleuse.

Comment vous comportez-vous en situation de conflit ? Imaginons que vous soyez du genre commère : dès que quelqu'un pose un geste que vous trouvez inacceptable, ou blessant, vous courez vers vos amis pour casser du sucre sur son dos. On ne peut pas dire qu'il s'agit ici d'un échange d'information. Délibérément ou non, vous attaquez la réputation de quelqu'un. Il s'agit plutôt d'une forme d'agression indirecte. Parce que vous avez agi discrètement et n'avez pas ameuté tout le bureau avec vos ragots, peut-être vous percevez-vous comme un ange. Votre comportement n'en est pas moins destructeur. Observons celui de Pierre en situation de conflit.

Pierre est tout à fait capable de dire ce qu'il pense, d'assumer l'affrontement et d'imposer le respect. C'est un bon batailleur. Par contre, il s'en veut de perdre son temps avec ses amis en bavardages inutiles contre Alain, qu'il déteste. Les choses en sont venues au point où, aussi bien au repas qu'à la pause-café, Alain est au centre de toutes leurs conversations. Pierre manie bien l'humour et s'en sert pour désarmer ses adversaires. Il préférerait être plus direct. Il aimerait aussi apprendre à résister à ses amis. Voyons comment tout cela est consigné dans son carnet de bord.

TABLEAU 2.4

Carnet de bord n° 3
Comportements et styles

1- Ajoutez à la main les comportements manquants ou déplacez ceux qui ne figurent pas dans la bonne case.

2- Une fois la liste des comportements complétée, soulignez ceux que vous adoptez fréquemment.

3- Encerclez les comportements que vous n'utilisez pas.

4- Ajoutez vos commentaires et fixez-vous des objectifs à atteindre.

Exemple : Pierre – Carnet de bord n° 3

AFFRONTEMENT	COLLABORATION
• Me servir de mon pouvoir pour contraindre l'autre • Frapper • Crier • Humilier l'autre • Mettre en doute les compétences de l'autre • Mettre en péril ma relation avec l'autre • Menacer d'une punition • <u>Faire courir des rumeurs malveillantes</u> • Prendre une décision unilatérale • <u>Assumer une décision qui n'est pas populaire</u> • <u>Avoir recours à l'indifférence</u> • <u>Avoir recours à l'ironie et au sarcasme</u>	• Me servir de la discussion pour en arriver à une entente • <u>Dialoguer</u> • <u>Discuter</u> • <u>Pratiquer la résolution de problème</u> • Trouver des solutions mutuellement satisfaisantes • Avoir recours aux discussions comme échappatoires • Créer des comités pour retarder les décisions
ÉVITEMENT	CONCESSION
• <u>Faire semblant qu'il ne s'est rien passé et qu'il n'y a pas de conflit</u> • Éviter la situation • Éviter l'autre • Disparaître physiquement • Ne pas retourner les appels • Refuser de rencontrer l'autre partie • Ne pas participer aux réunions • Me porter malade pour ne pas entrer au travail • <u>Refuser de dire ce qui ne va pas</u>	• <u>Donner à l'autre ce qu'il veut au détriment de mes propres intérêts</u> • Donner à l'autre ce qu'il veut quand l'issue du conflit n'a pas d'importance pour moi • <u>Renoncer à mes droits</u> • <u>M'excuser lorsque je n'ai rien fait de mal</u> • Changer d'idée parce que ma décision est impopulaire

COMMENTAIRES

• Quand je suis en colère parce qu'on m'a attaqué, j'ai tendance à vouloir punir l'autre en parlant contre lui ou elle. Je peux aussi être très froid et sarcastique.

• Je suis aussi capable d'attaquer et d'imposer le respect. C'est un aspect de moi qui me plaît.

• Je peux dialoguer, discuter et je pratique la résolution de problème. Je suis très créatif.

• J'ai appris à me défiler quand je sais que je ne peux pas gagner ou quand l'autre ne veut pas collaborer.

• J'ai tendance à céder pour avoir la paix. C'est un aspect de moi que je n'aime pas. Il est même arrivé que je m'excuse auprès d'un collègue alors que je n'avais absolument rien fait de mal, simplement pour m'en débarrasser. Maintenant je le déteste. J'ai même tenté de rallier mes amis contre lui.

OBJECTIFS

• Je voudrais me défaire de cette habitude de propager des ragots à gauche et à droite et apprendre plutôt à me confier à mes collègues les plus proches pour mieux comprendre ce qui se passe et analyser avec eux ma façon de réagir.

• Je voudrais être moins sarcastique. Il m'est arrivé de blesser des gens avec ma langue de vipère.

• À l'avenir, j'éviterai de me dégonfler quand je crois avoir raison.

Styles et interactions

Certaines personnes nous rendent littéralement fous. Je suis quelqu'un qui collabore facilement mais, dans certaines circonstances, je perds mon sang-froid ! Je deviens dans ce cas tellement combative que c'en est mauvais pour mon cœur. À d'autres moments par contre, il peut m'arriver d'avoir la trouille et de me dégonfler sans aucun motif valable. Prenez le temps de vous observer dans votre vie quotidienne au travail ; vous constaterez que vous entrez toujours en conflit avec les mêmes personnes.

Analysons cette fois le carnet de bord de Carl.

TABLEAU 2.5

Carnet de bord n° 4
Styles et autres joueurs

1- Écrivez les noms des personnes avec lesquelles vous entrez le plus facilement en conflit et placez-les dans la case correspondant au style que vous utilisez le plus souvent avec elles.

2- À côté de leur nom, écrivez le ou les rôles qu'elles jouent.

3- Ajoutez vos commentaires et fixez-vous des objectifs à atteindre.

Exemple : Carl – Carnet de bord n° 4

AFFRONTEMENT	COLLABORATION
• Thomas (harceleur)	• Sandrine (meneuse) • Ian (communicateur)
ÉVITEMENT	CONCESSION
• Thomas (harceleur)	• Sandrine (meneuse)

COMMENTAIRES

• Je suis plutôt satisfait des styles que j'adopte. Mon seul vrai problème, c'est ma réaction face à Thomas. Il me rend fou. Dès qu'il apparaît, j'ai peine à contenir ma colère. Ou bien je lui rends la pareille en répondant à ses insultes sur le même ton, ou bien je l'évite complètement.

OBJECTIFS

• Je voudrais changer mon comportement face à Thomas. Je ne sais pas si la collaboration est possible, mais j'aimerais tenter l'expérience et avoir une vraie conversation avec lui.

Carl juge qu'il réussit assez bien à s'affirmer ou à concéder, en fonction des circonstances. Il remarque toutefois qu'avec Thomas, le harceleur, il s'en tient à deux styles : l'affrontement ou l'évitement. Il se donne comme objectif d'expérimenter de nouveaux styles avec Thomas.

L'exemple illustre clairement comment avec certaines personnes nous répétons toujours les mêmes schémas. Si vous m'attaquez et que je vous attaque en retour, petit à petit toutes nos interactions ne se feront plus que sur le mode de l'affrontement. Avant même que nous ayons eu le temps de nous en rendre compte, nous aurons développé un type d'interactions, un schéma dont nous n'arriverons plus à nous extraire. Pour rester maître du jeu en situation de conflit, efforcez-vous de briser tout comportement qui a tendance à se répéter, à plus forte raison s'il est récent et que vous avez la possibilité de vous en défaire avant qu'il ne soit coulé dans le béton.

Je ne vous dis pas ici que vous devriez être tout miel avec un loup dans l'espoir d'en faire un agneau. Il ne faut pas confondre collaboration et flagornerie. Vous pouvez très bien affronter quelqu'un, lui dire votre façon de penser, tout en vous montrant prêt à collaborer.

C'est ce que j'ai voulu illustrer dans les deux exemples suivants, qui mettent deux styles en parallèle.

L'affrontement

Thomas entre dans le bureau de Carl.

- J'ai entendu dire que tu avais eu maille à partir avec Stalco Inc. hier soir. Chantal m'a dit qu'ils ont complètement démoli ta proposition. Je ne sais pas ce que j'aurais donné pour voir ça !

- Épargne-moi tes sarcasmes ! Si tu ne sors pas immédiatement d'ici, je dis à tout le monde dans le bureau que je t'ai vu à la porte d'un bar gai la semaine dernière.

- Tu ne ferais pas ça !

- Essaie !

La scène n'est pas jolie. Carl et Thomas ont tous les deux recours à des tactiques destructrices : Thomas s'en prend aux compétences de Carl qui à son tour le menace.

La collaboration

Rejouons la scène. Cette fois, Carl opte pour un autre style.

Thomas entre dans le bureau de Carl.

- J'ai entendu dire que tu avais eu maille à partir avec Stalco Inc. hier soir. Chantal m'a dit qu'ils ont complètement démoli ta proposition. Je ne sais pas ce que j'aurais donné pour voir ça !

- Et pourquoi donc ?

- Parce que tu es toujours tellement sûr de toi !

- Qu'est-ce que tu veux dire ?

- L'autre jour, Chantal a proposé que je m'occupe du compte Groleau International. Depuis des mois, j'attends l'occasion d'entrer dans les ligues majeures. C'était ma chance. Et toi, tu me l'as fait rater.

- Groleau International faisait déjà partie de mes clients. Je n'avais pas envie qu'on me l'enlève.

- Ça, c'est du Carl tout craché ! Tu joues le gentil garçon mais tu ne penses qu'à toi et à tes intérêts. Tu as ton petit clan, tes clients préférés. Les autres, on n'a qu'à se débrouiller !

- Je n'ai jamais vu les choses sous cet angle. Je ne suis pas certain que tu aies raison, mais si tu veux on pourrait aller parler de tout cela devant un café.

Le ton a changé, c'est évident ! Thomas surgit encore une fois dans le bureau de Carl dans ses habits de harceleur, mais ce que Carl constate pour la première fois c'est qu'il est lui-même en partie responsable du style de Thomas. Une dynamique s'est établie entre eux qui commande leurs styles respectifs. En prenant le temps de questionner Thomas plutôt que de dégainer tout de suite, Carl non seulement désamorce le conflit mais recueille de précieux renseignements sur son propre comportement.

SYNTHÈSE DU CHAPITRE 2

Vous connaissez maintenant les différents styles de traitement de conflits à votre disposition et vous disposez d'outils pour vous aider à identifier ceux que vous adoptez volontiers et ceux que vous auriez sans doute intérêt à utiliser plus souvent. Avant de passer à la suite, revoyons les principales étapes à franchir pour arriver à tirer le meilleur parti possible de chaque style.

1- *Débarrassez-vous de vos préjugés. Non, l'affrontement n'est pas nécessairement destructeur et la collaboration n'est pas une panacée. Chaque style a ses bons et ses mauvais côtés. Oui, dans certaines circonstances, il peut être bon de céder, sans pour autant que vous ayez à vous considérer comme une carpette.*

2- *Prenez le temps de bien identifier les rôles que vous jouez actuellement dans votre organisation. Jetez aussi un coup d'œil à vos expériences passées. Faites cet exercice le plus honnêtement possible (personne n'est parfait, désolée !) et en vous en tenant le plus possible aux faits. Vous en tirerez de précieux renseignements pour votre avenir dans l'organisation. Offrez-vous ce cadeau.*

3- *Vous avez, à la fin du premier chapitre, noté les émotions que vous ressentez en situation de conflit. Maintenant, vous êtes capable d'établir des liens entre ces émotions et les styles que vous utilisez. Lorsque vous êtes en colère, par exemple, vous en prenez-vous à tous ceux qui vous entourent ? Ou vous réfugiez-vous derrière un mur de silence ? Ou vous lancez-vous dans une discrète campagne de sabotage ? Votre colère est-elle suivie d'un épisode de honte qui vous force à une humiliante retraite ? Ce sont des comportements dont vous devez prendre conscience. Des émotions fortes, nous l'avons vu, peuvent nous empêcher de penser clairement. Voilà votre chance de vous observer. Conservez ce qui vous plaît et changez ce qui peut vous nuire. La collaboration est un style dans lequel vous excellez ? D'accord, mais ne faites pas l'erreur d'y voir la solution à tous vos maux. Dans les moments de raz-de-marée émotionnels, l'évitement se révèlera votre meilleur allié !*

4- *Exercez-vous aussi à analyser vos comportements en fonction des différents styles de traitement de conflits. Pensez-vous encore que crier c'est mal et qu'il n'y a rien de répréhensible à faire courir des ragots ? Êtes-vous satisfait de votre attitude en situation de conflit ? Quels sont parmi vos comportements ceux que vous considérez appropriés, et ceux que, selon vous, vous devriez éviter à l'avenir ?*

5- *Par-delà les émotions et les rôles, ce sont les personnes beaucoup plus que les événements qui provoquent nos réactions. Quelles sont ces personnes qui vous amènent à avoir recours à des styles que vous n'auriez jamais adoptés autrement ? Nous avons tous en nous un Dʳ Jekyll et un M. Hyde, qui vous poussent à vous transformer en ce monstre que vous ne connaissez pas ? Qu'est-ce qui est important pour vous dans la vie ? Quelles sont vos valeurs ? Recherchez-vous la justice ? Y parviendrez-vous en détruisant l'autre partie ? Identifiez les conflits qui perdurent, les schémas qui se répètent. Êtes-vous empêtré dans une querelle sans fin qui vous gâche la vie ?*

6- *Une fois que vous vous serez bien observé et que vous en serez arrivé à mieux comprendre pourquoi vous agissez ou réagissez de telle ou telle manière, fixez-vous des objectifs réalistes pour changer ce qui doit l'être. Ne précipitez rien. Pas de transformation extrême. Sachez mesurer vos forces et surtout ne jetez pas le bébé avec l'eau du bain.*

7- *Soyez à la fois constant et imprévisible. Oui, oui, c'est possible ! J'ai remarqué que les personnes dont on ne peut prédire le com-*

portement détiennent sur les autres un grand pouvoir. Pour y parvenir, il faut savoir manier différents styles. Par contre, il importe que les gens sachent qu'ils peuvent compter sur vous; vous devez donc faire preuve d'une certaine constance. Cet équilibre s'acquiert avec un peu d'entraînement. Dans un prochain chapitre, vous apprendrez comment transformer vos styles en stratégies. Le style est quelque chose d'impulsif ; les stratégies sont planifiées. Pour devenir un bon stratège, il faut d'abord bien se connaître. Ensuite, il faut découvrir l'origine du conflit, puis évaluer son niveau de pouvoir. Nous aborderons toutes ces étapes plus loin.

8- Remplissez les carnets de bord réunis à la fin de ce chapitre. Ces exercices vous aideront à tirer le maximum de bénéfices de chacun de vos styles. Nos styles prédominants sont liés à des réactions émotionnelles instinctives qui guident nos comportements. Amour, amitié et respect appellent généralement à la collaboration et à la concession. La peur, l'anxiété et la honte, au contraire, ont pour effet de nous désarçonner, de nous faire fuir ou céder dans le seul but d'éloigner le danger. Dans certains cas, notre instinct nous fait choisir le bon style. Mais ne vous y fiez pas; il n'est pas infaillible et peut aussi bien nous mener tout droit à la catastrophe. Ces exercices vous invitent 1- à observer vos styles et vos rôles dans le but de distinguer ceux qui sont rentables pour vous et ceux qui vous desservent, puis 2- à vous fixer des objectifs pour modifier vos comportements, et enfin 3- à déterminer des critères pour vous guider dans votre manière d'agir en présence de tel ou tel type de personnes.

Soyez honnête avec vous-même. Nous aspirons tous à nous découvrir l'âme d'un meneur, d'un démocrate, ou encore d'un stratège qui gagne toutes les batailles en tenant compte de toutes les opinions pour le plus grand bonheur de tous. Rares sont ceux qui avouent construire leur bonheur sur le malheur des autres, ou trahir les principes de la démocratie. Si vous vous reconnaissez dans ce harceleur, alors il vous faudra changer pour rester maître du jeu en situation de conflit. La première étape sur cette voie, c'est reconnaître ce que vous êtes.

Si le miroir de ces exercices vous renvoie une image de vous-même qui vous déplaît, à vous de prendre les mesures pour changer. Si certains aspects de cette image vous plaisent, et je suis certaine que ce sera le cas, ces exercices vous permet-

tront d'identifier ce que vous devez changer et ce que vous devez conserver. Si tous les aspects de cette image vous plaisent, alors peut-être n'avez-vous pas besoin de ce livre ! Donnez-le à un ami !

POUR PROTÉGER VOTRE SANTÉ MENTALE

Si, à vos yeux, tout revêt une importance capitale, alors vous êtes un candidat à l'épuisement professionnel. Il est faux de penser que tous les conflits sont importants. Apprenez à faire la distinction entre les combats qui en valent la peine et les simples irritants de la vie au travail. Si, au contraire, vous avez tendance à minimiser la portée des enjeux qui vous concernent, vous verrez peu à peu décliner votre amour-propre jusqu'à ce qu'il n'en reste plus rien et que les autres se croient autorisés de vous marcher dessus.

Votre style et la manière dont vous réagissez au style des autres peuvent vous causer bien des soucis. Si un harceleur sévit dans votre équipe, les risques sont grands que plusieurs d'entre vous souffriez de détresse psychologique. Le harceleur sème la peur, l'anxiété et la division. Si vous êtes la cible d'un harceleur, vous ne devez sous aucun prétexte accepter cette situation. Défendez-vous en usant de tous les moyens à votre disposition. Pour vous aider, relisez la section qui traite du sujet dans le présent chapitre, et faites les différents exercices proposés dans les prochains chapitres. Vous arriverez de cette façon à faire le point sur la situation de manière à opter pour une stratégie efficace. Si, en bout de ligne, vous en venez à la conclusion qu'il n'y a rien que vous puissiez faire, alors partez. Votre santé mentale est trop importante pour la sacrifier à une organisation.

Même si vous n'êtes pas directement visé par le harceleur qui sévit dans votre environnement vous en subirez vous aussi l'influence néfaste. Une atmosphère de travail malsaine affecte la santé de tous ceux qui y vivent. Assister sans réagir aux attaques répétées d'un harceleur sur un de vos collègues peut aussi avoir un effet négatif sur votre amour-propre. Si vous êtes en mesure de la faire, intervenez. Nous partageons tous la responsabilité de faire de notre lieu de travail un endroit sécuritaire pour tous, un lieu exempt de dangers.

EXERCICE 2.1

Carnet de bord n° 1
Rôles et styles

1- Soulignez les rôles que vous jouez le plus souvent en situation de conflit.

2- Cochez (✓) ceux que vous ne jouez jamais mais que vous aimeriez jouer.

3- Ajoutez vos commentaires et fixez-vous des objectifs à atteindre.

Homme et femme

AFFRONTEMENT	**COLLABORATION**
• Le meneur / La meneuse • L'autocrate • L'activiste / La militante • Le harceleur / La harceleuse	• Le démocrate / La démocrate • Le communicateur / La communicatrice • Le subversif / La subversive • Le procrastinateur / La procrastinatrice
ÉVITEMENT	**CONCESSION**
• Le stratège / La stratège • Le fantôme	• Le bon gars / La bonne fille • La carpette

COMMENTAIRES

Les rôles que je joue facilement

Les rôles que je ne joue pas

MES OBJECTIFS

EXERCICE 2.2

**Carnet de bord n° 2
Émotions et styles**

1- Dans un contexte d'affrontement, de collaboration, etc. ressentez-vous d'autres émotions que celles énumérées ci-dessous ? Si oui, ajoutez-les à la liste.

2- Soulignez les émotions que vous ressentez le plus souvent.

3- Ajoutez vos commentaires et fixez-vous des objectifs à atteindre.

AFFRONTEMENT	COLLABORATION
• Colère	• Amour
• Haine	• Amitié
• Impatience	• Joie
• Frustration	• Peur
• Jalousie	
• Envie	
• Peur	
ÉVITEMENT	**CONCESSION**
• Peur	• Amour
• Anxiété	• Amitié
• Impatience	• Culpabilité
• Frustration	• Peur
• Honte	• Pitié
• Haine	
• Colère	

COMMENTAIRES

OBJECTIFS

EXERCICE 2.3

Carnet de bord n° 3
Comportements et styles

1- Ajoutez à la main les comportements manquants ou qui ne figurent pas dans la bonne case.

2- Une fois la liste des comportements complétée, soulignez ceux que vous adoptez fréquemment.

3- Encerclez les comportements que vous n'utilisez pas.

4- Ajoutez vos commentaires et fixez-vous des objectifs à atteindre.

AFFRONTEMENT	COLLABORATION
• Me servir de mon pouvoir pour contraindre l'autre • Frapper • Crier • Humilier l'autre • Mettre en doute les compétences de l'autre • Mettre en péril ma relation avec l'autre • Menacer d'une punition • Faire courir des rumeurs malveillantes • Prendre une décision unilatérale • Assumer une décision qui n'est pas populaire • Avoir recours à l'indifférence • Avoir recours à l'ironie et au sarcasme	• Me servir de la discussion pour en arriver à une entente • Dialoguer • Discuter • Pratiquer la résolution de problème • Trouver des solutions mutuellement satisfaisantes • Avoir recours aux discussions comme échappatoires • Créer des comités pour retarder les décisions
ÉVITEMENT	**CONCESSION**
• Faire semblant qu'il ne s'est rien passé et qu'il n'y a pas de conflit • Éviter la situation • Éviter l'autre • Disparaître physiquement • Ne pas retourner les appels • Refuser de rencontrer l'autre partie • Ne pas participer aux réunions • Me porter malade pour ne pas entrer au travail • Refuser de dire ce qui ne va pas	• Donner à l'autre ce qu'il veut au détriment de mes propres intérêts • Donner à l'autre ce qu'il veut quand l'issue du conflit n'a pas d'importance pour moi • Renoncer à mes droits • M'excuser lorsque je n'ai rien fait de mal • Changer d'idée parce que ma décision est impopulaire

COMMENTAIRES

OBJECTIFS

EXERCICE 2.4

Carnet de bord n° 4
Styles et autres joueurs

1- Écrivez les noms des personnes avec lesquelles vous entrez le plus facilement en conflit et placez-les dans le quadrant du style que vous utilisez le plus souvent avec elles.

2- À côté de leur nom, écrivez le ou les rôle(s) qu'elles jouent.

3- Commentez et fixez-vous des objectifs à atteindre.

AFFRONTEMENT	COLLABORATION
ÉVITEMENT	CONCESSION

COMMENTAIRES

OBJECTIFS

DEUXIÈME PARTIE

LA CONNAISSANCE DE L'ORGANISATION ET DES COLLÈGUES

CHAPITRE 3

DÉCOUVREZ LA STRUCTURE CACHÉE DE VOTRE ORGANISATION GRÂCE AU CLIP

Dès sa nomination à titre de directeur général de l'APPTMO, Robert constate avec plaisir que les jeunes bénévoles sont avides de jouer un rôle important dans l'organisation. Séduit par leur enthousiasme, il leur apporte son soutien et encourage leur esprit d'initiative. Accaparé par la création de nouveaux programmes, Robert ne remarque pas le désintérêt progressif des bénévoles plus âgés qui se font de plus en plus rares aux réunions.

Six mois après son entrée en fonction, il est convoqué par le président du conseil d'administration. Celui-ci lui annonce qu'il a reçu plusieurs plaintes concernant sa gestion de l'organisme et que le conseil envisage sérieusement de le remplacer. On lui accorde trois mois pour redresser la barre. « Il existe à l'intérieur de l'organisme plusieurs groupes rivaux, ajoute le président, vous auriez intérêt à y voir si vous tenez à améliorer les choses et à conserver votre poste ».

Il ne faut jamais se fier uniquement à ce qu'on voit. Les organisations ont aussi une vie cachée. Pour survivre dans une organisation et pour y évoluer avec aisance vous devez absolument avoir accès à cette vie cachée et en tenir compte dans vos activités de tous les jours.

Pour décrire la structure d'une entreprise, on a recours à un organigramme. Par exemple, si je vous demandais de représenter la structure de votre organisation, votre organigramme ressemblerait à peu de chose près à celui du Schéma 3.1.

SCHÉMA 3.1

Organigramme

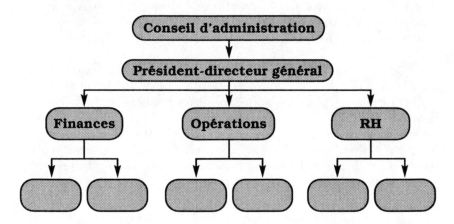

Cette structure officielle joue un rôle important dans les conflits. Dans certaines organisations, elle est lourde et bureaucratique; ailleurs, elle est floue et les rôles sont mal définis. Mais trop lourde ou trop floue, une structure déficiente entrave les communications.

Mais aussi floue et boiteuse soit-elle, la structure formelle demeure une entité visible. Ce qui nous importe dans ce livre, c'est plutôt la structure cachée de votre organisation. Bien qu'on ne la voie pas, cette structure joue un rôle capital dans le quotidien d'une entreprise. Cet organigramme non officiel rend compte non des tâches de chacun dans l'entreprise mais des relations qui existent entre les personnes en fonction de leur degré d'amitié, d'inimitié ou d'indifférence. Lorsque vous aurez appris à repérer ces liens et à vous en servir, vous aurez acquis une nouvelle aisance dans votre milieu de travail.

Les réseaux socio-affectifs d'une organisation influent énormément sur l'atmosphère de travail. Une fois que vous aurez identifié les types de liens qui unissent entre elles les personnes de votre entourage, vous verrez apparaître, comme les constellations du zodiaque dans le ciel étoilé, des configurations qui portent les noms de « cliques », « harcèlement », « favoritisme », etc. et qui créent un climat peu propice à la bonne entente en milieu de travail. Pour éliminer les conflits, il faut prendre le temps de reconnaître ces configurations et les remodeler.

Dans le présent chapitre, vous apprendrez à évaluer l'impact de la structure informelle d'une organisation et à analyser le rôle de celle-ci dans les situations de conflit. Vous vous y exercerez à :

- Réaliser le CLIP (Circuit des Liens InterPersonnels) de votre propre milieu de travail.

- Disséquer des situations de conflit à l'aide du CLIP.

- Identifier les différents problèmes liés à la structure cachée de votre organisation.

- Utiliser le CLIP pour visualiser votre situation actuelle et améliorer l'efficacité de vos interventions en concentrant vos énergies là où elles auront le plus d'impact.

DÉCOUVRIR LA STRUCTURE INFORMELLE DE VOTRE MILIEU DE TRAVAIL

Avez-vous déjà eu la vague sensation de marcher sur des œufs, sans trop savoir d'où vous venait cette impression ? La plupart du temps, c'est une fois qu'on les a enfreintes qu'on prend conscience des règles cachées qui régissent une organisation. Et on sera parfois étonné aussi de constater de quel côté viendra le châtiment. Robert, par exemple, a été surpris d'apprendre que des bénévoles aient pu se plaindre de sa gestion. Il lui semblait avoir établi des rapports cordiaux avec tout le monde.

C'est que Robert ne soupçonnait pas que, sous la structure formelle de son organisation, existait une seconde structure, celle-là informelle. Il n'a donc pas tenu compte de la vie cachée de l'APPTMO. Il connaissait, bien sûr, les liens d'amitié qui unissaient certaines personnes et savait que le courant passait plus ou moins bien entre certaines autres; mais il n'était pas à même de mesurer l'impact du phénomène.

Toutes les organisations ont une vie cachée. Imaginez une plage des Antilles. Sous vos pieds un sable fin et uniforme. Devant vos yeux la mer, calme, sans une ride. À perte de vue une surface lisse et bleue. Difficile d'imaginer que sous cette surface s'agite tout un univers de créatures vivantes. De la plage, poissons et crustacés sont invisibles. Pour les voir, il faudra vous équiper de lunettes et plonger. Alors seulement, vous découvrirez un monde insoupçonné. Nous partirons donc à la découverte de la vie cachée des organisations en commençant par l'exploration de leur structure informelle.

CARTOGRAPHIER LA STRUCTURE INFORMELLE DE VOTRE ORGANISATION À L'AIDE DU CLIP

Pour découvrir ce qui se cache derrière les apparences, je vous propose un nouvel outil : le CLIP (Circuit des Liens InterPersonnels). Grâce à cet outil, vous verrez apparaître sous vos yeux le réseau souterrain des relations informelles qui se sont tissées entre les différentes personnes de votre entourage et vous pourrez en mesurer l'impact sur vous, sur les autres joueurs et sur votre organisation.

Comment réaliser un CLIP

1- Inscrivez le nom des individus, ou groupes d'individus, qui participent au conflit (c'est-à-dire les personnes qui sont au cœur du conflit ainsi que leurs amis, leurs « ennemis », les collègues qu'elles fréquentent, leur patron...) et tracez un cercle autour de chaque nom. Ce sont toutes des données qui s'avéreront essentielles dans le cadre de votre analyse du conflit. Le CLIP doit faire mention de tous les protagonistes, y compris certains joueurs « externes » : un ancien patron, des clients influents, des membres de la direction, etc. Sans être physiquement présentes, ces personnes peuvent exercer une influence sur l'un ou l'autre des joueurs. Mais attention, il ne faut pas non plus surcharger le CLIP; au-delà d'une vingtaine de noms, il vous sera pratiquement impossible d'arriver à en faire une interprétation.

Ce que vous cherchez à obtenir en dessinant le CLIP de votre organisation, c'est un portrait le plus complet possible de la situation. Même si, à première vue, le conflit peut sembler ne mettre en scène que deux joueurs, le CLIP peut en faire apparaître d'autres et révéler, par exemple, que certains personnages secondaires sont à la source du conflit. Le mot-clé ici est *rigueur*. Un CLIP bien fait vous donnera une image juste de la situation. Revenons au cas de Robert.

SCHÉMA 3.2

La réalisation d'un CLIP : Le cas de Robert

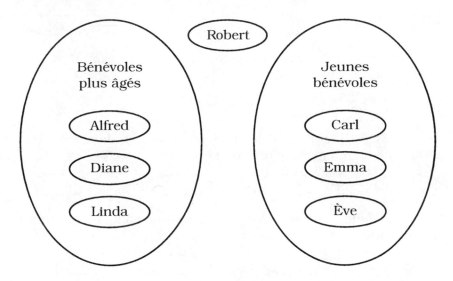

Le CLIP est votre outil personnel. Il vous servira, à vous et à vous seul, à explorer les liens informels qui vous unissent, vous et vos collègues. Si vous apprenez à bien vous en servir, il affinera votre connaissance de l'environnement où vous évoluez.

Encore une fois, de la rigueur avant tout ! Bien qu'on ne puisse éviter toute subjectivité, vous devez vous efforcer de dépasser vos premières impressions et vous appuyer sur ce que vous avez observé. Nous verrons plus loin comment distinguer les différents types de liens qui se sont tissés entre les personnes qui composent votre entourage. Vous constatez que j'ai choisi de représenter Robert seul (voir Schéma 3.2) parce qu'il a un statut particulier. Par contre, j'ai groupé les bénévoles plus âgés (qui sont au nombre de vingt-cinq) et les jeunes bénévoles (qui sont au nombre de dix). Dans les deux cas, j'ai identifié à l'intérieur de chacun de ces cercles quelques protagonistes plus influents qui jouent activement un rôle dans le conflit.

2- Une fois les joueurs bien identifiés et inscrits dans leurs cercles respectifs, reliez-les les uns aux autres par des flèches symbolisant le type de liens qui existent entre chacun d'eux.

Une ligne pleine avec une seule pointe en direction de l'une ou l'autre des personnes indique une relation positive non réciproque.

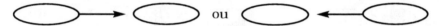

Une ligne pleine avec une pointe à chaque extrémité indique une relation positive réciproque.

Une ligne pointillée avec une seule pointe en direction d'un protagoniste indique une relation négative non réciproque.

Une ligne pointillée avec une pointe à chaque extrémité indique une relation négative réciproque.

Aucune ligne entre deux joueurs signifie « indifférence » ou « absence de liens ».

Pour illustrer l'intensité de la relation, tracez une ligne plus ou moins fine. Par exemple, copinage et passion seront identifiés, le premier par un trait fin et le second par un trait plus épais.

Voici quelques exemples de relations affichant divers degrés d'intensité.

Relation positive

« Ils s'aiment bien. Ils ne se voient pas en dehors du travail, mais ils mangent ensemble à la cafétéria presque à tous les jours. »

« Elles éprouvent une grande affection l'une pour l'autre. Elles travaillent ensemble depuis vingt ans. »

« Elles sont inséparables. Elles parlent toujours d'une seule voix. Les collègues les appellent ironiquement "les siamoises". »

Relation négative

« Sandra et Hélène avaient toutes les deux choisi de prendre leurs vacances en juillet. Comme il ne leur est pas possible de s'absenter en même temps et qu'Hélène a plus d'ancienneté, c'est elle qui partira en juillet. Sandra lui en veut un peu. »

« Charlie s'est porté malade pour assister à une partie de soccer. Un collègue, Jacques, l'a dénoncé à son patron. Charlie s'est promis de ne plus jamais lui adresser la parole. »

« Marc et Paul sont des rivaux depuis maintenant vingt-cinq ans. Ils se détestent et font tout pour ne pas se croiser. Quand ils doivent travailler ensemble, ça finit toujours par une engueulade monstre. »

Retournons au CLIP de l'APPTMO. Illustrons-y, cette fois, les différents types de liens qui caractérisent les relations entre chaque personne ou groupe de personnes.

SCHÉMA 3.3

CLIP de l'APPTMO

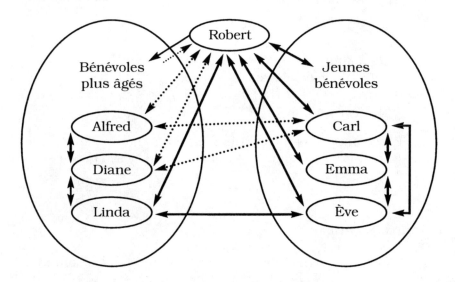

Voici ce que nous apprend ce CLIP :

- Robert a des relations positives réciproques avec l'ensemble des jeunes bénévoles.

- Carl, Emma et Ève, les meneurs dans le groupe des jeunes, ont entre eux des relations positives réciproques.

- Robert, en général, aime bien les anciens bénévoles.

- La plupart des anciens bénévoles n'apprécient pas beaucoup Robert.

- Alfred et Diane ont une relation négative réciproque avec Robert.

- Alfred et Diane ont une relation négative réciproque avec Carl.

- Linda et Robert ont une relation positive réciproque.

- Alfred et Diane ont une relation positive réciproque.

- Linda et Ève ont une relation positive réciproque.

Le CLIP illustre que Robert, bien malgré lui, s'est placé dans une situation fort délicate. En créant des liens privilégiés avec les jeunes bénévoles et en partageant leur enthousiasme, il s'est interposé entre deux clans rivaux. S'il avait connu l'existence de ce conflit entre les jeunes et les anciens s'y serait-il pris autrement ? C'est à souhaiter. Le CLIP met en lumière une autre donnée importante du conflit : la position stratégique occupée par Linda. Cette dernière, en effet, entretient des liens positifs réciproques avec tous les joueurs concernés. Information cruciale quand viendra le temps de régler cette guerre de clans.

Le CLIP, on le voit, a une double fonction : non seulement met-il en lumière les relations qui peuvent alimenter le conflit, mais il fait aussi apparaître des liens qui pourraient ouvrir la voie vers une solution. Mais nous n'en sommes pas encore là; nous y reviendrons au chapitre 8, qui traite des stratégies.

Pour le moment, vous vous demandez certainement : « Mais comment vais-je m'y prendre pour obtenir les renseignements qui me permettront de réaliser le CLIP de mon organisation ? »

LA COLLECTE DES RENSEIGNEMENTS

Si vous venez d'arriver dans un nouveau milieu

Bien sûr, vous ne pouvez pas, dès votre arrivée dans un nouveau bureau, passer de l'un à l'autre, calepin de notes et crayon à la main, pour enquêter sur les liens (positifs ou négatifs) qui se sont tissés au fil des ans entre vos nouveaux collègues. Heureusement, il existe des moyens plus discrets d'obtenir cette information. Entre autres :

- Questionner la personne qui vous a embauché.

- Observer comment les personnes se comportent les unes avec les autres.

- Écouter très attentivement les conversations.

Questionnez votre nouveau patron

> Anouk demande à son nouveau patron s'il a reçu des candidatures de l'interne pour le poste qu'elle vient d'obtenir.
>
> « Oh ! répond celui-ci, tous les autres candidats provenaient de l'interne. Il y en a eu cinq, mais vous êtes de loin la plus qualifiée ! Vous avez de quoi être fière ! »
>
> Anouk ne sait pas si elle doit être fière, mais la réponse a quelque peu refroidi son enthousiasme. Elle décide de pousser plus loin son investigation.
>
> - Vous ne croyez pas que ces personnes vont m'en vouloir ?
>
> - Ils sont tous déçus, ça c'est certain ! Mais ils vont s'en remettre. Vous êtes si gentille et si compétente ! Maintenant, je vous prie de m'excuser, je dois partir. S'il y a autre chose, envoyez-moi un courriel ou demandez à Benoît.

SCHÉMA 3.4

Le cas d'Anouk : La réception de bienvenue

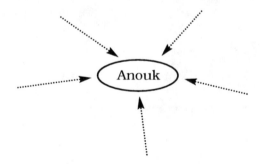

Vous voyez où je veux en venir ? Quand vous entrez dans un nouveau milieu de travail, ne supposez surtout pas que votre arrivée fasse le bonheur de tout le monde. En fait, sans pousser jusqu'à la paranoïa, vous auriez plutôt intérêt à partir de l'hypothèse contraire.

Observez et montrez-vous sociable

Poursuivez votre enquête en observant attentivement ce qui se passe autour de vous. Ne vous retranchez pas dans votre bureau avec votre sandwich à l'heure du midi. Vous en apprendrez beaucoup plus à la cafétéria ou dans la cuisinette des employés. Faites de fréquents allers-retours au distributeur d'eau. Parlez à tout le monde, ne serait-ce que du temps qu'il fait. Petit à petit, tout le monde en viendra à se sentir à l'aise avec vous et vous donnera tout naturellement l'information dont vous avez besoin.

> Anouk en est à sa deuxième journée de travail. Ce midi-là, elle décide d'aller à la cafétéria. Ayant reconnu certains visages déjà familiers, elle demande si elle peut se joindre au groupe. Elle s'assied et après un court silence embarrassé, ses nouveaux collègues lui demandent si elle aime son nouveau travail, d'où elle vient, etc. À son tour, elle leur pose le même genre de questions. Puis on aborde le thème du mari et des enfants et c'est déjà l'heure de retourner au travail.

Prenez des notes

De retour à son bureau, Anouk note les noms des personnes avec qui elle a mangé et les renseignements qu'elle a recueillis. Tout le monde a plaisir à ce qu'on se souvienne de son nom et des détails qui le concerne. La relation avec l'autre en est facilitée et la personne sera portée à se confier à vous beaucoup plus facilement.

Vous avez donc tout à gagner à écouter attentivement. Il existe un principe en analyse des conversations qui stipule que, dans chaque énoncé, une personne nous parle 1- d'elle, 2- de son milieu et 3- de ce qui est important pour elle. En prêtant une oreille attentive, non seulement vous recueillez de l'information sur votre interlocuteur, mais vous récoltez en même temps de précieux renseignements sur ses collègues et sur votre milieu de travail.[1]

Anouk note que Jeanne est restée à l'écart de la conversation, que son attitude lui a paru distante et légèrement hostile. Se

---

1. Labov et Fanshell.

pourrait-il qu'elle soit une des personnes lésées par son embauche ? Elle note aussi que Marlène a à peine ouvert la bouche, et qu'il vaudrait mieux ne rien brusquer de ce côté.

Anouk a observé attentivement la disposition des tables à la cafétéria. Six tables de six, toutes entièrement occupées à une exception : une table où trois hommes, séparés les uns des autres par une place vide, mangent les yeux rivés sur l'écran de leur portable. Autre fait intéressant, hommes et femmes ne se mêlent pas.

Le jour suivant, Anouk retourne à la cafétéria. Les plans de table n'ont pas changé; signe sans doute d'une structure informelle plutôt figée. Anouk se dit que si elle retourne à la même table, il se peut qu'elle se condamne par le fait même à s'asseoir à cette table tant et aussi longtemps qu'elle sera à l'emploi de cette organisation. Elle apporte donc son plateau dans son bureau. Surprise ! Elle y trouve Benoît, son chef d'équipe, assis dans son fauteuil, derrière son pupitre. Aussitôt, elle sent qu'on a envahi son territoire et la moutarde lui monte au nez. Que fait-il là ?

Écoutez

Anouk sait que le moment ne serait pas bien choisi pour faire un éclat.

- Bonjour M. Léger, quel bon vent vous amène?

- Je reviens d'une rencontre chez un client. J'ai accompagné Charlie, notre V.P. relations publiques. Il en a trop sur les épaules ces jours-ci et il espère que je le remplace dans certains dossiers. Nous nous connaissons depuis longtemps Charlie et moi. On a commencé ensemble ici, il y a dix ans. Appelle-moi Benoît. Il paraît que tu vas te joindre à notre équipe. On n'a pas eu d'aide, Charlie et moi, depuis des années. Personnellement, je n'en voyais pas la nécessité, mais Charlie a insisté. Il vieillit notre Charlie, il devient un peu paresseux. De toute façon, nous allons nous rencontrer lui et moi pour t'assigner tes dossiers.

- Je suis surprise, dit Anouk, j'avais compris que nous allions travailler en équipe.

- Bien sûr, nous sommes une équipe. Une fois que tu auras fait tes preuves, nous pourrons faire la planification ensemble. À propos, j'ai su que tu avais mangé avec les « bonnes sœurs » hier. Si tu t'assois trop souvent avec elles, tu vas sécher. Faudrait pas que tu perdes ton petit côté « sexy ». N'oublie pas que tu en as besoin pour ton travail.

Découragée, choquée, Anouk se demande dans quelle galère elle s'est embarquée ?

Aussi affligeante soit-elle, cette conversation avec Benoît est une mine d'or de renseignements à propos de la vie cachée de l'entreprise. Anouk y apprend que :

- Benoît a une solide relation avec Charlie, même s'il semble le mépriser un peu.

- Benoît ne semble ni aimer ni respecter les femmes avec lesquelles Anouk a mangé le premier midi.

- Benoît ne semble d'ailleurs respecter aucune femme.

- Benoît ne semble pas avoir l'intention de développer une relation positive avec Anouk.

Soyez fine mouche

Anouk aurait pu, sous le coup des émotions que Benoit a déclenchées en elle, avoir tendance à se refermer et à vouloir se débarrasser de lui le plus rapidement possible. Mais elle résiste et cherche plutôt à tirer de lui le plus d'information possible.

- Qu'entendez-vous par « bonnes sœurs » ?

- Oh, dit-il, elles ont boycotté notre fête de Noël l'an dernier ! Trop de harcèlement sexuel, selon elles ! Bande de Saintes-Nitouches ! Je m'ennuie de l'époque où on s'amusait au travail. On ne peut même plus dire à une femme qu'elle est jolie. Quelle comédie! Crois-tu vraiment qu'on t'aurait embauchée si t'avais pas été aussi belle ?

Après seulement deux jours de travail, Anouk est déjà en mesure de tracer les premières lignes de son CLIP.

SCHÉMA 3.5

Anouk – CLIP Version 1

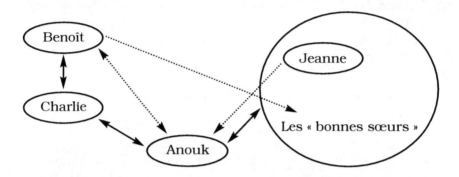

Ne sautez pas trop vite aux conclusions

Le mardi suivant, Anouk donne rendez-vous à une amie dans un restaurant à proximité du bureau. Quelle ne fut pas sa surprise d'y retrouver Benoît, en compagnie des « bonnes sœurs ». Tout ce beau monde semblait bien s'amuser! En l'apercevant, Benoît lui lance un clin d'œil complice. Elle sent qu'elle rougit ! Il s'est bien moqué d'elle.

Plus tard dans la semaine, Anouk apprend que le mari de Jeanne est hospitalisé et qu'il souffre d'une grave maladie. Son air distant n'exprimait donc pas un ressentiment à son endroit, ainsi qu'elle l'avait d'abord cru. Dans les mois qui vont suivre, elle constatera que Jeanne est une femme plutôt rieuse et liante.

Attendre. Ne pas sauter trop vite aux conclusions. Seuls le temps et une investigation plus poussée permettront de confirmer ou d'infirmer vos premières observations.

La patience, la perspicacité et la rigueur que vous aurez mises à tracer le Circuit des Liens InterPersonnels (CLIP) dans votre milieu de travail vous rapportera des bénéfices insoupçonnés. Qui plus est, si vous travaillez dans un milieu où le harcèlement et les guerres de clans menacent quotidiennement l'équilibre et l'harmonie, la connaissance approfondie de ces liens, pas toujours évidents, vous permettra de tirer votre épingle du jeu.

Si vous connaissez le milieu depuis longtemps

Que vous soyez dans une entreprise depuis des lustres ou que vous veniez d'y être embauché, la réalisation de votre CLIP nécessite la même perspicacité, la même patience et le même doigté. Rien de plus instable, de plus mouvant que les liens inter-personnels. Au moment où éclate un conflit, vous aurez besoin de données récentes, parfaitement à jour. Ce n'est pas non plus parce qu'on travaille dans une organisation depuis longtemps qu'on en connaît nécessairement la vie cachée. Bien sûr, vous sentez intuitivement plein de choses, mais cela ne suffit pas lorsque vient le moment de développer des stratégies efficaces.

Max n'a pas tenu compte des clans !

Max est contremaître chez Brunel et fils, une manufacture de vête-ments pour dames. Il occupe cette fonction depuis maintenant cinq ans. Un jeudi après-midi, une bataille éclate dans l'atelier juste avant la fin du quart de travail, vers 14h30. Fred et Jean n'en sont pas à leur premier affrontement. Max, qui s'est montré jusque-là plutôt tolérant, décide d'agir. Après une rapide enquête auprès des autres travailleurs, il apprend que Fred a frappé le premier. Sur-le-champ, il décide de le congédier. Le lendemain matin, une dizaine d'employés l'attendent à la porte de son bureau, menaçant de démissionner s'il ne réembauche pas Fred immédiatement. Max est étonné !

- Je ne peux quand même pas tolérer de tels agissements ! Fred devrait se compter chanceux que je n'aie pas appelé la police !

- Écoute Max, Jean s'en prend à Fred depuis des mois maintenant. On t'a demandé de faire quelque chose le mois dernier et tu as choisi de ne rien faire. En fait, ce qui arrive c'est ta faute ! »

Sans chercher à qui la faute, contentons-nous d'analyser comment Max a pu se fourvoyer à ce point. S'il avait pris la peine d'observer attentivement les liens informels entre les membres de son équipe, il aurait tout de suite vu qu'en congédiant Fred il causait plus de tort que de bien et il aurait sans doute agit autrement.

SCHÉMA 3.6

Le cas de Max

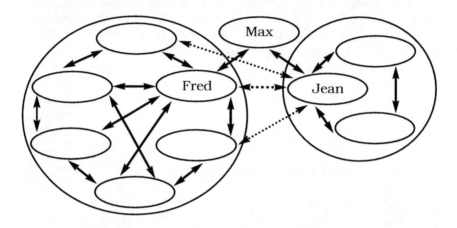

Max aurait vu que Fred est très populaire dans l'usine. Son CLIP aurait mis en évidence que, si Jean a quelques amis, il a plutôt mauvaise réputation auprès de l'ensemble de ses camarades de travail. Le CLIP fait apparaître une situation beaucoup plus complexe que ce que Max pouvait imaginer. Mieux informé, il aurait pu intervenir dans ce cas de harcèlement, ce qui lui aurait donné beaucoup plus de crédibilité auprès de la grande majorité de ses employés. Au lieu de cela, il lui faut maintenant composer avec une petite révolution. Ne sous-estimez jamais l'impact des liens interpersonnels. Un bon CLIP permet d'intervenir de manière stratégique dès le début du conflit. Max devra probablement revenir sur sa décision de congédier Fred. Inutile de préciser que cela lui fera perdre des points auprès de ses employés et de ses patrons.

Pour réaliser le CLIP de votre milieu de travail, posez-vous les questions suivantes.

Qui sont :

• *Les personnes qui partagent les mêmes intérêts ?*

Les individus ont tendance à se regrouper selon des intérêts communs : les jeunes mères d'un côté, les maniaques de sport de l'autre; les amateurs de bon vin à une table, les amateurs de musique à une autre; etc. Le sexe, l'âge, la profession, l'ancienneté sont également des critères de sélection dans le choix de nos relations.

- *Les personnes qui mangent ensemble le midi ?*

S'asseoir à la même table tous les midis à la cafétéria dénote une appréciation réciproque. Les gens qui se détestent ou qui ne se reconnaissent aucune affinité n'iront pas volontairement s'asseoir à une même table.

- *Les personnes qui se voient à l'extérieur du milieu de travail, les fins de semaine ou le soir ?*

J'ai travaillé avec des personnes qui se côtoyaient depuis de longues années. Elles avaient des chalets au bord du même lac ou passaient leur samedi soir ensemble et se choisissaient mutuellement comme parrains et marraines de leurs enfants. Ces liens informels tissent au fil des ans une solidarité à toute épreuve.

- *Les personnes qui ont entre elles des liens familiaux, professionnels ou d'affaires ?*

Le népotisme règne, à divers degrés, dans la plupart des organisations. Fils, fille, époux, épouse, amis de longue date, ex-confrères, ex-consœurs, ces liens laissent supposer un niveau de loyauté envers l'entreprise qui dépasse de loin celle de tout autre travailleur.

- *Les personnes qui se soutiennent dans les réunions ?*

Examinez attentivement les interactions en cours de réunions. En général, on y répète toujours les mêmes choses, au point qu'on ne remarque plus rien. Pourtant, c'est un peu comme regarder un match de ping-pong. Que de congrès j'ai vécus dans mes années de syndicalisme ! Dans chaque cas, je pouvais dire à l'avance qui allait parler au micro et pour dire quoi. Qui ensuite allait appuyer la proposition et qui allait s'y opposer. Si, à l'époque, j'avais su réaliser un CLIP, ces longues journées de palabres m'auraient paru beaucoup moins longues et m'auraient fourni une somme appréciable d'information sur les personnes avec qui je travaillais.

- *Les personnes qui ont des comportements hostiles les unes envers les autres ?*

Certaines personnes, dès qu'elles sont dans la même pièce, ne peuvent s'empêcher de se fusiller du regard ou de s'invectiver. Se contredire à tout propos, faire courir des rumeurs pour détruire la réputation de l'autre, dénigrer la contribution de l'autre, etc., autant de comportements qui signalent une relation négative.

- *Les personnes qui se tiennent généralement à l'écart ?*

Dans tous les milieux de travail, il y a une ou des personnes qui se tiennent à l'écart. Elles cherchent à travailler seule et évitent toute forme de contact social. On ne les voit jamais à la fête de Noël et, la plupart du temps, elles mangent seules le midi.

Après avoir observé votre milieu de travail et répondu aux questions précédentes, vous serez en mesure de dessiner la structure informelle de votre groupe. Ce portrait des liens interpersonnels, vous permettra de circuler avec assurance dans les méandres de ce réseau souterrain et de choisir vos stratégies en toute connaissance de cause.

Avant d'étudier comment concrètement réaliser un CLIP, analysons un dernier cas. Cette histoire illustre comment le CLIP non seulement met en lumière le circuit des liens interpersonnels, mais aussi trace la voie à suivre pour solutionner les conflits.

Paule, le bouc émissaire

Paule travaille depuis deux ans comme secrétaire dans un prestigieux cabinet d'avocats. Appréciée pour ses compétences et la qualité de son travail, elle mène de front boulot le jour et études en droit le soir. Ses bonnes notes à l'université ont incité ses employeurs à lui octroyer une bourse d'études et un jour de congé payé par semaine. Paule est une belle femme, élégante, qui s'habille de façon voyante. Elle possède un magnifique sens de l'humour et une bonne humeur à toute épreuve. Les avocats de la firme se battent pour travailler avec elle.

Or, depuis un mois, Sara, sa patronne, lui trouve mauvaise mine. Elle a tenté de lui parler mais Paule l'évite et se montre peu communicative. Son visage est pâle et elle a souvent les yeux bouffis et rouges. Il lui arrive même de se présenter au bureau sans maquillage, ce qui dans son cas est très mauvais signe. La veille, un avocat s'est plaint de son travail. Un précédent ! Que se passe-t-il ?

En fait, Paule est devenue un bouc émissaire. Depuis un certain temps, la grogne monte parmi les secrétaires. Jusqu'à tout récemment, chaque secrétaire était affectée au service d'un seul avocat, son statut et son identité étant clairement définis par son lien avec son patron. Or, voilà que toutes les secrétaires ont été regroupées en une équipe au service de l'ensemble du cabinet. Cette redistribution des tâches a bien sûr été perçue comme une démotion. De plus, on a procédé à des mises à pied qui ont eu pour effet d'accroître la somme de travail de chacune. Malheureuses et en colère, les secrétaires ont fait de Paule la cible de leur frustration.

- On sait bien ! Quand on est belle on s'en sert pour obtenir des avantages.

- Notre « prima donna » a trouvé un nouveau moyen de séduction ! Elle joue à l'avocate !

- Elle nous méprise. Je l'ai vu parler contre nous au patron !

- Elle est la seule ici à ne pas faire de temps supplémentaire.

- Elle travaille tellement mal que je dois reprendre tout ce qu'elle fait.

Même en temps normal, Paule aurait pu susciter les jalousies. Dans le contexte de bouleversement que vit l'organisation, elle est littéralement devenue le bouc émissaire de tous les maux.

Sara, sa patronne, a senti le malaise et décide de l'analyser. Voici son CLIP :

SCHÉMA 3.7

Le cas de Paule – Avant l'intervention de Sara

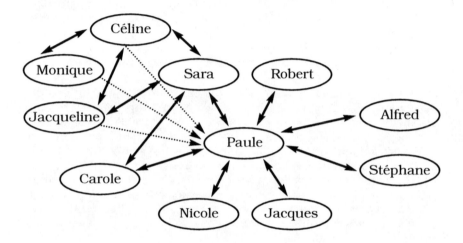

Que fait apparaître ce CLIP :

- Trois secrétaires : Céline, Monique et Jacqueline, ont une relation négative non réciproque avec Paule.

- Carole et Nicole ont une relation positive réciproque avec Paule.

- Paule a de bonnes relations avec l'ensemble des avocats.

Dès le premier coup d'œil, Sara réalise que la situation n'est pas aussi dramatique qu'elle l'avait d'abord cru. Même si elle est l'objet d'un certain ressentiment, Paule a beaucoup d'amis parmi les secrétaires. Après l'analyse du CLIP, Sara décide d'intervenir. Voici comment :

- D'abord, elle prévient Céline, Monique et Jacqueline qu'elles doivent immédiatement cesser tout harcèlement vis-à-vis de Paule, sous peine de sanctions sévères.

- Elle dépose une demande auprès de la direction pour obtenir qu'on réembauche un certain nombre de secrétaires pour venir à bout du travail.

- Elle demande à Carole et à Nicole de passer plus de temps avec Paule, de la soutenir et de l'encourager.

- Elle convoque Paule pour lui exposer la situation et les mesures qu'elle entend prendre.

- Elle lui demande aussi de renoncer, pendant quelques mois, à sa journée de congé du vendredi jusqu'à ce que la situation se soit stabilisée.

Le CLIP qui suit rend compte des transformations observées dans les liens entre les différents joueurs, à la suite de l'intervention de Sara.

SCHÉMA 3.8

La cas de Paule – Après l'intervention de Sara

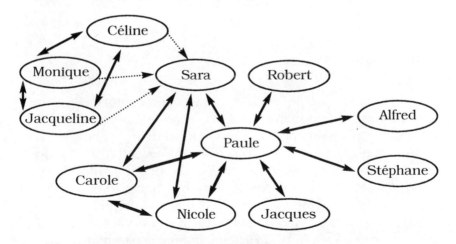

Paule subit moins de pression maintenant que Céline, Monique et Jacqueline, sans pour autant se montrer amicales, l'évitent le plus possible. Carole et Nicole se sont rapprochées d'elle; le midi, elles mangent ensemble et vont souvent faire les boutiques. Sara, de son côté, subit l'hostilité de Céline et compagnie, mais c'est une réaction à laquelle elle s'attendait. Elle sait que cela ne va pas durer. Il est de sa responsabilité d'assurer à ses employées un milieu exempt de tout harcèlement; elle a donc la satisfaction de savoir qu'elle a bien joué son rôle.

LES PROBLÈMES LIÉS AUX LIENS INTERPERSONNELS

Maintenant que nous avons observé les différents types de liens interpersonnels qui se tissent en milieu de travail, analysons les problèmes liés à cette structure informelle. Les schémas qui suivent illustrent quatre grands types de problèmes que vous allez retrouver dans vos propres CLIPs si vous les comparez aux figures ci-dessous. Ce sont : le favoritisme, l'ostracisme, le harcèlement et les cliques. Les autres grands types de problèmes n'apparaissent pas nécessairement dans un CLIP, mais ils n'en sont pas moins liés à la structure informelle de votre organisation. Ce sont : la concentration du pouvoir, les prises de décision irrationnelles et, enfin, bars et restaurants comme lieux de concertation.

Le favoritisme

De tous les problèmes liés à la structure informelle d'une organisation, le favoritisme est sans doute le plus répandu. Un patron et son chouchou, une collègue sœur du président, un gérant copain-copain avec un membre du conseil d'administration, autant de liens interpersonnels qui encouragent le favoritisme. Si quelqu'un a bénéficié d'une promotion qui vous était de toute évidence destinée, si c'est toujours à vous que revient le dernier choix quand vient le temps de fixer vos vacances et cela bien que vous ayez plus d'ancienneté, si c'est toujours l'autre qu'on envoie à Tokyo, Los Angeles ou Moscou pour couvrir les grandes conférences internationales et qu'on vous réserve tous les événements qui ont lieu dans un rayon de trente kilomètres du bureau, alors vous êtes sans doute victime de favoritisme.

SCHÉMA 3.9

Favoritisme

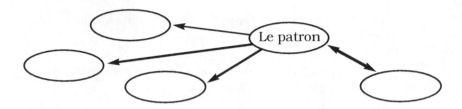

L'ostracisme

Que fait-on quand on veut punir quelqu'un dans une organisation ? On l'isole. On coupe les liens. Les petites filles ont souvent recours à cette forme de violence psychologique. Il est
étonnant de constater à quel point cette attitude persiste une fois
adulte et combien son usage est courant dans les milieux de travail pour exprimer son mécontentement vis-à-vis d'une personne.
Il vous est peut-être arrivé, à la cafétéria par exemple, qu'un
groupe de collègues assis à une même table vous fasse sentir que
vous n'êtes pas le ou la bienvenue. Autre exemple, vos collègues
parlent en votre présence de leur intention d'aller au restaurant
ce midi-là, mais ils ne vous invitent pas à vous joindre à eux.
Dans ces cas-là, la réaction classique est de se dire qu'il y a
quelque chose qui cloche de notre côté, alors qu'en réalité il s'agit
d'une stratégie pour vous briser et vous faire rentrer dans le
rang.

SCHÉMA 3.10

Ostracisme

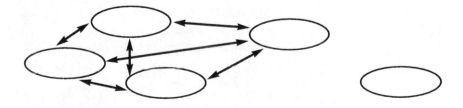

Sandra vient tout juste d'obtenir une promotion. Elle est si heureuse qu'elle court en informer Julie, une collègue et amie de longue date.

- Julie, j'ai décroché le nouveau poste aux ventes ! Je croyais jamais l'avoir. C'est super !

- Félicitations ! Je ne pensais pas que tu avais les qualifications requises. Tant mieux pour toi si tu les as.

Sandra repars déçue. La réaction de sa copine a eu sur elle l'effet d'une douche froide. Au cours des jours qui ont suivi, elle constate que ses amis la délaissent. À la cafétéria, il n'y a plus jamais de place pour elle. Deux semaines plus tard, un vendredi, elle décide d'aller manger au restaurant du coin. Personne n'est libre pour l'accompagner alors elle apporte un livre. Une fois sur place, elle aperçoit tous ses amis à une table dans un coin, qui rient à gorge déployée. Elle quitte le restaurant en larmes.

Le harcèlement

Le harcèlement commence dans la cour de récréation et prospère ensuite dans les organisations. La menace et l'humiliation sont les armes de prédilection du harceleur. Un CLIP fera ressortir qu'un harceleur a toujours de solides appuis sur lesquels compter : un certain nombre d'alliés, des personnes qui auront soin de ne pas se compromettre mais qui seront toujours de son côté pour le protéger. Le schéma du harceleur fera aussi apparaître, en dehors de ce cercle, plusieurs autres protagonistes constituant une sorte de majorité silencieuse. Dans la plupart des cas, ces personnes n'interviennent pas dans le conflit de peur d'être à leur tour victime de harcèlement.

SCHÉMA 3.11

Le harcèlement

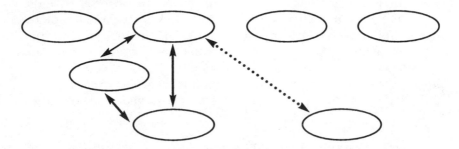

Les cliques

On n'a pas tous les matins envie d'aller travailler. La perspective de retrouver ses amis au bureau constitue souvent notre plus forte motivation. L'amitié au bureau peut devenir par contre une source de problèmes lorsqu'elle se retranche derrière un mur et exclut les autres en les traitant en ennemis. Dans ce cas, on parle de cliques.

SCHÉMA 3.12

Cliques

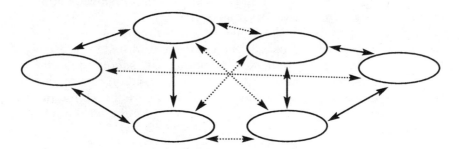

Les cliques son un phénomène qui peut engendrer l'ostracisme, le harcèlement et parfois de féroces guerres internes. Quand deux cliques s'affrontent, elles génèrent une force destructrice qui siphonne les énergies de tout le monde au détriment de leur travail. Vivre dans une telle atmosphère est épuisant.

À l'époque où je travaillais dans les syndicats, tout y reposait sur les cliques. Dans ce type de contexte, très idéologique, les gens se battent pour leurs idées et en arrivent souvent à penser que tous les autres ont tort et qu'eux seuls ont raison. « Si vous n'êtes pas avec nous, vous êtes contre nous. » Pas très familière avec ce phénomène, les premiers temps du moins, j'ai voté un jour en faveur d'une proposition émise par une personne qui appartenait à un groupe en conflit avec le nôtre. Du coup, je suis passée du statut d'amie à celui d'ennemie. Et comme je ne faisais pas partie de l'autre groupe, je me suis retrouvée isolée et misérable.

La loi des cliques interdit les agents libres : pour agir vous devez avoir le soutien de votre groupe, sinon...

La concentration du pouvoir

Cette configuration apparaîtra dans un CLIP lorsqu'une personne détient une très grande partie du pouvoir dans une organisation, soit parce qu'elle en est le fondateur, ou encore l'employé le plus ancien alors que tous les autres y sont depuis relativement peu de temps. Ce schéma est à la source de nombreux conflits basés sur le ressentiment qu'il engendre chez les autres employés, ou sur la frustration de devoir passer par cette personne pour avoir des liens avec les autres. Pas de vie de groupe possible. C'est ce qui arrive dans des organisations où les employés ont très peu de contact entre eux (par exemple, les enseignants dans une école), mais où par contre ils ont régulièrement à rendre des comptes à la personne en autorité (dans ce cas, le directeur ou le principal). Non seulement ce schéma favorise-t-il les conflits, mais il laisse planer sur l'organisation une menace pour sa survie, en particulier au moment où cette personne partira ne laissant derrière elle aucune structure pour reprendre le leadership.

L'irrationalité dans les prises de décision

Les liens interpersonnels engendrent parfois une certaine irrationalité dans les prises de décision. Par exemple, je m'abstiendrai d'appuyer votre proposition, même si elle me paraît intéressante, parce que mes amis et moi avons fait de vous notre tête de turc et qu'il est hors de question de vous laisser le plaisir de gagner ? Pire encore : il se pourrait que je vote en faveur d'une résolution qui va tout à fait à l'encontre de mes convictions, parce que ce sont mes amis qui l'ont déposée. Il faut énormément de courage pour voter avec sa tête quand l'amitié entre en ligne de compte.

Bars, restaurants et toilettes comme lieux de concertation

Vidé, Raymond quitte la réunion à 22 h 30, au moment où tous les autres aussi sortent de la salle. Les discussions n'avancent plus. Impossible d'en arriver à décider s'il faut ou non accepter ce contrat d'une usine d'armements. Dès la création de leur entreprise, il a été clairement entendu entre les associés qu'on ne chercherait ni n'accepterait de contrats de ce genre; on en a fait un engagement moral que certains des associés remettent aujourd'hui en question. Au moment d'ajourner, les résultats affichent 50% *pour*, 50% *contre*. Pour outrepasser cette politique et accepter le contrat, deux tiers des votes sont nécessaires. Raymond a confiance que leur politique sera respectée et confirmée par le vote qui doit avoir lieu demain.

À son arrivée au bureau, à 7 h 30 le lendemain, tout le monde a déjà pris place autour de la table. Sam déclare la séance ouverte et demande s'il y en a qui veulent poursuivre la discussion ou bien si on passe directement au vote. Cinq minutes plus tard, 80% des associés votent en faveur du contrat. Déconcerté, Raymond va partager son désarroi avec Laura qui, elle aussi, se montre insatisfaite du résultat.

- Tu ne me croiras peut-être pas, lui dit-elle, mais j'ai entendu dire qu'ils sont allés au bar après la réunion, hier soir, et qu'ils ont poursuivi la discussion jusqu'à 3 h du matin. À partir de maintenant, il va falloir dormir au bureau si on veut avoir notre mot à dire.

Cette histoire n'a rien d'exceptionnel. Bien que les votes se prennent dans le cadre d'une réunion les décisions, elles, se prennent souvent ailleurs. Si vous ne faites pas partie de la bande ou si vous n'êtes pas du genre à traîner après les heures, votre influence s'en verra d'autant diminuée.

Comme vous venez de le voir, la structure informelle de votre organisation peut être à la source de toutes sortes de problèmes et de conflits. Les liens interpersonnels entre les membres d'une équipe contribuent à faire d'un bureau un véritable milieu de vie où on a plaisir à venir tous les jours. Mais ils peuvent aussi en faire un refuge pour les harceleurs, un repaire où les cliques règlent leurs comptes. En faisant apparaître le réseau de ces liens non officiels, vous désamorcez le mythe selon lequel les décisions dans une organisation seraient prises de manière rationnelle. En prenant le temps de dessiner le Circuit des Liens InterPersonnels dans votre organisation, le CLIP, vous repérez là où vous devez intervenir pour régler ces problèmes.

SYNTHÈSE DU CHAPITRE 3

À vous de jouer. Réalisez votre propre CLIP en trois étapes. Pendant que vous faites cet exercice, souvenez-vous que même si quelques personnes seulement sont directement en conflit, plusieurs autres sont sans doute concernées. Le CLIP vous permettra de mettre un peu d'ordre dans tout cela et d'identifier qui joue un rôle, directement ou indirectement, dans ce conflit. Pour réussir un CLIP :

1- *Dans un premier temps, repérez avec précision les protagonistes, c'est-à-dire les joueurs qui gravitent dans l'environnement du conflit ou qui sont directement concernés. Servez-vous de votre jugement. Pensez d'abord aux personnes qui font partie de votre service puis, si nécessaire, élargissez votre champ d'observation. Votre CLIP doit faire mention de toutes les personnes qui jouent un rôle dans le conflit; évitez toutefois de le surcharger pour ne pas nuire à sa lisibilité.*

2- *Identifiez les joueurs en fonction de leur position dans la hiérarchie de l'organisation.*

3- *À l'aide de flèches, pleines ou pointillées, précisez le type de relation qui lie les joueurs les uns aux autres : relation positive, relation négative, réciproque ou non, pas de relation. Ces tracés feront apparaître, une fois terminés, un certain nombre de schémas, ou configurations. C'est alors que vous prendrez conscience de l'existence de telle ou telle alliance ou de telle ou telle antipathie. Libre à vous, si cela vous aide à rendre votre CLIP plus clair, d'y inscrire le type de schéma apparu (favoritisme, harcèlement, cliques, centralisation du pouvoir, etc.) pour les faire ressortir.*

Une fois le tracé de votre CLIP complété, il se peut qu'il suscite chez vous une foule de questions :

Y a-t-il des relations où vous pourriez intervenir pour améliorer la situation ? Si vous avez découvert que vous êtes isolé, aimeriez-vous trouver des façons de créer des liens ? Si on vous harcèle, y a-t-il des personnes qui, elles aussi, subissent le même traitement et avec qui vous pourriez créer une alliance en vue d'enrayer ce comportement ? Si le CLIP a fait apparaître des cliques, pouvez-vous imaginer des moyens de rapprochement entre les membres de ces différents groupes pour qu'ils en viennent à se parler ? Par exemple, en faisant des approches auprès des joueurs les moins hostiles.

Vous vous rendrez rapidement compte que le CLIP vous procure une image tout à fait inédite de la situation et favorise des stratégies auxquelles vous n'auriez peut-être jamais pensé.

POUR PROTÉGER VOTRE SANTÉ MENTALE

Les personnes isolées sont les plus à risque de développer des troubles mentaux. Lorsque nous traversons une période difficile, nous nous tournons naturellement vers nos amis pour obtenir leur soutien. Si vous n'avez pas d'amis, vous vous retrouvez seul à tenter de gérer la situation. Quelle belle cible vous faites alors pour un harceleur ! Quel jeu d'enfant de s'en prendre à quelqu'un qui n'a personne pour venir à sa rescousse ! Même si vous n'êtes pas du genre très sociable, efforcez-vous de créer des liens avec les autres; à l'occasion, allez manger avec vos collègues le midi. Il n'est pas non plus conseillé de n'avoir des amis qu'au bureau; si la situation au travail venait à se détériorer et que vous ne puissiez plus compter sur l'appui de vos collègues, vous devez pouvoir vous réfugier auprès de vos amis à l'extérieur. Faites en sorte de maintenir un solide réseau familial et un cercle d'amis hors de votre milieu de travail.

EXERCICE 3.1

Votre CLIP

1- Inscrivez le nom de chaque joueur dans un cercle (pour assurer la confidentialité de votre document, changez les noms).

2- Tracez des flèches entre les joueurs qui ont des liens les uns avec les autres.

3- Rédigez votre interprétation et vos commentaires dans l'espace prévu à cet effet.

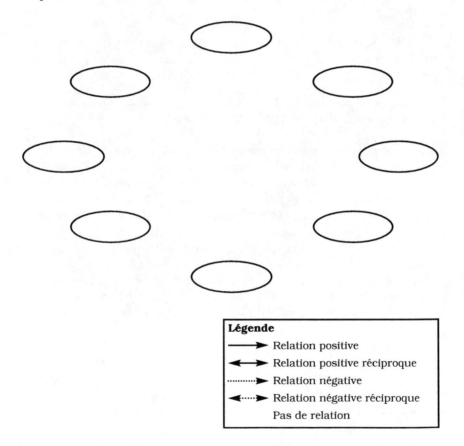

Légende

→ Relation positive
↔ Relation positive réciproque
⋯▶ Relation négative
◀⋯▶ Relation négative réciproque
Pas de relation

INTERPRÉTATION ET COMMENTAIRES

CHAPITRE 4

SACHEZ RECONNAÎTRE VOS INTÉRÊTS
ET CEUX DES AUTRES

Jacques et Florence sont des amis de longue date. Ils ont eu le même parcours dans l'entreprise : embauchés en même temps, ils ont ensuite été mutés dans le même service où ils travaillent encore aujourd'hui. Jacques est le parrain de Miko, le fils de Florence. Pendant longtemps, les deux amis se sont partagés les heures supplémentaires requises par la direction. Aujourd'hui, Jacques est seul à rester tard le soir. Le mari de Florence a un nouvel emploi à l'extérieur de la ville et, du jour au lendemain, celle-ci a dû se charger d'aller, à sa place, cueillir les enfants à la sortie de l'école. Pour l'accommoder, le patron l'a exemptée de temps supplémentaire. Résultat : Jacques ne lui adresse plus la parole. Florence ne comprend pas sa réaction et s'en est plainte à tout le monde. D'ailleurs, elle ne mâche pas ses mots et traite publiquement Jacques de sale macho qui ne pense qu'à ses propres intérêts. Jacques est consterné : non seulement attend-on de lui qu'il travaille pour deux, mais en plus il assiste impuissant à la destruction de sa réputation.

Dans ce chapitre, nous observerons comment des divergences d'intérêts peuvent être à la source d'un conflit. Nous verrons comment des amis de longue date, qui partageaient les mêmes intérêts, se métamorphosent soudain en rivaux lorsque leurs intérêts divergent. Vous vous exercerez ensuite à repérer, dans votre propre milieu, ces divergences d'intérêts (y compris celles que vous portez en vous). Après avoir fait cet exercice, vous serez en mesure de prévoir et de déjouer les conflits qui couvent dans votre entourage ou, si le mal est déjà fait, d'en déchiffrer les causes. Les outils avec lesquels vous aurez à vous familiariser dans ce chapitre vous serviront à identifier vos propres intérêts et ceux des autres et à les classer par ordre de priorité.

Il existe différentes façons dont les intérêts des uns et des autres peuvent en venir à se heurter. Par exemple, il peut arriver que deux personnes veuillent la même chose alors qu'une seule peut l'obtenir; il peut arriver aussi que parce qu'une personne a obtenu quelque chose, les autres en soient privées. Le simple fait de devoir partager notre territoire constitue à nos yeux une menace. Sous cet aspect, notre comportement a beaucoup en commun avec celui du chat domestique !

LE TERRITOIRE

Lorsque vous cherchez les causes d'un conflit où les joueurs s'affrontent avec animosité, pensez « territoire ». L'espace, c'est sacré ! La plupart des individus ont besoin de leur propre espace et d'en changer le moins souvent possible. Comment réagiriez-vous si vous deviez changer de bureau tous les jours, ou toutes les semaines ? Les humains ont leurs petites habitudes et se montrent très pointilleux quant aux questions de territoire. À table, nous avons *notre* place. Au lit, nous dormons toujours du même côté. S'il faut nous résoudre à partager notre espace, ce sera toujours en fonction de conventions clairement établies : là, c'est ma brosse à dents et là, c'est la tienne, et on ne change pas !

Même chose au travail : « Je ne veux pas que tu t'assois à mon bureau »; « Tu feras bien de t'abstenir de passer des commentaires sur mon travail »; « Je ne veux pas que tu te mêles de mes relations avec mes clients ». Tu restes dans ta cour et moi dans la mienne.

Danaé, infirmière dans un centre de soins palliatifs, vient d'être congédiée. Pourtant, lors de sa dernière évaluation, l'infirmière en chef lui a accordé une note parfaite, bien au-dessus de la moyenne. Que s'est-il passé ?

En fait, ses collègues ne pouvaient plus l'endurer. Au poste, toutes les infirmières partagent un même espace. Or, Danaé n'a aucun sens du territoire. Elle apporte de la maison des plantes qu'elle dispose un peu partout. Son quart de travail terminé, elle abandonne sa veste sur le dossier de la chaise jusqu'au lendemain. Elle commente les conversations téléphoniques de ses compagnes de travail. Danaé a été élevée dans une famille nombreuse où elle n'a pas appris ce qu'est l'intimité. Jusqu'à son mariage, à vingt et un ans, elle partageait une chambre avec trois de ses jeunes sœurs. Elle n'a aucun sens du territoire et cela lui a coûté son emploi.

Le cas est extrême, j'en conviens, mais il n'est pas rare qu'on ait à partager un espace dans des conditions plus ou moins adéquates. Plus il y a de bruit, plus il y a d'interactions, moins il y a d'intimité, plus le risque de conflit est grand.

Certaines fonctions comportent un territoire bien défini. Un enseignant, par exemple, s'attend à avoir toute latitude d'agir entre les quatre murs de sa classe. Si un collègue s'avise de critiquer ses méthodes, il y verra une intrusion dans son territoire et sera tenté de l'envoyer paître.

Les problèmes de territoire sont monnaie courante aussi lorsqu'on a, à deux ou à plusieurs, à exécuter un même travail ou, encore plus délicat, à partager les mêmes clients. Dans ce contexte, si les fonctions non pas été clairement délimitées ou si elles se chevauchent, les conflits couvent et, à plus ou moins long terme, la situation s'embrase. Travailler dans de telles conditions exige une bonne entente à toute épreuve et une forte dose de respect mutuel. Si je critique votre travail, ou si vous critiquez le mien, qui plus est en présence d'un client, les difficultés ne feront que commencer. Depuis une vingtaine d'années, les organisations ont mis l'accent sur le travail en équipe. Plusieurs têtes valent mieux qu'une, c'est vrai; mais à condition de bien s'entendre. Le travail en silo comporte moins de risques; lorsqu'on travaille en équipe la probabilité d'un conflit fait partie du jeu.

Tout doit être discuté à l'avance et planifié : les objectifs, le rôle de chaque joueur, etc. Sinon, une seule tête vaudra toujours mieux que deux, dix ou même vingt.

Face à une situation de conflit, demandez-vous toujours s'il n'y a pas un problème de territoire à la source. Si possible, accordez à chacun son territoire. Vous minimiserez ainsi les occasions de conflits.

LES INTÉRÊTS

J'entends ici par *intérêts* tout ce qui peut être à l'avantage d'un individu. Les humains sont spontanément portés à agir en toutes circonstances en fonction de leurs propres intérêts. Toutefois, ce qui fait de nous des êtres socialement adaptables, c'est que nous avons aussi la capacité d'agir en fonction des intérêts de l'autre. Si vous ne tenez jamais compte de vos propres intérêts, vous ne survivrez pas. Par contre, si vous ne prenez jamais en considération les intérêts de l'autre, c'est votre vie sociale qui en pâtira. Le secret réside dans un juste équilibre entre la défense de vos propres intérêts et la satisfaction de ceux des autres.

Besoins, désirs et intérêts

Quelle différence y a-t-il entre des *besoins*, des *désirs* et des *intérêts* ? J'aimerais bien gagner un million de dollars par année. Est-ce que j'en ai besoin ? Personnellement, je n'ai pas besoin d'une telle somme pour vivre. Mes *désirs* et mes *besoins* peuvent donc différer. Serait-il dans mon *intérêt* de gagner un million de dollars par année ? Tout dépend. J'aime voyager, peindre, faire des cadeaux à mes amis, aller aux sports d'hiver. Mais pour gagner un million par année, il me faudra travailler sept jours sur sept, cinquante-deux semaines par année. Or, pour moi, la liberté a plus de valeur que l'argent. Mes *intérêts* et mes *désirs* sont donc eux aussi en contradiction.

Il est essentiel de savoir distinguer ce qui relève de nos intérêts, de nos besoins ou de nos désirs. Comme nous venons de le voir, nos désirs peuvent aller à l'encontre de nos intérêts.

Mais il faut savoir aussi évaluer nos besoins. Si, par exemple, ma situation financière ne correspond pas à mes besoins, j'ai un sérieux problème et, tôt ou tard, je me trouverai « dans le besoin ». Plus je compte sur mon employeur pour répondre à mes besoins, plus je m'enferme dans un état de dépendance vis-à-vis de lui. Plus je suis dépendant, moins j'ai de pouvoir.

> Pierre, le comptable, est désespéré. Charles, son patron, menace de le congédier s'il n'approuve pas sa note de frais. Pierre sait très bien qu'il serait malhonnête d'approuver cette note de frais et qu'en agissant ainsi il trahirait ses propres valeurs. Il tente d'en parler au président, mais celui-ci refuse de le rencontrer. Pierre est coincé. Depuis un certain temps déjà, il espère pouvoir quitter cet emploi mais il n'a encore aucune piste : le marché n'est pas favorable. Son hypothèque a grevé son budget et sa femme est enceinte de leur troisième enfant. Pierre a BESOIN de son travail à tout prix. Même s'il n'est pas dans son *intérêt* de commettre un acte illégal, il a tellement besoin de son emploi qu'il n'a pas le choix.

Posez-vous la question suivante : Est-ce que je suis serré dans mon budget au point de ne pouvoir m'extirper d'une situation professionnelle dangereuse ? Si vous répondez oui, alors vous avez un sérieux problème, parce que vous ne disposez d'aucun pouvoir. Dans ce cas, vous ne serez jamais un joueur qui compte, et encore moins le maître du jeu dans une situation de conflit. Votre situation financière vous met totalement à la merci de la volonté et des caprices des autres. Revoyons le cas de Pierre en lui octroyant un budget mieux équilibré.

> Lorsque Charles demande à Pierre d'approuver sa note de frais exorbitante, Pierre refuse. Furieux, Charles menace de le congédier. Ce à quoi Pierre répond qu'il s'en fiche et qu'il se fera un plaisir de joindre à sa lettre de démission une copie de la note de frais. Charles recule et retire les frais litigieux de ses dépenses. Pierre était prêt à faire face. Si Charles n'avait pas reculé, il lui aurait suffi de réactiver les contacts déjà faits auprès de quelques autres compagnies en vue d'y postuler le même type d'emploi. Il avait même prévu une petite somme pour tenir le coup pendant trois mois de chômage.

Pour rester maître du jeu en situation de conflit il ne faut pas avoir les mains liées financièrement. Dans nos pays industrialisés, la plupart des travailleurs ont des dettes. Ce boulet a pour effet de réduire leur liberté et leur marge de manœuvre, et d'ouvrir la voie aux abus de toutes sortes dans les entreprises. Qui dit vie professionnelle équilibrée, dit budget équilibré. Assurez-vous aussi que vos désirs soient en accord avec vos intérêts. Peut-être rêvez-vous d'un gros salaire et de titres ronflants, alors qu'au contraire il serait dans votre intérêt de disposer de plus de temps à passer avec votre famille. Vous allez découvrir, dans ce chapitre, de nouveaux outils qui vous aideront à déterminer quels sont réellement vos intérêts et à en évaluer la priorité.

La hiérarchie des intérêts

Les organisations, par définition, réunissent des joueurs qui ont certains intérêts en commun et d'autres qui divergent. Ces intérêts divergents nécessitent un processus de négociation continu. Dans la plupart des organisations, il existe des règlements qui viennent à bout des difficultés les plus courantes. Dans les entreprises syndiquées, par exemple, les salaires, les heures de travail, le temps supplémentaire et les avantages sociaux sont régis par une convention collective; ce qui permet de ne pas avoir à renégocier quotidiennement les besoins de base. La convention collective assure aussi une certaine équité. Dans les milieux non syndiqués, il existe des politiques d'entreprise pour assurer le traitement équitable des intérêts des travailleurs.

Dans les entreprises où il n'y a ni syndicat, ni politiques salariales ou autres, les divergences d'intérêts doivent être traitées au quotidien. On dit « groupe d'intérêts » quand on veut parler d'un ensemble de personnes qui ont des intérêts commun à défendre. On dit « conflit d'intérêts » quand une ou des personnes sont en position de favoriser leurs propres intérêts au détriment de ceux des autres.

Voici une illustration, la plus simple possible, du jeu d'équilibre entre « intérêts divergents » et « intérêts convergents ». Vous êtes propriétaire d'une entreprise. Votre but est de générer des profits. Dans cette optique, vous cherchez à maintenir à un certain niveau les salaires de vos employés. Maintenant placez-vous dans la peau d'un employé : votre but sera d'obtenir le plus haut salaire possible. Propriétaire et employé partagent toutefois un intérêt commun : la survie de l'entreprise et, par voie de conséquence, sa productivité. Tandis que vos intérêts divergents en matière de salaires risquent d'entraîner des conflits, votre intérêt commun quant à la santé de l'entreprise peut s'avérer un motif suffisant pour vous encourager à résoudre ces conflits.

Chaque individu à l'intérieur d'une organisation a des intérêts qui lui sont propres; les organisations, elles aussi, ont des intérêts, qui ne sont pas nécessairement ceux des individus. Nos intérêts communs nous permettent de travailler ensemble; nos intérêts divergents provoquent les conflits. Il s'ensuit, vous pouvez l'imaginer, une dynamique fort complexe : chaque individu, et chaque organisation, nourrit plusieurs intérêts auxquels il, ou elle, accorde divers degrés d'importance.

Examinez votre propre cas. Certains de vos intérêts concernent plutôt le travail : profit, argent, image, reconnaissance, sentiment d'utilité, stimulation professionnelle, pouvoir, vie sociale, avancement, équilibre travail-famille. Par contre, vous avez aussi d'autres intérêts qui, ceux-là, relèvent de votre vie privée : famille, loisirs, voyages, relations sociales, amitié, etc.

Ces intérêts n'ont pas tous pour vous la même importance. Pour en analyser le degré de priorité, je vous propose un outil que j'ai baptisé *Hiérarchie des intérêts fondamentaux*. Dans un premier temps, prenez connaissance de la liste des intérêts suggérés et complétez-la au besoin. Ensuite, identifiez par ordre de priorité vos intérêts les plus importants. Faites de même pour votre organisation, puis pour vos principaux collègues de travail. Enfin, comparez les résultats et évaluez s'il y a ou non convergence. Cet exercice fera apparaître de précieux indices quant aux causes des bonnes ou mauvaises relations que vous entretenez avec vos collègues, et quant à ce qui motive votre sentiment d'appartenance ou de non-appartenance à votre organisation. Pour illustrer cet exercice, j'ai choisi l'exemple de Michel, un ami.

TABLEAU 4.1

Hiérarchie des intérêts fondamentaux

1- Complétez la liste si nécessaire.

2- Pour chacun des joueurs, faites la liste de ses intérêts par ordre d'importance.

3- Comparez les listes des différents joueurs et commentez : convergence, divergence (ce sont généralement les divergences qui engendrent les conflits).

Liste d'intérêts :

Activités culturelles, argent, aventure, bonnes conditions de travail, confort, développement professionnel, ego, équilibre travail-famille, stimulation, famille, image, intimité, loisirs, pouvoir, prestige, promotion, profit, reconnaissance, routine, sentiment d'utilité, sport, travail intéressant, vie sociale, voyages, etc. Compétitivité sur le marché, expansion, rétention du personnel...

Exemple : le cas de Michel

Joueur	Intérêt 1	Intérêt 2	Intérêt 3	Intérêt 4	Intérêt 5
Michel	Argent	Prestige	Pouvoir	Stimulation	Travail intéressant
Denis	Équilibre travail/famille	Vie sociale	Sentiment d'utilité	Développement professionnel	Confort
Organisation	Profit	Compétitivité sur le marché	Image	Rétention du personnel	Expansion

COMMENTAIRES DE MICHEL

Je remarque que mes intérêts sont plutôt compatibles avec ceux de mon organisation. L'entreprise vise les profits et la compétitivité. Moi, je veux de l'argent, du prestige et du pouvoir. Je suis donc prêt à fournir tous les efforts nécessaires pour que mon organisation et moi atteignions nos objectifs. Mon copain Denis, lui, vit sur une autre planète. Je voyais bien que ça n'allait

pas trop fort pour lui. Heureusement, il est un designer extraordinaire; pour le moment, ils ne peuvent pas se permettre de
le perdre. Mais est-ce qu'il en sera toujours ainsi ? Il faut que je
lui parle.

L'exercice qui précède s'applique exclusivement aux intérêts
fondamentaux, ceux qui nous motivent au quotidien. Or, dans un
conflit, il peut y avoir d'autres intérêts qui entrent en jeu, des
intérêts *circonstanciels*, particuliers à la situation, aux circonstances, et qu'il vous faudra analyser en fonction du contexte.

Les intérêts circonstanciels

Les origines d'un conflit sont souvent enfouies sous plusieurs
strates d'émotions et de vieilles habitudes. Revenons en arrière,
si vous le voulez bien, au conflit qui oppose Jacques et Florence.
Ces deux amis peuvent-ils seulement se rappeler comment ce
conflit a commencé ? Comment en sont-ils venus à se traiter
aujourd'hui de « macho » et de « commère de première classe » ?
Comment en sont-ils arrivés à se faire souffrir mutuellement ?
Pour comprendre et résoudre ce conflit, il faut analyser une à une
chacune des strates d'émotions et de comportements qui le sous-
tend. Il faut remonter jusqu'à ses origines.

À première vue, voilà comment nous apparaît la situation :

- Intérêts circonstanciels : Pour Florence, ne pas faire de temps
  supplémentaire; pour Jacques, ne pas assumer tout le temps
  supplémentaire.

- Styles : *Affrontement* en ce qui concerne Florence; *évitement* en
  ce qui concerne Jacques.

- Émotions : Colère et souffrance dans les deux cas.

Mais la réalité n'est pas aussi simple. Chaque individu, nous
l'avons dit, nourrit plusieurs intérêts en même temps et accorde
à certains de ces intérêts plus d'importance qu'à d'autres. En
poussant plus loin notre analyse, nous constaterons que, contrairement à ce qui paraît évident à première vue, si Jacques est en

colère ce n'est peut-être pas d'avoir à assumer seul toutes les heures supplémentaires mais pour une toute autre raison. Analysons les faits. Si, au moment où Florence a été confrontée à un problème urgent à résoudre, leur patron les avait tous les deux consultés, sans doute les choses auraient-elles pris une tout autre tournure. *Ni Florence, ni Michel n'ont reconnu que Jacques avait été traité injustement.* Pour Florence, il allait de soi que Jacques comprendrait; quant au patron, pour lui il était tout naturel que Jacques fasse ce qui lui était demandé. Aucun des besoins de Jacques n'ont été pris en considération, y compris son besoin de reconnaissance.

Certains de nos besoins sont liés à des aspects matériels ou (c'est le cas ici) à nos conditions de travail, mais nous avons aussi d'autres types de besoins et d'intérêts. Pour Florence, l'intérêt qui prime sur tous les autres est de se libérer pour aller chercher ses enfants après l'école. Elle assume que Jacques comprendra étant donné qu'ils sont amis. Pour Jacques, l'intérêt qui prime sur tous les autres est qu'on tienne compte de lui, qu'on le traite avec équité. Jacques a besoin de savoir que Florence est consciente qu'il lui sacrifie ses propres intérêts. Malheureusement, ils ne sont pas sur la même longueur d'onde. Pour en arriver à signer l'armistice et à sauver leur longue amitié, il leur faudra tous les deux comprendre ce qui se passe. Le Tableau 4.2 fait état de leurs intérêts dans le cadre précis de cette situation. J'ai aussi ajouté ceux de leur patron, Michel, qui joue un rôle dans ce conflit et qui, de ce fait, doit apparaître dans cette analyse. Enfin, l'organisation elle-même a aussi ses propres intérêts à défendre qui doivent également figurer dans ce tableau.

TABLEAU 4.2

Hiérarchie des intérêts circonstanciels

1- Inscrivez les noms des joueurs concernés par ce conflit.

2- Pour chacun des joueurs, faites la liste de leurs intérêts en jeu dans le cadre du conflit, par ordre d'importance à leurs yeux.

Exemple : Le cas de Jacques et de Florence

Joueur	Intérêt 1	Intérêt 2	Intérêt 3	Intérêt 4	Intérêt 5
L'organisation	Que le temps supplémentaire requis soit pris en charge	Que le temps supplémentaire soit pris en charge par la personne la plus apte à le faire	Éviter d'avoir à embaucher du nouveau personnel	Éviter d'avoir à instaurer un nouveau quart de travail	
Michel	Que le temps supplémentaire requis soit pris en charge	Éviter d'avoir à former une nouvelle personne pour faire le temps supplémentaire	Que Florence soit satisfaite	Démontrer son efficacité aux yeux de ses supérieurs	Maintenir de bonnes relations avec ses employés
Jacques	Être traité avec équité	Que Florence et Michel reconnaissent qu'ils n'ont pas tenu compte de lui	Préserver son amitié avec Florence	Préserver sa réputation auprès de ses collègues	Acheter une nouvelle voiture en cours d'année
Florence	Être disponible pour aller chercher ses enfants après l'école	Que Jacques comprenne qu'elle n'a pas le choix	Préserver son amitié avec Jacques		

Jacques, après avoir analysé la hiérarchie des intérêts en jeu pour lui dans le cadre du conflit, constate qu'il n'a aucune objection à faire du temps supplémentaire. En fait, cela répond à un de ses intérêts personnels, soit gagner plus d'argent pour acheter une nouvelle voiture d'ici un an. Ce qui l'embête par contre beaucoup, c'est que Florence et Michel ne se soient pas inquiétés de ses désirs ou de ses besoins quand ils ont décidé que celle-ci ne ferait plus d'heures supplémentaires. Enfin, il constate qu'il tient énormément à son amitié avec Florence, que ses enfants et elle sont pour lui comme une seconde famille. Il s'en voudrait pour toujours s'il venait à les perdre.

Lorsque Florence analyse ses propres intérêts, elle réalise qu'elle a agi en état de panique en apprenant que son mari ne pourrait plus aller chercher les enfants après l'école. Tout de suite elle s'est précipitée dans le bureau de Michel pour trouver une solution. Elle a complètement oublié Jacques, son ami. Plus tard, blessée parce que celui-ci cherchait de toute évidence à l'éviter, et aussi pour faire taire son sentiment de culpabilité, elle s'est mise à déblatérer contre lui. Elle aussi se rend bien compte que leur amitié lui importe. Son mari est souvent absent, en voyage d'affaires, et Jacques est comme un frère pour elle et un oncle pour ses enfants. Il leur arrive de manger ensemble le soir et il lui donne un coup de main pour les devoirs et le bain des enfants. Elle ne veut absolument pas le perdre.

En faisant l'analyse de leurs intérêts respectifs, Jacques et Florence prennent conscience qu'ils ont tous les deux la même motivation pour venir à bout de ce conflit, soit sauver leur amitié. S'ils se donnent la chance d'exposer l'un et l'autre leur version de l'histoire, Florence s'excusera de n'avoir pas tenu compte de lui et d'avoir raconté n'importe quoi à son sujet. Jacques, de son côté, avouera qu'il n'a rien contre l'idée d'assumer seul tout le temps supplémentaire mais qu'il aimerait bien qu'on lui en soit reconnaissant.

Analysons maintenant un autre conflit. Dans ma ville, les cliniques communautaires ont la charge de donner les soins à domicile aux personnes en perte d'autonomie. L'exemple qui suit illustre comment, tout en partageant certains intérêts communs, les individus impliqués dans le conflit n'accordent pas nécessairement la même importance à ces intérêts.

Trois préposés aux soins font irruption dans le bureau de Thomas.

- À partir de maintenant, lui annoncent-ils, nous refusons d'aller chez Mme Bureau.

Thomas est surpris. Ce sont ses trois meilleurs préposés, les plus dévoués, les plus compétents aussi.

- Que se passe-t-il ? Je ne comprends pas.

- Tu es au courant que la physiothérapeute a demandé à ses enfants de faire installer des barres d'appui dans la salle de bain et un lève-personne dans la chambre. Tu te souviens aussi que as toi-même demandé par écrit qu'on achète des couches pour leur mère; elle souffre d'incontinence et on ne peut aller la voir que deux fois par jour. Eh bien, ils n'ont rien fait de tout cela ! Ils disent qu'en lui imposant de porter une couche, nous portons atteinte à la dignité de leur mère.

- Je peux leur envoyer une autre lettre, si vous croyez que cela peut aider, et la clinique fournira les couches jusqu'à ce que la famille en achète.

- Thomas, la situation a assez duré. Une lettre n'y changera rien. Esther s'est blessée au dos en tentant de soulever Mme Bureau. Elle est lourde et ces manœuvres sont très dangereuses. Il faut tenir compte de notre propre santé aussi.

Il y a cinq joueurs en cause ici : la clinique, Thomas le directeur, les préposés, la cliente, la famille. Ils ont tous un intérêt en commun : le bien-être de la cliente. Ils ont tous aussi des intérêts divergents.

TABLEAU 4.3

Hiérarchie des intérêts circonstanciels

1- Inscrivez les noms des joueurs concernés par ce conflit.

2- Pour chacun des joueurs, faites la liste de leurs intérêts en jeu dans le cadre du conflit, par ordre d'importance à leurs yeux.

Exemple : La clinique

Joueur	Intérêt 1	Intérêt 2	Intérêt 3	Intérêt 4	Intérêt 5
La clinique	La réputation de la clinique	Le bien-être de la cliente	Le budget	Le bien-être des préposés	Le respect de la réglementation
Thomas, le directeur	Être bien vu de ses patrons	Sa relation avec ses préposés	Le bien-être des préposés	Le bien-être de la cliente	Son budget
Les préposés	Leur propre santé et leur propre sécurité	Le bien-être de la cliente	La bonne entente entre eux	Une bonne relation avec la famille de leur cliente	
La cliente	Sa relation avec ses enfants	Sa relation avec les préposés	Son propre bien-être		
La famille	Éviter d'avoir à payer l'équipement	Le bien-être de leur mère	Leur relation avec leur mère		

La liste des intérêts aurait pu s'allonger à l'infini pour chacun des joueurs, mais ce qui nous importe avant tout ici ce sont les intérêts que ceux-ci ont en commun et qui vont les amener à vouloir résoudre le conflit. Quant aux intérêts divergents, on est déjà en mesure de constater qu'ils sont suffisamment nombreux pour alimenter dix années de conflits.

Nous allons donc concentrer notre attention sur les intérêts communs, qui, bien que communs, n'ont pas la même importance pour chaque joueur. Par exemple, la clinique, Thomas et les préposés ont en commun le souci du bien-être des préposés. Dans le cas des préposés, cet intérêt occupe le premier rang, avant même le bien-être de la cliente. Quant à la clinique, qui vient tout juste de faire l'objet d'une critique sévère dans les journaux locaux pour le manque de services offerts, elle s'inquiète avant tout de son image auprès de la population. Thomas, en tant que directeur, se trouve coincé désespérant d'arriver à satisfaire tout le monde. Pas question d'indisposer ses préposés. D'un autre côté, les journaux ont mentionné son nom. Pas question non plus que cela se reproduise ; il craint une mauvaise évaluation de la part de son patron. La famille, de son côté, tient avant tout à ce que la clinique assume le coût de l'équipement. La cliente, elle, craint d'avoir à subir la mauvaise humeur des préposés. Elle aussi est coincée entre des joueurs qui ont eux-mêmes des intérêts divergents : ses enfants et les préposés. Voilà une situation qui exige que chaque joueur se montre prêt à tenir compte des intérêts des autres. Tous les intérêts ne pourront être satisfaits en même temps : ce conflit fera des perdants.

Le premier exercice, intitulé *Hiérarchie des intérêts fondamentaux*, a pour but d'évaluer le degré de convergence ou de divergence entre vos intérêts et ceux de votre organisation ou de vos collègues. Le second exercice, intitulé *Hiérarchie des intérêts circonstanciels*, propose le même type d'analyse mais, cette fois, dans le cadre d'un conflit en particulier. Dans le premier cas, l'exercice vous amènera à vous poser des questions telles que : en quoi suis-je en phase avec mon entourage professionnel ? En quoi suis-je en décalage avec mon entourage professionnel ? Comment puis-je améliorer la situation ? Le second exercice suscite plutôt des questions du type : Qu'est-ce qui, dans cette situation précise, rapproche les différents joueurs ? Qu'est-ce qui les sépare ? Se pourrait-il qu'ils arrivent à s'entendre sur des priorités communes ?

Jacques et Florence, eux, se sont entendus pour modifier leurs priorités et pour donner la première place à leur amitié. Ensuite, ils ont réfléchi à la façon dont Michel et Florence pourraient s'amender auprès de Jacques. Dans l'exemple de la clinique communautaire, il est finalement apparu aux différentes parties que la santé des préposés devait passer avant tout. Cela ayant été établi, ils ont ensemble trouvé comment assurer à la cliente les meilleurs soins possibles, dans le cadre des limites actuelles du système.

SYNTHÈSE DU CHAPITRE 4

Vous savez maintenant que tous les individus sont motivés par une foule d'intérêts, divergents ou convergents, pas toujours perceptibles à première vue parce que dissimulés sous plusieurs strates d'émotions. Pour rester maître du jeu dans une situation de conflit, il faudra que vous arriviez à identifier ces intérêts et à en démêler l'écheveau.

1- *Pour arriver à tirer son épingle du jeu en présence d'intérêts divergents, il faut avant tout savoir que les joueurs, en très grande majorité, feront passer leurs intérêts avant ceux des autres. Et cela vous inclut ! Il est parfaitement normal que vous ayez à cœur de défendre ce qui représente un avantage pour vous, ou pour ceux dont vous avez la responsabilité. Mais il faut savoir que les autres aussi ont des intérêts à protéger et que leurs intérêts peuvent nuire aux vôtres. Dans ce cas, pour rester maître jeu, il faut apprendre à négocier.*

2- *La deuxième étape consiste à identifier et à hiérarchiser les intérêts fondamentaux de tous les joueurs. De cette manière, vous pourrez ensuite comparer vos propres intérêts, que ce soit au travail ou dans votre vie privée, avec ceux de vos collègues et de votre organisation. Si, par exemple, les intérêts prioritaires de votre organisation sont le profit et la compétitivité, alors que les vôtres sont les loisirs et la famille, un tel écart risque d'engendrer des conflits et de compliquer votre insertion dans votre milieu de travail. Si vous en avez la possibilité, vous devriez chercher un emploi dans une organisation qui correspondra mieux à vos intérêts. Plus l'indice de compatibilité entre vous et votre organisation est élevé, plus vous vous y épanouirez. Vous pouvez aussi avoir recours à l'exercice* Hiérarchie des intérêts fondamentaux *pour vous comparer à un adversaire. Cet exercice pourrait vous aider à découvrir pourquoi vous n'arrivez pas à vous fournir des outils pour vous ajuster.*

3- *Lorsque vous serez dans une situation de conflit, remplissez la grille intitulée* Hiérarchie des intérêts circonstanciels *pour vous exercer à saisir le point de vue de chaque personne concernée et comprendre ce qui est en jeu pour chacune. Une fois la grille remplie, analysez la situation en repérant les intérêts communs et les intérêts divergents. Pour rester maître du jeu, vous devrez amener les joueurs à trouver une solution à leurs divergences d'intérêts en s'appuyant sur les intérêts qu'ils ont en commun.*

4- *Rester maître du jeu est une question d'ajustement. Si, en termes d'intérêts, vous êtes à des années lumière de votre organisation et de vos collègues, peut-être en arriverez-vous à la conclusion qu'il n'existe pas de possibilité d'ajustement. Dans ce cas, ces exercices vous auront permis de prendre conscience qu'il est temps de passer à autre chose. Par contre, si l'écart est raisonnable, alors l'information recueillie permettra peut-être de jeter un pont entre les différents joueurs pour combler le fossé et vous rapprocher.*

POUR PROTÉGER VOTRE SANTÉ MENTALE

Si vos intérêts sont à des années lumière de ceux de votre organisation, alors vous êtes dans une situation à risque. Si, pour vous, les loisirs et la famille passent avant tout et que vous êtes à l'emploi d'une entreprise où les mots d'ordre sont travail et productivité à outrance, cette profonde divergence risque de vous coûter votre santé physique et mentale. Comment pourriez-vous vous sentir valorisé dans un tel contexte ? Vous serez sans cesse partagé entre deux mondes. On ne réalise pas toujours l'importance d'être bien adapté à son milieu de travail. Ce n'est pas uniquement une question de bien-être; c'est une question de survie. Si on critique tout ce que vous faites, si on remet sans cesse en question vos compétences ou si vous devez sans cesse négocier pour obtenir quoi que ce soit, ce sont là des signes que vous n'êtes peut-être pas à votre place. Partez, n'attendez pas que votre amour-propre et votre santé mentale aient été réduits en miettes.

Tous les cas ne sont pas aussi graves. Si vous faites face à des divergences d'intérêts moins radicales, négociez. Pensez à vous. C'est permis. C'est même la clé de la satisfaction au travail. Une personne satisfaite est généralement une personne en santé.

EXERCICE 4.1

Hiérarchie des intérêts fondamentaux

1- Complétez la liste si nécessaire.

2- Pour chacun des joueurs, faites la liste de ses intérêts par ordre d'importance.

3- Comparez les listes des différents joueurs et commentez : convergence, divergence (ce sont généralement les divergences qui engendrent les conflits).

Exemples d'intérêts :

Activités culturelles, argent, aventure, bonnes conditions de travail, confort, développement professionnel, ego, équilibre travail-famille, stimulation, famille, image, intimité, loisirs, pouvoir, prestige, promotion, profit, reconnaissance, routine, sentiment d'utilité, sport, travail intéressant, vie sociale, voyages, etc.

Joueur	Intérêt 1	Intérêt 2	Intérêt 3	Intérêt 4	Intérêt 5

COMMENTAIRES

EXERCICE 4.2

Hiérarchie des intérêts circonstanciels

1- Inscrivez les noms des joueurs en cause dans ce conflit.

2- Pour chacun des joueurs, faites la liste de leurs intérêts en jeu dans le cadre du conflit, par ordre d'importance à leurs yeux.

Joueur	Intérêt 1	Intérêt 2	Intérêt 3	Intérêt 4	Intérêt 5

COMMENTAIRES

CHAPITRE 5

DÉCOUVREZ LA CULTURE DE VOTRE ORGANISATION ET CELLE DE VOS COLLÈGUES

José et Fred ont fondé un organisme qui a pour mission d'encourager la création d'habitations à loyer modique. Leur mandat s'étend également à la défense des droits des locataires occupant des logements dans des habitations privées. Au cours des cinq dernières années, ils ont réussi à obtenir du gouvernement des subventions pour des douzaines de nouveaux logements à loyer modique. Aujourd'hui, l'organisme doit prendre de l'expansion et a reçu des fonds qui permettront de créer deux nouveaux postes. José veut embaucher deux locataires qui travaillent avec eux bénévolement depuis deux ans. Fred, de son côté, juge qu'ils ont besoin d'un avocat et d'un urbaniste. Il est même prêt à sacrifier un des deux postes pour avoir un diplômé universitaire. José est furieux et menace de démissionner si Fred s'entête dans son choix.

Voilà un type de conflit qui fait des ravages dans les organismes communautaires. Qui a le plus de compétences en matière de problèmes sociaux : les personnes directement concernées par ces problèmes ou celles qui détiennent un diplôme universitaire et qui se sont spécialisées dans la résolution de ces problèmes ?

Le conflit qui oppose Fred et José est d'origine culturelle; deux visions du monde s'affrontent. Fred voit le monde avec les yeux d'un diplômé en urbanisme; José avec ceux d'un activiste qui, bien qu'il ait quitté l'école à dix-sept ans, a toujours mené ses combats de main de maître. Ici, personne n'a ni tort ni raison. Simple divergence culturelle, mais qui pourrait entraîner la dissolution de leur organisme.

Les différences culturelles, c'est-à-dire celles qui ont trait à notre vision du monde, à nos valeurs, à nos comportements, sont les causes sous-jacentes de nombreux conflits. Dès notre enfance, nous sommes tous conditionnés par une certaine manière de voir le monde. Ces valeurs et ces normes sociales balisent ensuite notre vie quotidienne et se communiquent à nos organisations qui, elles-mêmes, génèrent leurs propres valeurs (loyauté, excellence, productivité, etc.). Il est beaucoup question actuellement de valeurs, de normes, de comportements culturels. Ce ne sont pas que des mots à la mode. Ce sont des réalités qui ont des répercussions dans toutes les sphères de notre société. Vous apprendrez, dans ce chapitre, à reconnaître les différences culturelles et à tenir compte des caractéristiques culturelles de vos collègues. Pour rester maître du jeu en situation de conflit, vous devez absolument être sensible à ces réalités.

CULTURE ET CHOCS DES CULTURES
Différentes visions du monde

Imaginons une conversation entre un directeur des finances, un directeur des ressources humaines et un directeur de production à propos d'un nouveau produit. Le directeur des finances critique le coût de revient du produit, trop élevé à son goût; le directeur des ressources humaines s'oppose à sa mise en production à cause de son poids qui risque d'entraîner des blessures au dos chez les ouvriers; le directeur de production, lui, en est très fier et ne lui trouve aucun défaut. Étant donné leurs fonctions respectives, ces trois personnes ne jugent pas le produit du même point de vue; mais dans le feu de la discussion, cette réalité leur échappe. Le directeur de production a l'impression qu'on remet en question ses compétences, celui des ressources humaines se dit que les deux autres accordent bien peu d'attention au bien-être des travailleurs et celui des finances leur reproche de ne pas avoir les deux pieds sur terre.

La profession, le sexe, l'âge et l'origine ethnique conditionnent notre manière de voir la réalité. Une foule de brouilles, de tensions, de mésententes viennent de là, tout simplement parce que nous ne sommes pas sensibles à ces différences. Si au lieu de penser : « Cette personne ne voit pas les choses comme moi », vous vous dites : « Cette personne a tort », alors vous allez tout droit vers un conflit.

Au tout début de ma carrière de syndicaliste, on m'a assigné une douzaine de syndicats de cols bleus municipaux. J'étais alors une jeune femme de vingt-neuf ans, très féministe. La première réunion à laquelle j'ai participé avait lieu dans une petite ville de quinze mille habitants à une cinquantaine de kilomètres du centre-ville où j'étais domiciliée.

Les négociateurs m'attendaient sur le terrain de stationnement. Dès que j'ai arrêté le moteur de ma voiture, l'un d'eux s'est empressé d'ouvrir ma portière en me présentant son bras. Je n'ai pas tout de suite compris ce qu'il voulait. Puis, il est devenu clair qu'il m'offrait son aide pour sortir de la voiture. Ce geste, à mes yeux, était complètement incongru. Puis, au moment où j'allais saisir mon porte-documents, un autre homme s'est interposé et me l'a pris des mains. J'ai compris à son expression qu'il était inutile de tenter de l'en empêcher. Je me sentais à la fois embarrassée et agacée. Enfin, toute l'équipe m'a accompagnée en cortège jusqu'au local du syndicat. Nous nous sommes entassés à six dans cette petite pièce meublée d'un bureau, d'une table et de quelques chaises. Après un rapide coup d'œil autour de moi, j'ai tout à coup senti le rouge me monter aux joues. Sur une étagère étaient disposées des tasses à café parmi lesquelles trônait une de ces tasses grotesques décorées de deux gigantesques seins roses. Ma première idée fut de ramasser mes affaires et de quitter les lieux. Mais je suis restée, jugeant qu'il était trop tôt pour exprimer ma colère. Je n'en étais pas moins complètement décontenancée ! J'avais été de but en blanc catapultée dans un univers essentiellement masculin qui m'était étranger. Pendant ce temps, mes hôtes, eux, se demandaient ce que cette petite bonne femme pouvait bien connaître à la machinerie lourde et aux égouts, et comment elle pourrait leur être de quelque utilité dans leurs négociations. Je cherchais désespérément quel comportement adopter avec ces machos. Même leur galanterie m'offensait; est-ce que tout le monde ne sait pas qu'une femme libérée porte elle-même ses documents ? Nous vivions sur différentes planètes : celle des hommes et celle des femmes ; celle des universitaires et celle des gens moins scolarisés; celle de la grande ville et celle de la petite ville.

Finalement, tout s'est bien passé ! Je n'ai pas eu à me mettre en colère. Nous avons travaillé ensemble pendant cinq ans. Les tasses aux formes affriolantes ont disparu des tablettes et moi, je me suis habituée à ce qu'on prenne soin de moi. Je travaillais la plupart du temps de 7 h du matin jusqu'à 23 h. Pendant tout le temps où nous avons fait équipe, ces hommes ont veillé à mon confort et vu à ce que je ne manque de rien. Contrairement à plusieurs de mes camarades syndicalistes de carrière, ils appréciaient mon rouge à lèvres et mes talons hauts; sur ce point, nos cultures convergeaient. Ils accordaient une grande importance au fait d'être représentés par une femme élégamment vêtue.

Voilà l'exemple d'une relation qui a réussi. Pourquoi ? Parce que nous avions besoin les uns des autres. Ils étaient sans conseiller syndical depuis plus d'un an et étaient prêts à accepter n'importe qui. De mon côté, je débutais dans le métier; je ne pouvais pas me permettre de décevoir un de mes premiers clients. De toute évidence, dans ce cas, les intérêts l'on emporté sur le choc des cultures.

Mais il n'en est pas toujours ainsi et, plus souvent qu'autrement, lorsque différentes visions du monde ont à se côtoyer d'importants conflits s'ensuivent. Dans la plupart des cas, le choc paraît même inévitable. Mais mon expérience me démontre que la patience et la bonne volonté peuvent aplanir les différences, que ce soit entre les sexes, entre les générations, entre les professions ou entre les ethnies. Le moindre effort consenti pour comprendre d'où vient l'autre est un pas important en vue de rester maître du jeu en situation de conflit.

Comme nous le verrons plus loin, lorsque nous traiterons des stratégies, la force n'a jamais réussi à niveler les différences culturelles. Nous sommes tous extrêmement attachés à nos valeurs et à nos façons de faire. Seules de bonnes relations interpersonnelles peuvent ouvrir des portes entre les cultures. Les cols bleus ont gagné mon amitié en m'acceptant peu à peu telle que j'étais et en reconnaissant mes compétences. De mon côté, je les ai apprivoisés grâce à mon sens de l'humour et à mon dévouement. Ainsi, nous avons pu travailler dans un environnement agréable et productif.

Différentes valeurs

Le respect, l'honnêteté, le devoir, l'intégrité, la justice, l'impartialité, la paix, la générosité, la liberté, la loyauté, l'honneur, la dignité : ce sont toutes des valeurs qui nous ont été inculquées par l'école, la religion, les lectures, les traditions. Elles font partie de nous. Il est donc normal que nous réagissions lorsqu'elles ne sont pas respectées. C'est ce qu'illustrent les exemples qui suivent.

> Jean n'en revient pas encore ! Depuis vingt ans, il est totalement dévoué à son employeur. Il a même refusé, par pure loyauté, une offre intéressante d'un compétiteur. Aussi, quand l'occasion s'est présentée d'obtenir une promotion, il a immédiatement posé sa candidature, sûr d'obtenir le poste. Et voilà qu'il apprend, en entrant au bureau ce matin-là, que le patron lui a préféré un petit jeune de vingt-cinq ans, à l'emploi de la compagnie depuis huit mois. Jamais, se dit-il, il n'arrivera à se remettre d'une telle injustice.

> Donna vient d'une famille violente où les coups pleuvaient. Elle est arrivée à manœuvrer dans cet univers en se réfugiant dans sa chambre pour éviter d'être mêlée aux disputes. Elle a conservé la même attitude au travail. Mais un jour survient un événement qui menace de faire éclater la bulle dans laquelle elle s'est isolée. Francine, sa collègue, lui confie qu'elle s'apprête à loger une plainte pour harcèlement sexuel contre leur patron. Elle demande à Donna si elle a eu connaissance de ces gestes. Et, si oui, accepterait-elle de témoigner en sa faveur ? Donna, en effet, a surpris Jack en train de pincer les fesses de Francine près de la distributrice de café. Elle l'a même entendu proférer des remarques obscènes en présence de Francine. En son âme et conscience, elle sait qu'elle doit témoigner. La voilà coincée entre son style, l'évitement, et ses valeurs. Finalement, elle optera pour ses valeurs acceptant ainsi qu'à partir de maintenant sa tranquillité soit compromise.

Nous ne partageons pas tous le même sens des valeurs. Par exemple, lorsque vous êtes en déplacement pour votre travail, peut-être ne voyez-vous rien de mal à empocher votre *per diem* même si vous passez la nuit chez des amis ; certains de vos collègues par contre y verront un acte malhonnête. Comme nous l'avons vu dans le cas des divergences d'intérêts, nous avons tous, au fil du temps, établi une hiérarchie dans nos propres valeurs. Si j'ai à choisir entre la « tranquillité » et l'« honnêteté », que vais-je sacrifier ? Plusieurs conflits naissent du sens et du poids que chacun accorde à tel ou tel mot.

L'agent de police ne voit rien de malhonnête à accepter d'un commerçant une cartouche de cigarettes en échange d'une surveillance plus étroite de sa boutique; mais les voisins, eux, peuvent en conclure qu'il a été soudoyé. De même, une travailleuse sociale qui couche avec un client de son âge qui est follement amoureux d'elle n'aura pas l'impression qu'elle abuse de son pouvoir; mais il se peut que son patron, lui, le croie. L'infirmière qui impose à son patient de porter une couche, même si celui-ci ne souffre pas d'incontinence, opte pour cette solution parce qu'elle la juge plus raisonnable; mais il se peut que les enfants du patient ne voient pas les choses du même œil. Le patron ne voit rien d'immoral à n'accorder que le salaire minimum à ses employés qui travaillent d'arrache-pied alors que lui gagne des millions; mais les travailleurs, eux, crient à l'injustice.

Si, comme on vient de le voir, le choc des cultures est à la source de tant de conflits, c'est que les valeurs et la manière dont elles se manifestent dans nos comportements ne sont ni universelles ni clairement définies.

LA MONDIALISATION DES VALEURS ORGANISATIONNELLES

Chaque individu, nous l'avons vu, apporte ses propres valeurs dans une organisation. Or, la plupart des organisations ont, elles aussi, des valeurs auxquelles elles exigent que leurs employés se soumettent. Analysons quelques-unes des valeurs communes à la plupart des organisations. J'en ai identifié quatre qui sont fréquemment sources de tensions et de conflits entre la direction et ses employés, ou entre les collègues eux-mêmes.

Productivité vs autres modes d'évaluation

Les organisations aujourd'hui ne jurent que par la productivité, ce qui n'était pas le cas autrefois. Quotas, statistiques, budgets y font la loi. On congédie des employés en comptant sur ceux qui restent pour maintenir le même niveau de productivité. Dans les organisations communautaires ou à but non lucratif, on évite le mot « productivité » à saveur trop capitaliste, mais le travailleur n'en est pas moins, là aussi, évalué à la quantité de travail abattu au cours de la semaine. Là comme ailleurs, le même mot d'ordre : « Faire plus avec moins. » Dans la plupart de nos organisations, on presse les employés à la limite de leurs capacités. Si vous ne donnez pas le maximum (même si ça ne dépend pas toujours de vous), vous serez mal jugé.

> Sabine, infirmière en soins gériatriques, apprécie particulièrement les moments qu'elle partage avec les patients dans le solarium. Ses collègues, par contre, ne voient pas d'un très bon œil qu'elle prenne le temps de s'asseoir pour parler avec eux. Ils prétendent que pendant qu'elle s'absente du poste c'est eux qui font le travail à sa place. Ginette, une consœur infirmière, traite Sabine de paresseuse et est allée s'en plaindre à l'infirmière en chef. Qui a raison dans ce cas ? Sabine n'est pas paresseuse, elle croit sincèrement que les patients ont besoin de sa présence. Loin de leur famille, ils n'ont, dans bien des cas, pour seul contact humain que le personnel infirmier. Sabine a reçu une formation d'aidante professionnelle; pour elle, il est inconcevable de se limiter aux soins physiques. Quant à ses collègues, ce n'est pas qu'ils soient indifférents au sort de leurs patients, mais ils considèrent qu'ils n'ont pas le choix de faire passer la productivité avant la compassion. De même que nous avons tous établi une hiérarchie dans nos intérêts, nous avons aussi notre propre échelle de valeurs. Les collègues de Sabine placent au sommet de cette échelle, équité et productivité.

Les travailleurs sociaux perdent des heures précieuses à compiler des statistiques au lieu de passer celles-ci auprès de leurs clients. Les professeurs d'université, eux, sont assujettis à des quotas de publications et de bourses de recherche. Les avocats, les comptables et les ingénieurs sont évalués selon le nombre d'heures facturées. Aujourd'hui, les travailleurs sont forcés à maintenir un rythme de plus en plus rapide au risque de mettre leur santé en danger. Nombreux sont ceux, cadres ou simples employés, qui ne prennent pas tous les jours de vacances auxquels ils ont droit parce que cela pourrait nuire à une éventuelle promotion.

Tout le monde ne travaille pas au même rythme; le cas de Sabine l'illustre bien. Ces variations de tempo, de cadence sont à l'origine de beaucoup de conflits. Les travailleurs qui, eux, ont adopté le rythme auquel on leur demande de remplir leurs tâches rechignent contre ceux qui travaillent moins vite ou qui n'acceptent pas de rester après les heures. À l'époque où j'étais conseillère syndicale, la compétence se mesurait au nombre d'heures travaillées. J'ai connu un coordonnateur qui, délibérément, planifiait des réunions durant les fins de semaine pour tester notre sens des responsabilités. Une entreprise qui exige trop de ses employés, par manque d'empathie et de compassion, encourage les dissensions et le chacun pour soi.

Excellence vs droit à l'erreur

Autre valeur omniprésente dans nos organisations : le culte de l'excellence. Tout ce qui mérite d'être fait, dit-on, mérite d'être bien fait; difficile de soutenir le contraire. Le problème commence quand on supprime votre droit à l'erreur. L'erreur est humaine et on apprend de ses erreurs. Là où l'erreur est interdite on la cache, ce qui ne fait qu'aggraver la situation.

Lydia est finalement venue à bout du rapport sur lequel elle planchait depuis deux semaines. Elle s'est donné un mal de chien et a poussé très loin ses recherches. Fière de son travail, elle le remet à son vice-président bien avant la date d'échéance. Quelques heures plus tard, celui-ci la fait venir dans son bureau.

- Pensez-vous sérieusement que je vais présenter ce torchon. C'est rempli de fautes d'orthographe, et je ne vous parle pas de la présentation ! J'espérais beaucoup mieux de vous. Rapportez-moi ça et faites les corrections nécessaires. Je veux ce rapport sur mon bureau demain matin.

Lydia est atterrée. Ce qui devait être son moment de gloire s'est transformé en cauchemar. Elle se tourne vers une amie, Sheila, qui révise les textes du directeur général et dont le travail est réputé impeccable. Celle-ci accepte d'aider Lydia, revoit la copie et la lui rapporte.

- Veux-tu savoir ce que j'y ai trouvé ? lui dit-elle.

- Oh non ! J'ai trop peur. Si tu savais comme j'ai honte. Moi qui pensais avoir fait un bon travail.

- Mais tu as fait un super travail ! Il y a quelque chose qui ne tourne pas rond chez cet homme. J'ai trouvé trois fautes de frappe, une faute d'orthographe et quelques mauvais alignements. Tout ça dans un document de soixante-dix pages. Ce type est fou ! Il fait un *power trip*. Ne le répète surtout pas, mais le directeur général fait beaucoup plus de fautes. Il devrait y avoir un service de révision de textes dans cette boîte ! Je ne connais personne qui ne fait jamais de fautes.

Certaines personnes ne font pas la distinction entre « excellence » et «perfection ». Personne n'est parfait. Les organisations qui poussent trop loin le souci de l'excellence engendrent chez leurs employés une peur constante des reproches et de l'humiliation, qui brime leur liberté et étouffe leur créativité. La créativité exige qu'on prenne des risques et qu'on fasse des erreurs. Une entreprise n'a que faire d'employés qui se contentent d'obéir et qui ne prennent pas de risques. Les organisations qui ne jurent que par l'excellence peu à peu se sclérosent et font fuir ceux qui ont de l'ambition.

Il est tout à fait légitime de chercher à diminuer le taux d'erreurs dans une entreprise, mais la seule façon d'y arriver est d'instituer un système qui repère les erreurs en amont. Par exemple, si son entreprise avait été dotée d'un service de révision de textes Lydia n'aurait pas eu à subir cette humiliation.

Compétitivité vs collaboration

Les bureaux où les employés sont constamment soumis à la comparaison connaissent inévitablement de nombreux conflits. Dans ces milieux, on encourage l'employé à prouver sa valeur en démontrant qu'il vaut mieux que les autres. C'est le cas, entre autres, là où on a recours à un système d'évaluation basé sur la comparaison. Difficile, dans ce contexte, de développer de chaleureuses relations de travail; les conflits l'emporteront sur la camaraderie.

Carl et Stéphane sont tous les deux directeurs de service dans un centre d'appels. Le service dont Carl a la responsabilité s'occupe de la vente des produits spéciaux; celui qui est dirigé par Stéphane s'occupe de la récupération des comptes en souffrance. Dans le cadre de la réunion annuelle des directeurs de service, la direction rend publique une liste où chaque directeur est classé en fonction des résultats de son service. Carl est deuxième sur vingt et reçoit les félicitations du président. Stéphane est le dernier de la liste. Imaginez son embarras et son découragement : la perception des comptes impayés exige beaucoup plus d'efforts que la vente, mais l'évaluation ne tient pas compte de tels critères. À la pause, Carl se dirige vers lui. Il entame la conversation mais Stéphane ne l'écoute pas et tourne les talons. Les deux hommes ont toujours eu de bonnes relations; les voilà maintenant brouillés et en colère. Leur collaboration en souffrira et pourtant ni l'un ni l'autre n'est responsable de cette situation.

Loyauté envers l'organisation vs loyauté envers soi-même

Les organisations accordent depuis toujours une grande importance à la loyauté. Jusqu'à tout récemment, il n'était pas rare que des employés restent au service de la même compagnie toute leur vie. La compagnie, c'était un peu comme la famille; ils ne l'avaient pas choisie, mais ils lui étaient attachés. S'ils y étaient bien traités (et même s'ils ne l'étaient pas), ils lui restaient loyaux toute leur vie. En toute circonstance, ils prenaient sa défense et avaient à cœur de participer à sa prospérité. Leur propre survie était liée à celle de la compagnie.

Aujourd'hui, les choses ont bien changé. Les organisations réduisent leurs effectifs pour faire des profits et accordent bien peu de considération à ceux et celles dont ils assurent le gagne-pain. On diminue le nombre de travailleurs et on exige plus de ceux qui restent. Nous vivons une époque de turbulence. Même les organisations qui traitent bien leurs employés se trouvent souvent devant l'obligation de couper des postes, de déménager à l'étranger ou de carrément fermer leurs portes. Le marché du travail évolue tellement vite que plus personne ne peut imaginer passer sa vie entière à travailler avec les mêmes personnes.

Malgré cela, la plupart des organisations exigent toujours la même loyauté de la part de leurs employés ! Or, si cette valeur a encore un sens pour un certain nombre de travailleurs, qui ne ménagent pas leurs efforts et qui font toujours passer les intérêts de l'entreprise avant les leurs, plus nombreux sont ceux qui nourrissent une forte dose de cynisme face à leur organisation.

Samuel n'a jamais compté ni son temps ni ses efforts. Sylvia, sa supérieure hiérarchique, a demandé à son équipe de travailler un samedi pour compléter une commande urgente; des clients poten-tiels sont attendus lundi pour voir le produit. Si tout fonctionne bien, on devrait signer un contrat avec eux qui assurera à tous du travail pour au moins un an. La plupart des membres de l'équipe ont accepté de sacrifier leur samedi. Théo, lui, a refusé parce qu'il avait des billets pour une partie de baseball. Quant à Jennifer, elle ne s'est tout simplement pas présentée. Les ouvriers présents ont terminé le travail mais leurs relations avec Théo et Jennifer n'ont plus jamais été les mêmes.

On remarque que les organismes à but non lucratif suscitent un degré de loyauté plus élevé. Ce n'est pas étonnant ; en général quand on joint un groupe communautaire, c'est dans l'intention de s'y engager à fond. Pour beaucoup, travailleurs ou bénévoles, l'organisation devient leur raison de vivre. Ils donnent de leur temps, de leur énergie et de leur argent sans compter. Ils travaillent de très longues heures, pour un petit salaire et souvent sans aucune reconnaissance. En effet, dans plusieurs de ces organismes, on ira jusqu'à bâillonner l'expression de toute critique. Les rebelles s'y exposent à l'intimidation et à l'exclusion.

Lors de l'assemblée générale annuelle, Marc prend la parole et propose de discuter de la gouvernance de l'entreprise. Il a constaté que les mêmes personnes occupent des postes-clés depuis beaucoup trop longtemps; le président est réélu d'année en année depuis dix ans; le VP occupe son poste depuis quatorze ans. Après que Marc a terminé sa présentation, plusieurs participants se présentent à tour de rôle au micro pour le contredire, invoquant que le groupe ne saurait se passer de leaders très expérimentés. Après cette assemblée, la vie de Marc au travail est devenue intenable. Personne ne lui adresse plus la parole. Il est exclu des rencontres sociales. Tous ses actes sont scrutés à la loupe et ses collègues le surveillent dans l'espoir de le prendre en faute.

Comparaison des valeurs fondamentales

Pour vous aider à identifier les valeurs qui prévalent dans votre milieu de travail, je vous propose un outil que j'ai appelé *Grille de comparaison des valeurs*. Cet exercice vous permettra de juger du degré de compatibilité des valeurs propres à chacun des joueurs. Un écart trop important entre les valeurs privilégiées par un des joueurs et celles de ses collègues ou de son organisation indique un risque élevé de choc culturel.

Cet exercice vous servira aussi à mesurer où vous en êtes dans vos relations avec les autres. Jusqu'à quel point vos valeurs sont-elles les mêmes que celles de votre entourage ? Si elles sont très différentes, demandez-vous quels ajustements vous pourriez apporter. Si vous n'arrivez pas à vous ajuster vous serez constamment importunés par le lot de tracasseries et de tiraillements qu'engendrent les mésententes culturelles.

TABLEAU 5.1

Grille de comparaison des valeurs fondamentales

1- Prenez connaissance de la liste des valeurs énumérées ci-dessous. Complétez la liste si vous la jugez incomplète.

Par ordre décroissant :

2- Identifiez les cinq valeurs les plus importantes pour vous.

3- Identifiez les cinq valeurs les plus importantes pour votre organisation.

4- Identifiez les cinq valeurs les plus importantes pour chacun des autres joueurs concernés.

Exemples de valeurs :

Ambition, amitié, bienveillance, compassion, courage, créativité, dignité, égalité, excellence, générosité, honnêteté, intégrité, joie, justice, liberté, loyauté, patience, paix, plaisir, productivité, respect, etc.

Exemple : Le cas de Jenny

Joueur	Valeur 1	Valeur 2	Valeur 3	Valeur 4	Valeur 5
Jenny	Compassion	Justice	Créativité	Amitié	Plaisir
Mon employeur	Productivité	Excellence	Ambition	Loyauté	Intégrité
Clarence	Productivité	Excellence	Ambition	Liberté	Honnêteté
Sophie	Compassion	Excellence	Honnêteté	Respect	Égalité
Albert	Plaisir	Amitié	Bienveillance	Honnêteté	Liberté

COMMENTAIRES DE JENNY :

Je constate qu'aucune de mes valeurs essentielles ne correspond à celles de mon employeur. Je comprends maintenant pourquoi je ne me sens pas à l'aise dans cette organisation. Clarence avec qui je ne m'entends pas partage les mêmes valeurs que la compagnie. Mes amis, Sophie et Albert, ont plusieurs valeurs qui diffèrent des miennes mais nous nous retrouvons dans l'importance que nous accordons à la compassion, à la bienveillance et au plaisir et dans notre souci commun d'égalité. Est-ce que ce milieu de travail me convient vraiment ?

L'exercice révèle que Jenny n'est pas du tout en phase avec les valeurs de son organisation. Cela complique énormément son quotidien. Ce qu'elle valorise n'est pas valorisé par l'organisation et vice-versa. Comment Jenny, qui privilégie la compassion au-delà de toute autre valeur, pourrait-elle être heureuse dans une structure qui exclut toute empathie. Nos valeurs jouent sur nos décisions; l'organisation et les travailleurs qui placent productivité et excellence au-dessus de tout stigmatiseront ceux qui n'ont pas les mêmes valeurs.

Les organisations, en effet, punissent ceux et celles qui ne pensent pas comme elles, en les oubliant quand vient le moment des promotions, en ne les félicitant jamais, en les comparant aux autres en présence de leurs collègues et en les maintenant dans des postes de peu de responsabilité et mal rémunérés. Les dissidents sont exclus des invitations à déjeuner et des rencontres dans les bars après les heures. Personne n'ira jusqu'à transgresser la loi (comment d'ailleurs les dissidents pourraient-ils déposer plainte ? En disant : « Ils ne veulent pas être mes amis » ?), mais tout en restant dans le cadre de la légalité, on leur rendra la vie impossible.

La valorisation à outrance de la productivité et de l'excellence provient souvent d'un désir de tout contrôler de la part de l'entreprise. Les personnes qui trouvent leur motivation dans la créativité et le plaisir au travail ne réussiront pas à s'épanouir dans un tel contexte. Si, après avoir complété la grille de comparaison des valeurs que vous trouverez en fin de chapitre, vous constatez un trop grand écart entre vos valeurs et celles de votre organisation, vous devrez prendre une décision : ou bien partir, ou bien vous soumettre, ou essayer de changer les valeurs de l'organisation. Le chapitre 8 analyse les stratégies correspondant à chacun de ces objectifs.

Les valeurs circonstancielles

Dans le cas de Jenny, la *Grille de comparaison des valeurs fondamentales* (Tableau 5.1) met en évidence, comme c'est souvent le cas, d'importantes divergences entre les joueurs. Cet exercice évalue la distance qui nous sépare de notre organisation et de nos collègues du point de vue des valeurs qui conditionnent notre vie en général. Or, dans le contexte d'un conflit, ou de toute autre situation en particulier, d'autres valeurs, d'autres savoirs ou d'autres croyances peuvent se manifester, qui feront aussi l'objet de divergences ou de convergences. Pour évaluer ce phénomène circonstanciel, nous aurons recours à un autre exercice, que j'ai appelé *Grille de comparaison des valeurs circonstancielles* qui nous permettra d'analyser les valeurs de chaque joueur en présence, cette fois en fonction du contexte. Nous avions établi, vous vous en souvenez sans doute, le même type de distinction dans l'analyse des intérêts (voir Chapitre 4).

Pour illustrer cet exercice, reprenons le cas de José et de Fred qui figure en début de chapitre. Les deux hommes ne s'entendent pas sur le type de personnel à embaucher; José privilégie l'embauche de deux militants de longue date; le second considère que les sommes disponibles devraient servir à l'embauche d'un diplômé universitaire. Cette mésentente, nous l'avons vu, repose essentiellement sur une profonde divergence culturelle. L'exercice qui suit, complété à partir du point de vue de José, viendra le confirmer.

TABLEAU 5.2

Grille de comparaison des valeurs circonstancielles

1- Notez, par ordre d'importance, les savoirs, les valeurs et les croyances qui prédominent chez chaque joueur et du côté de l'organisation, dans le cadre particulier du présent contexte.

2- Ajoutez vos commentaires.

Exemple : Le cas de José et de Fred – le point de vue de José

Joueur	Valeur 1	Valeur 2	Valeur 3	Valeur 4	Valeur 5
Organisation	Développement	Harmonie	Justice sociale	Formation d'une relève	Efficacité
José	Savoir expérientiel	Nos militants doivent être embauchés d'abord	Formation de la relève	Action militante doit dominer la mission	Justice sociale
Fred	Savoir universitaire	Expertise dans le domaine	Justice sociale	Services aux membres doivent dominer la mission	Planification urbaine et sociale

COMMENTAIRES :

Je constate, en faisant cet exercice, qu'il y a actuellement un gouffre entre Fred et moi. Il croit que l'embauche d'un professionnel nous donnera plus de poids aux yeux de la ville et des gouvernements dans le cadre de nos négociations. Pour ma part, je ne crois pas en ces négociations. Nous devons embaucher des militants pour organiser la lutte. Je suis loin d'être certain que nous puissions réconcilier nos deux positions.

Cet exercice figure à la fin du présent chapitre. Lorsque vous l'aurez complété, il se pourrait que vous perceviez votre situation sous un tout nouvel éclairage.

DIFFÉRENTES NORMES

Comment arrive-t-on à faire la distinction entre ce qui se fait et ce qui ne se fait pas ? En fait, nos comportements en public se conforment à des règles que nous avons apprises. Nous dirons ici des *normes*. Voici quelques exemples de normes sociales générale-ment bien assimilées. Dans un ascenseur, on fait face à la sortie. Dehors, on ne change pas de trottoir lorsqu'on aperçoit un ami qui vient vers nous. Dans un salon funéraire, on offre ses condo-léances, pas des félicitations... Au travail, on ne porte pas de mail-lot de bain. On n'appelle pas un juge par son prénom.

Que ce soit dans la rue ou au travail, nous obéissons sans vraiment y penser à un nombre incalculable de codes qui nous dictent ce que nous devons ou ne devons pas faire. Tout écart à la règle provoquera une réaction qui suscitera en nous, à divers degrés, honte ou culpabilité. Ce ne sont parfois que des détails ou des évidences, mais on ne transgresse pas une norme sociale sans devoir en assumer les conséquences.

Dès les premiers jours qui suivent notre naissance, nos parents nous initient aux lois de notre société. « Chut », m'a dit ma mère lorsque, à quatre ans, j'ai crié bien haut dans un auto-bus : « Regarde maman comme elle est grosse la dame ! » Une fois sur le trottoir, elle m'a expliqué qu'il ne fallait pas dire des choses comme ça. Et c'est ainsi que, petit à petit, on m'a enseigné l'hon-nêteté, le respect, la justice et beaucoup d'autres choses. Nous apprenons aussi en imitant les autres. Comment a-t-on appris à se tenir dans un ascenseur ? En faisant comme les autres. On sait sans savoir que l'on sait. À nos yeux, tel ou tel comportement va de soi. Mais qu'arrive-t-il lorsqu'on ne se comporte pas selon les normes ? Par exemple, quand vous êtes au supermarché, pas question de discuter les prix; vous payez le prix affiché. Mais si vous êtes au Maroc et que, déambulant dans un souk, votre regard tombe sur le tapis de vos rêves, vous insulterez le commerçant si vous ne marchandez pas. Différents lieux, différents codes. Différentes vérités et différentes façons de faire. Une telle diver-sité, dans la société comme dans les entreprises, laisse parfois perplexe. Telle règle de comportement qui va de soi dans un groupe heurtera de front, dans un autre groupe, des convictions profondément enracinées. Si vous avez tendance à penser que votre façon de faire est la seule valable, vous ouvrez la porte toute grande aux conflits.

Les normes varient aussi dans le temps. Il y a quarante ans, on disait «secrétaire», aujourd'hui ce mot a acquis une connotation négative; on dit plutôt «adjointe administrative». D'une secrétaire, on s'attendait qu'elle prépare le café et commande des fleurs pour l'épouse de son patron. Non seulement faut-il connaître les normes, mais il faut s'adapter à leur évolution! Il y a quinze ans à peine, vous passiez pour un gentleman si vous disiez à votre collègue que vous la trouviez jolie. Aujourd'hui, il vaut peut-être mieux ne pas vous y risquer.

Pas de société sans codes. Imaginez le temps que nous perdrions à expliquer tous nos gestes, mêmes les plus simples, si nous n'avions pas ces codes pour leur donner un sens. Tous les jeux de sociétés sont basés sur des règles que les joueurs doivent suivre. Il en va de même dans nos relations avec les autres. Mais ces règles-là ne sont pas toutes écrites, et c'est bien là le piège. Si vous voulez rester maître du jeu en situation de conflit, vous devez absolument connaître les règles. Les bons joueurs sont ceux qui savent décoder les règles et s'en servir. Bien sûr, ceux qui ont le plus de chance de gagner sont ceux qui dictent les règles. Voilà pourquoi pouvoir et culture sont si intimement liés.

Quand on dit d'une personne qu'elle est bien élevée, c'est qu'elle a bien assimilé les règles de notre société : quand on nous présente quelqu'un on lui serre la main; on frappe avant d'entrer; entre collègues, on ne parle pas salaire. Lorsqu'on transgresse ces règles, on provoque un malaise, parfois même la colère.

Claude, le nouveau patron de Gérald, s'est introduit dans son bureau en son absence et s'est installé dans son fauteuil. Quand Gérald entre et aperçoit Claude les pieds posé sur son pupitre, il devient rouge de colère et son cœur se met à battre à un rythme alarmant. Il est offusqué à un point tel que pendant un moment il croit qu'il va tout simplement exploser. Que s'est-il passé ?

Claude a transgressé trois normes fondamentales :

1- On n'entre pas dans le bureau de quelqu'un en son absence sans en avoir eu la permission.

2- On ne s'installe pas dans le fauteuil d'une autre personne à moins qu'elle nous l'offre.

3- On ne met pas les pieds sur le bureau d'un collègue, surtout pas en sa présence.

En violant ces lois fondamentales, Claude a commis un acte d'agression. S'il a agi délibérément, ce n'est ni plus ni moins qu'une déclaration de guerre. Sinon, c'est qu'il n'a aucun don pour la vie en société. Ces gestes, apparemment anodins, constituent en fait une flagrante transgression des normes sociales.

J'aurais pu pousser beaucoup plus loin l'analyse des normes qui dictent nos conduites en société, que ce soit au travail ou ailleurs, mais je voulais tout simplement mettre en évidence que ces règles sont si profondément ancrées en nous que leur transgression a des répercussions qui peuvent paraître disproportionnées par rapport 1- à leur apparente banalité et 2- au peu d'attention que nous leur portons tant et aussi longtemps qu'elles ne sont pas transgressées.

C'est au moment de votre arrivée dans une nouvelle organisation que vous êtes le plus vulnérable. Écouter et observer sont les meilleures tactiques pour éviter les erreurs graves. Ne vous fiez ni à ce qui vous a été dit, ni à ce que vous avez lu dans les documents officiels de l'entreprise. Ce discours ne reflète peut-être pas la réalité. En un mot : les règles explicites ne correspondent pas toujours aux normes implicites qui, *dans les faits*, dictent la marche à suivre. L'exemple de Lorie illustre comment une nouvelle employée peut être induite en erreur en s'en tenant à l'énoncé officiel de la philosophie de l'organisation.

Lorie a choisi Bétamax parce que la philosophie de l'entreprise met l'accent sur l'importance de travailler dans une atmosphère décontractée. À son premier jour de travail, Lorie se présente au bureau en jeans. En milieu de matinée, apercevant la porte du bureau de sa patronne entrouverte, elle frappe et entre pour discuter avec elle de la flexibilité de ses heures de travail. Lorie propose de travailler de 8 h à 16 h. Caroline, sa superviseure, lui rétorque sèchement qu'elle doit être présente au bureau de 8 h à 17 h. Elle prévient aussi Lorie qu'à partir de maintenant, si elle veut la rencontrer, il faudra prendre rendez-vous. Puis, elle met fin à la conversation en précisant qu'au bureau, la jupe est de rigueur.

Lorie est sous le choc. Dire qu'elle a laissé un autre emploi pour ça ! Avec les nouvelles données dont elle dispose, elle remplit la grille intitulée *Identification des normes organisationnelles* (voir ci-dessous Tableau 5.2). L'exercice terminé, Lorie est bien forcée d'admettre que jamais elle ne pourra se sentir à l'aise dans cette organisation. Pour faire cet exercice, elle a mis en parallèle le contenu des documents qu'on lui a donnés au moment de l'embauche et sa brève expérience personnelle dans l'entreprise. La philosophie de Bétamax, elle l'a trouvée clairement énoncée dans les documents écrits, mais les règles de conduite qu'elle devra suivre ne lui sont apparues qu'une fois sur place et après avoir analysé ce qui s'était passé dans la réalité. En effet, ces règles ne sont pas écrites, elles sont implicites, mais elles sont beaucoup plus importantes que l'énoncé officiel de la philosophie de l'entreprise.

De plus, les observations de Lorie ont mis en évidence des contradictions dans ces règles, des embûches. Par exemple, une porte ouverte constitue habituellement une invitation à entrer, un signe de disponibilité. Pour Caroline, une porte ouverte, c'est une porte ouverte, un point c'est tout.

La porte ouverte, dans ce cas, envoie un message trompeur et crée un tas de complications : les employés doivent être constamment sur leurs gardes et faire attention à ce qu'ils disent et à ce qu'ils font; ils doivent parler à voix basse pour ne pas déranger, etc.

Lorie a appris aussi que le principe des heures flexibles ne s'applique qu'aux heures supplémentaires et que le code vestimentaire qu'on disait relax est en fait archi-strict. Quant à l'ambiance décontractée, l'écart entre ce qu'on annonce et ce qu'on exige dans les faits engendre une foule de tensions qui rendent l'atmosphère plutôt lugubre et potentiellement explosive.

TABLEAU 5.3

Identification des normes organisationnelles

1- Dans la colonne de gauche :

a) Transcrivez la philosophie de votre organisation telle qu'elle apparaît dans les documents officiels.

b) Notez les valeurs explicites formulées dans les textes ou dans le discours des dirigeants.

c) Notez les comportements explicites qu'on serait porté à en déduire.

2- Dans la colonne de droite :

a) Notez, en vous fiant sur vos observations, ce qui vous apparaît être la philosophie de votre organisation.

b) Notez, en vous fiant sur vos observations, ce qui vous apparaît être les valeurs de votre organisation.

c) Notez les règles implicites de comportement en vigueur dans votre organisation.

3- Notez vos commentaires.

Exemple : Bétamax

Philosophie explicite	Philosophie implicite (vos observations)
Bétamax a à cœur d'offrir à ses employés un environnement de travail agréable où ceux-ci pourront donner le meilleur d'eux-mêmes dans une atmosphère joyeuse et détendue. L'entraide et le travail en équipe font partie intégrante des objectifs de notre entreprise.	J'ai pu observer que loin d'être heureux les employés ont peur de la direction et se méfient les uns des autres. L'atmosphère est tendue : la moindre erreur, une instruction qui n'est pas suivie à la lettre, et c'est la semonce ! On encourage la délation. Impossible de savoir à qui on peut faire confiance. Encore moins si vous êtes nouvellement arrivée.

Valeurs explicites	Valeurs implicites
• Travail en équipe • Confiance • Ouverture • Flexibilité • Partage de l'information • Préséance de la créativité sur la productivité • Préséance du risque sur l'excellence	• Le travail en équipe est utilisé comme instrument de réprimande et de surveillance; • Impossible de se fier à qui que se soit; • L'information, chacun la garde pour soi, pour augmenter son pouvoir; • Productivité et obéissance aux ordres passent avant tout; • Aucun droit à l'erreur.
Règles de comportement explicites	**Règles de comportement implicites**
1- Communications Nous pratiquons une politique de la porte ouverte.	**1- Communications** Politique de la porte ouverte : • Il est interdit d'entrer dans un bureau sans avoir d'abord frappé; • Si vous fermez la porte de votre bureau vous allez à l'encontre de la philosophie de l'entreprise; • Abstenez-vous de déranger vos collègues ou supérieurs à moins d'une extrême urgence; • Parlez toujours à voix basse, au téléphone ou quand vous vous adressez à une personne dans le bureau; • Ne parlez jamais dans les couloirs; • Les rires ne sont tolérés qu'avec les visiteurs.

2- Code vestimentaire :

Nous encourageons nos employés à porter des vêtements décontractés et confortables.

2- Code vestimentaire :

- Nous encourageons nos employés à porter des vêtements confortables mais chics;

- Les femmes sont encouragées à porter une jupe ou une robe;

- Les hommes devraient porter la veste;

- Les femmes ne doivent pas afficher leurs charmes : « Une apparence sexy ou aguichante ne convient pas à notre image de marque. »

3- Horaires de travail

Nous appliquons une politique d'horaires flexibles.

3- Horaires de travail

- Les employés sont encouragés à travailler autant d'heures que leur tâche l'exige;

- Aucune plainte ne sera tolérée concernant le nombre d'heures de travail;

- La direction est ouverte à une certaine flexibilité des horaires à partir du moment où l'employé est présent de 8 h à 17 h;

- Aucun retard ne sera toléré.

COMMENTAIRES :

Je réalise maintenant que cette entreprise fait miroiter des valeurs et des politiques qui sont susceptibles d'attirer les jeunes, mais qu'elle ne les met pas en pratique. Si vous tentez d'aborder le sujet personne ne vous écoute. La direction n'en a rien à faire et les employés, eux, vivent dans la peur.

L'exemple, j'en conviens, frôle la caricature, mais il démontre qu'il ne faut en aucun cas s'en tenir à ce qui est écrit ou à ce qu'on vous dit. Il y a parfois une telle distorsion entre les grands énoncés de principes et ce qui se passe dans les faits que l'atmosphère du bureau peut en devenir parfaitement irrespirable. On ne peut pas vivre constamment dans la contradiction, c'est psychologiquement intenable.

Si Lorie avait eu la possibilité de visiter les bureaux avant son entrée en fonction, elle aurait constaté que, chez Bétamax, on était loin de travailler dans la joie et la bonne humeur. Même dans les organisations les moins à cheval sur les principes, il existe des règles tacites. À vous de les décoder. Cela fait partie des règles du jeu.

Pour vous aider à repérer dans votre organisation les règles implicites qui pourraient être source de conflit, remplissez le *Questionnaire sur la culture* et la grille intitulée *Identification des normes organisationnelles*, que vous trouverez à la fin du chapitre.

ANALYSE DU CHOC DES CULTURES

Comment arrive-t-on à décrypter la culture d'une organisation ? Comment en repère-t-on les valeurs et les normes ? Comment savoir à quelles lois il faut obéir si ces lois ne sont pas énoncées ? Une situation de conflit constituera une bonne entrée en matière dans ce domaine. En effet, lorsqu'une règle est transgressée, les individus réagissent émotionnellement. Cette réaction nous avertit que quelque chose d'important vient de se produire. L'incident est-il relié à un phénomène culturel ? À vous d'analyser. Pour ce faire, il est toujours bon de prêter attention à certains types de manifestations qui en général en disent long sur les valeurs ou le code de conduite en vigueur dans une organisation, par exemple : les mots qu'on utilise, les comportements dans les espaces communs, les détails matériels (vêtements, mobilier, etc.).

Langage écrit, langage parlé

Imaginez qu'à votre arrivée dans une nouvelle organisation, la première personne que vous rencontrez vous dise : « Ici, nous

sommes une grande famille. » Qu'allez-vous penser ? Sans doute
que l'ambiance est chaleureuse et décontractée, que les gens ont
entre eux des relations simples et sans artifice, qu'ils sont pleins
d'attentions les uns envers les autres et que chacun a à cœur le
bien-être de l'autre. Les expressions qu'on utilise ont toutes une
charge de significations. En prêtant une attention particulière au
vocabulaire, déjà vous percevrez certaines normes ou certaines
valeurs. Par exemple, si une organisation se targue d'être « à la
fine pointe » dans son domaine d'activité, vous allez en conclure
que c'est une boîte dynamique. Il y a ainsi toute sorte de mots-
clés et d'expressions qui reviennent souvent. Notez-les. Vous y
trouverez des indices quant à ce qui est valorisé ou ne l'est pas
dans votre organisation.

Soyez attentif à ce qui se dit et soupesez l'importance et le
sens qu'on accorde à chacun de ces mots ou à chacune de ces
expressions. Il m'arrive souvent de travailler auprès de cliniques
communautaires. Chaque fois, j'hésite quant aux mots à utiliser
pour parler des personnes qui ont recours à leurs services.
Aujourd'hui, on dit « clients », alors qu'il y a quelques années on
parlait plutôt de « patients », de « bénéficiaires », d'« usagers », etc.
Chacune de ces appellations reflète un certain point de vue et
certaines valeurs. Un « patient » est considéré comme une personne qui reçoit passivement des soins; « bénéficiaire » aussi a
une connotation passive – on pense à quelqu'un qui reçoit un
cadeau. Quant au terme « usager », il sous-entend des personnes
qui recherchent activement des soins. Enfin, le mot « client »
laisse supposer que la personne a droit aux services qu'elle sollicite et que peut-être elle paye pour les recevoir. J'hésite toujours
avant d'employer l'un ou l'autre terme parce que souvent les
infirmières n'aiment pas qu'on parle de leurs patients en termes
de « clients ». Dans une organisation communautaire, on préfère
« usager » à « client », considéré comme trop commercial. Le service administratif par contre adoptera le mot « client », qui con-
firme le rôle de l'institution dans le paysage économique de la
société. Quels sont les mots qui importent dans votre organisation ? Y a-t-il des mots sacrés ? Y a-t-il des mots tabous que vous
ne pouvez employer sans risquer de vous faire taper sur les doigts ?

Pour repérer les différentes visions du monde, les valeurs et
les normes qui ont cours dans votre milieu de travail, écoutez
bien tout ce qui s'y dit. S'il vous arrive d'être en situation de conflit au travail, essayez de vous concentrer sur ce que dit l'autre.

Une fois seul, notez votre conversation. Cela vous aidera à saisir qu'elles sont ses valeurs et ses convictions et quelles règles tacites sont en cause.

Il y a plusieurs années, j'ai vécu un important conflit au travail. J'en avais conclu qu'il s'agissait d'un conflit de styles. J'avais identifié mon adversaire comme étant un harceleur. Un jour, un expert est venu nous faire un exposé sur les valeurs dans les organisations. Il nous a demandé de faire la liste de nos valeurs par ordre d'importance. J'ai découvert que mon adversaire privilégiait des valeurs très différentes des miennes. Ce n'était pas là la seule cause de nos disputes, mais ces divergences jouaient certainement un rôle important dans le conflit qui nous opposait.

Vous trouverez à la fin du chapitre un exercice intitulé *Instrument de comparaison des valeurs*. Cet outil vous permettra d'identifier les écarts de valeurs et de points de vue entre les différentes personnes de votre entourage. Portez attention également aux échanges que vous avez avec toutes ces personnes; vous récolterez là aussi plein d'information. En visualisant ces différences vous prendrez conscience que si l'autre ne pense pas comme vous, ou n'agit pas comme vous, ce n'est pas nécessairement parce qu'il est mal intentionné mais peut-être parce qu'il a une vision du monde ou des valeurs qui diffèrent des vôtres.

Portez attention aux mots, mais aussi à l'intonation. Il arrive que la manière dont les mots sont dits vienne affecter, et même contredire, le sens qu'on leur donne habituellement.

> Jeanne entre à la cafétéria en annonçant qu'elle vient de décrocher le poste qu'elle convoitait depuis longtemps. Clara dit : « Oh ! C'est merveilleux, je te félicite. » Sympa, penserez-vous. Mais le ton est ambigu; le visage de Clara n'exprime pas la joie que les mots laissent supposer.

Il arrive souvent qu'on exprime quelque chose avec les mots et autre chose avec son corps, sa physionomie, le ton de sa voix. Ne négligez aucun de ces langages.

Les objets

En un mot, aucun détail ne doit être négligé. Les objets et les lieux aussi expriment des valeurs et des normes, et en disent long sur la culture de votre organisation. Est-ce qu'un des bureaux occupe l'angle du bâtiment ? Est-ce un grand bureau ? Les employés ont-ils des titres ronflants ? Certaines entreprises font collection de vice-présidents. Dans ce cas, le titre signifie-t-il encore quelque chose ? Oui, bien sûr. Ça me plairait d'avoir le titre de vice-président et d'occuper un grand bureau. Tout le monde aimerait cela. Titres et grands bureaux sont des symboles de réussite et de pouvoir. Ils soulignent l'importance de votre rôle. Monsieur le vice-président. Madame la vice-présidente. Imaginez le petit frisson qu'on ressent à se faire appeler ainsi. Comment s'adresse-t-on à l'autre dans votre organisation ? Est-il d'usage d'y appeler les gens par leur prénom ou doit-on dire Monsieur ou Madame. Tout ça vous en dit long sur la vie cachée de votre organisation.

Les vêtements aussi sont un signe culturel. Si vous arrivez dans un bureau où tout le monde travaille en jeans, vous en déduirez qu'on n'y est pas à cheval sur le protocole, que les liens hiérarchiques n'y sont pas trop stricts, que les communications sont faciles. Vous ne porteriez pas un jeans dans un bureau d'avocats, ni de manteau de fourrure dans une organisation qui milite en faveur des droits des animaux. Ce serait à coup sûr vous attirer une réprimande.

Utilisez le questionnaire sur la culture que vous trouverez en fin de chapitre pour dresser la liste des aspects matériels qui en disent long sur la culture de votre organisation.

SYNTHÈSE DU CHAPITRE 5

La plupart des gens ont la conviction que leur vision du monde est la seule valable. Pour rester maître du jeu en situation de conflit, il faut absolument vous débarrasser de cette idée et, pour cela, je suggère trois étapes :

1- *Débarrassez-vous de l'idée qu'il n'existe qu'UNE vérité. Nous avons tous notre propre vision du monde, en fonction de nos origines familiales, de notre sexe, de nos expériences, de notre éducation, de notre profession, de nos origines ethniques. Ces différents points de vue, parce qu'ils ne sont pas toujours perceptibles au premier abord, peuvent engendrer toutes sortes de conflits.*

2- *Quand un conflit éclate dans votre organisation, posez-vous la question suivante : Se pourrait-il que ce conflit mette en jeu deux visions du monde ? Afin de mieux vous connaître et de mieux vous adapter à votre milieu de travail, commencez par analyser votre propre vision du monde et observez ensuite jusqu'à quel point celle-ci diverge ou non de celles des différentes personnes impliquées dans ce conflit.*

3- *Chaque personne a ses propres valeurs, qui n'ont pas toutes le même degré d'importance à ses yeux. Cette disparité des valeurs peut engendrer de graves conflits. Pour y voir clair, complétez le test intitulé Hiérarchie des valeurs. En comparant les valeurs des différentes personnes en cause dans le conflit vous verrez aussi comment vos propres valeurs correspondent ou non à celles de votre organisation.*

4- *Chaque société édicte des règles auxquelles chaque individu se conforme plus ou moins. Cela va de « Tu ne tueras point » à « Ne mets pas tes doigt dans ton nez ». Ces normes sociales sont endossées par toutes les organisations qui, en plus, édictent chacune ses propres règles. Sachez reconnaître les règles qui sont propres à votre milieu de travail. Puis posez-vous les questions suivantes : Comment s'assure-t-on, dans votre organisation, que ces règles soient respectées ? Par quel système de récompenses ou de punitions ? Comment vous comportez-vous face à ces normes ? Arrivez-vous facilement à vous y conformer ?*

5- *Complétez les exercices et le questionnaire qui suivent. Cette analyse devrait vous fournir de bons indices sur ce qui est susceptible de déclencher un conflit dans votre entreprise. En prenant conscience des règles non écrites de votre organisation vous pourrez plus facilement vous y conformer. Et si, pour une raison ou pour une autre, vous ne voulez ou ne pouvez pas vous y conformer, au moins vous saurez pourquoi vous avez été réprimandé.*

POUR PROTÉGER VOTRE SANTÉ MENTALE

C'est votre culture et vos valeurs qui ont fait de vous ce que vous êtes aujourd'hui. Vos valeurs, peut-être encore plus que vos intérêts, doivent être en accord avec celles de l'organisation et de vos collègues. Si la justice, par exemple, est pour vous une valeur fondamentale et que votre entourage n'en a que faire, vous ne serez pas heureux dans ce contexte. Si plaisir et créativité sont vos motivations premières et que vous travaillez dans un milieu conformiste, contraint par une lourde bureaucratie, vous serez très malheureux.

Il arrive que nous voulions tellement obtenir un emploi que nous en oublions de bien considérer dans quel milieu nous allons débarquer. Assurez-vous que votre milieu de travail vous apporte ce dont vous avez besoin.

Soyons réalistes, nous n'avons pas toujours la possibilité de quitter un emploi parce qu'il ne répond pas parfaitement à toutes nos attentes. L'important, c'est que vous arriviez à identifier ce dont vous ne pouvez pas vous passer dans votre vie quotidienne au travail. Qu'est-ce qui est le plus important pour vous ? Qu'est-ce qui est essentiel ? Qu'est-ce qui vous plairait ? Qu'est-ce que vous attendez sans faute de votre travail ? Si votre travail ne vous procure pas ce dont vous avez absolument besoin, à plus ou moins long terme vous tomberez malade. Si, par contre, vos conditions de vie au travail répondent à vos exigences fondamentales, tout devrait bien se passer. Si votre organisation comble vos besoins essentiels et répond de manière satisfaisante à vos désirs les plus importants, alors vous devriez arriver à vous y épanouir.

Nous avons vu, dans ce chapitre, que certaines organisations font la promotion de principes qu'elles ne mettent pas en pratique. Ces organisations sont dangereuses. Si vous constatez que tel est le cas dans votre milieu de travail, aidez vos collègues à en prendre conscience et essayez ensemble de faire évoluer les choses. Par contre, si vous êtes seul à voir que le roi est nu, alors fuyez avant qu'il ne soit trop tard.

EXERCICE 5.1

Grille de comparaison des valeurs fondamentales

1- Prenez connaissance de la liste des valeurs énumérées ci-dessous. Complétez la liste si vous la jugez incomplète.

Par ordre décroissant :

2- Identifiez les cinq valeurs les plus importantes pour vous.

3- Identifiez les cinq valeurs les plus importantes pour votre organisation.

4- Identifiez les cinq valeurs les plus importantes pour chacun des autres joueurs concernés.

Exemples de valeurs :

Ambition, amitié, bienveillance, compassion, courage, créativité, dignité, égalité, excellence, générosité, honnêteté, intégrité, joie, justice, liberté, loyauté, patience, paix, plaisir, productivité, respect, etc.

Joueur	Valeur 1	Valeur 2	Valeur 3	Valeur 4	Valeur 5
Moi					
Organisation					

COMMENTAIRES

EXERCICE 5.2

Grille de comparaison des valeurs circonstancielles

1- Notez, par ordre d'importance, les savoirs, les valeurs et les croyances qui prédominent chez chaque joueur et du côté de l'organisation, dans le cadre particulier du présent contexte.

2- Ajoutez vos commentaires.

Joueur	Valeur 1	Valeur 2	Valeur 3	Valeur 4	Valeur 5
Organisation					

COMMENTAIRES

EXERCICE 5.3

Questionnaire sur la culture

Quand vous êtes en situation de conflit, posez-vous les questions suivantes afin d'identifier les divergences culturelles qui pourraient être à la source de cette mésentente.

1- Les joueurs concernés ont-ils la même vision du monde ? Et sinon, en quoi diffèrent leurs visions du monde ?

_____

_____

_____

_____

2- Les joueurs concernés appartiennent-ils à des sous-cultures différentes ? Si oui, quelles sont ces sous-cultures ?

_____

_____

a) Exercent-ils tous la même profession ?

_____

_____

– En ce qui vous concerne :
Exercez-vous une profession différente de celles des autres ? Est-ce que cela pourrait être une cause de conflit ?

_____

_____

b) Appartiennent-ils à différentes religions, différentes races, différentes générations ? S'opposent-ils par leur orientation sexuelle ?

_____

_____

– En ce qui vous concerne :
Êtes-vous différent ou différente des autres sous l'un ou l'autre de ces aspects ? Ces différences pourraient-elles être une cause de conflit ?

_____

_____

3- Y a-t-il des différences de valeurs à la source de ce conflit ? Revenez à l'exercice 5.1 intitulé *Instrument de comparaison des valeurs* pour repérer ces différences.

_____

_____

a) Vos propres valeurs entrent-elles en conflit avec celles de l'organisation ?

_____

_____

b) Vos propres valeurs entrent-elles en conflit avec celles des autres joueurs concernés par ce conflit ?

_____

_____

4- Y a-t-il des normes sociales ou organisationnelles qui ont été transgressées ?

_____

_____

a) Certains joueurs sont-ils peu doués pour la vie en société ?

_____

_____

b) Certains joueurs ont-ils transgressé les normes organisa-tionnelles ?

_____

_____

c) Y a-t-il des *normes sociales* qui vous tiennent particulièrement à cœur ? Pour lesquelles vous risquez de monter aux
créneaux si quelqu'un ose les transgresser ?

_____

_____

d) Y a-t-il des *normes organisationnelles* qui vous tiennent
particulièrement à cœur ? Pour lesquelles vous risquez de
monter aux créneaux si quelqu'un ose les transgresser ?

_____

_____

5- À quels signes extérieurs peut-on reconnaître la culture de
votre organisation ?

_____

_____

a) Quels sont les mots ou les expressions fréquemment utilisés ?
Que signifient-ils ?

_____

_____

b) Existe-t-il un code vestimentaire ? Que se passerait-t-il si
vous le transgressiez ?

_____

_____

c) Quels sont les signes de pouvoir dans votre organisation ?

❏ Grand bureau bien situé ?_____

❏ Argent ?_____

❏ Titres prestigieux ?_____

❏ Autres ?_____

EXERCICE 5.4

Identification des normes organisationnelles

1- Dans la colonne de gauche :

   a) Transcrivez la philosophie de votre organisation telle qu'elle apparaît dans les documents officiels.

   b) Notez les valeurs explicites formulées dans les textes ou dans le discours des dirigeants.

   c) Notez les comportements explicites qu'on serait porté à en déduire.

2- Dans la colonne de droite :

   a) Notez, en vous fiant sur vos observations, ce qui vous apparaît être la philosophie de votre organisation.

   b) Notez, en vous fiant sur vos observations, ce qui vous apparaît être les valeurs de votre organisation.

   c) Notez les règles implicites de comportement en vigueur dans votre organisation.

3- Notez vos commentaires.

Philosophie explicite	Philosophie implicite (vos observations)

Valeurs explicites	Valeurs implicites

Règles de comportement explicites	Règles de comportement implicites
1- Communications :	1- Communications :
2- Code vestimentaire :	2- Code vestimentaire :
3- Horaires de travail :	3- Horaires de travail :

COMMENTAIRES

CHAPITRE 6

DÉCOUVREZ VOTRE NIVEAU DE POUVOIR

Jennifer, ex-alcoolique, est conseillère dans un centre de désintoxication. Un jour, elle se présente au travail, en retard, avec une haleine qui trahit une soirée bien arrosée. Devant Paul, son patron, qui lui demande de s'expliquer, elle pique une colère. Paul la congédie sur le champ.

Paul est tout à fait dans son droit. Non seulement Jennifer a-t-elle haussé le ton en sa présence mais une rechute constitue, selon les règlements du centre, un motif de renvoi immédiat. Comment se fait-il alors, qu'une semaine plus tard, Jennifer ait été réintégrée dans ses fonctions ? Bien que son poste lui confère peu d'autorité formelle (beaucoup moins que n'en a Paul, son patron), Jennifer est très appréciée des clients; elle a aussi des amis qui, eux, ont du pouvoir; enfin, elle est culturellement en parfaite harmonie avec son organisation.

Jennifer a retrouvé son emploi parce qu'elle a beaucoup de pouvoir. On a tendance en effet à confondre *pouvoir* et *fonction*. Or, l'autorité formelle, qui découle de la fonction, peut être court-circuitée par d'autres sources de pouvoir. Observez bien ce qu'il en est dans votre propre organisation. Vous arriverez probablement à identifier plusieurs individus qui exercent sur votre milieu de travail une influence beaucoup plus grande que certaines personnes plus haut placées dans la hiérarchie. En situation de conflit, le pouvoir est l'arme suprême. Peu importe le type de conflit, si la guerre éclate, la personne qui détient le plus de pouvoir l'emportera.

Ce chapitre se veut une initiation au concept de pouvoir, défini ici comme la capacité d'accéder et de recourir à des sources de pouvoir appropriées en fonction des circonstances. Cette conception du pouvoir est issue pour une bonne part des travaux de Gareth Morgan (1997) et de Crozier et Friedberg (1980) dont je me suis diversement inspirée pour la rédaction de ce chapitre. Vous trouverez les titres de leurs ouvrages dans la bibliographie à la fin du livre.

LAISSEZ TOMBER VOS *A PRIORI*

Pour bien des gens (peut-être en êtes-vous), le mot *pouvoir* a une connotation négative, au point que certains n'osent même pas le prononcer. En fait, on parle rarement du pouvoir. Les personnes qui savent s'en servir n'en parlent pas, tout simplement parce qu'elles n'ont pas besoin d'en parler. Quant aux personnes qui n'ont pas de pouvoir elles évitent d'en parler s'imaginant que, si elles n'y prêtent pas attention, le pouvoir ne les prendra pas pour cible. Elles ont tort. C'est en parlant du pouvoir qu'on finit par y accéder.

Nous ne nous préoccupons généralement du pouvoir que lorsque nous avons à en subir les conséquences – préjudice, humiliation, lorsqu'on nous manque de respect ou qu'on abuse de nous. Or, ce pouvoir, c'est celui des autres, et ce que nous éprouvons alors nous amène – et c'est logique – à considérer le pouvoir comme quelque chose de mauvais, qui s'exerce au détriment de l'autre : le pouvoir des patrons *sur* les employés, le pouvoir des hommes *sur* les femmes, le pouvoir de certains travailleurs *sur* d'autres travailleurs. Cette manière de considérer le pouvoir ne peut que nous desservir puisqu'elle nous force à choisir entre deux mauvais rôles : celui de victime ou celui de bourreau. C'est ce que j'ai voulu illustrer dans l'histoire qui suit :

Ces derniers temps, Janette multiplie les crises de larmes. À toute heure du jour, elle court se réfugier dans les toilettes pour qu'on ne la voie pas pleurer. Janette est la présidente d'un comité qui évalue la satisfaction de la clientèle. Au moment de son embauche, on l'a assurée qu'elle aurait toute liberté de choisir les instruments d'évaluation et les membres de son comité. Une des premières réalisations de ce comité a été de créer un nouveau formulaire d'évaluation.

Puis, Jules, son patron, lui a refilé des noms de personnes qu'il l'a invitée avec insistance à inclure dans son comité. Ensuite, il a demandé à participer à la planification des échéanciers. Enfin, il s'est autoproclamé membre du comité et a proposé d'adopter le consensus comme processus de prise de décision, plutôt que le vote majoritaire en vigueur jusque-là. Les membres ont été sensibles à ses arguments qui faisaient appel à la collaboration et à la collégialité. Janette, de son côté, ressentait un malaise grandissant mais qu'elle n'arrivait pas à identifier.

Puis, soudainement tout est devenu clair à ses yeux lorsque, la semaine suivante, Jules s'est prononcé contre l'utilisation du formulaire d'enquête que Janette et la plupart des membres du comité avaient créé ensemble. La règle du consensus a sonné le glas de ce nouvel outil.

Au cours des semaines qui ont suivi, peu à peu les membres ont cessé de se présenter aux réunions, qui leur paraissaient maintenant inefficaces et inutiles. C'est Janette qu'on a blâmée de l'échec du comité.

Jules a eu recours à plusieurs sources de pouvoir pour en arriver à ses fins. Pour faire partie du comité, pour contrôler les prises de décision, pour inclure ses alliés dans le comité et pour discréditer Janette, il a eu recours à l'autorité formelle que lui confère son poste. C'est le scénario classique de l'abuseur et de l'abusé. Mais, par chance, d'autres personnes dans l'organisation ont compris son petit jeu et ont réagi.

Un jour, Lyne entend des reniflements qui viennent d'une cabine des toilettes des dames. Quand la dame en question (Janette) apparaît, Lyne lui demande :

- Hé ! Qu'est-ce qui ne va pas ? Est-ce que je peux faire quelque chose?

- Je ne crois pas. Personne ne peut plus rien pour moi.

Écoute, je sais que tu fais partie de l'équipe de Jules. Tu n'es pas la première à qui il crée des problèmes. Linda, qui travaille maintenant à la comptabilité, a demandé à changer de département il y a six mois parce qu'il était sans cesse sur son dos. Nous sommes un petit groupe de femmes à être d'avis qu'il serait temps de lui régler son compte. Nous avons prévu de manger ensemble jeudi soir prochain. Veux-tu te joindre à nous ? De toute façon, tu n'as plus rien à perdre.

Pendant ce repas du jeudi soir, les femmes décident d'unir leurs forces et de passer à l'action. Elles écrivent au président une lettre de plainte qu'elles signent toutes les sept, demandant que Jules change ses manières d'agir sous peine de congédiement. Elles décident que si le président ne fait rien, elles agiront et déposeront une plainte au Comité des femmes cadres supérieures. Ce comité a été mis sur pied par le conseil d'administration pour favoriser l'accession d'un plus grand nombre de femmes à des postes de direction. Comme en témoigne le rapport annuel de l'entreprise, il jouit d'une importante autorité et sa mission compte parmi les priorités de l'entreprise.

Janette n'était donc pas condamnée à demeurer une victime. Cet exemple l'illustre clairement : vous pouvez contrer un abus. Comment ? Tout simplement en augmentant votre propre pouvoir. Ces femmes ont contrecarré l'autorité formelle de Jules grâce à d'autres sources de pouvoir, entre autres grâce à leurs réseaux et en s'appuyant sur les nouveaux objectifs de l'entreprise. Elles ont réussi de cette façon à stopper Jules dans son élan.

Lorsque le pouvoir est équitablement distribué, les individus font preuve d'énergie et de créativité. Plus heureux, ils sont moins sujets aux accès de colère ou d'agressivité. Pour en arriver à utiliser efficacement vos sources de pouvoir et à contrer les abus de pouvoir, il faut absolument que vous entreteniez une image positive du pouvoir; celle d'une force que vous pouvez acquérir et accroître, en vous-même et, si vous en voyez l'intérêt, chez les autres aussi. Ne perdez jamais de vue que vous pouvez contrecarrer le pouvoir des autres en vous servant de vos propres sources de pouvoir. En considérant le pouvoir comme une force positive, vous arriverez plus facilement à identifier vos sources de pouvoir, celles dont vous disposez actuellement et celles auxquelles vous pourriez éventuellement avoir accès. Vous trouverez, plus loin dans ce chapitre, les outils qui vous aideront dans cette quête du pouvoir.

Peut-être vous faudra-t-il changer certains aspects de vous qui minent votre pouvoir, certaines attitudes – la peur, un manque d'énergie, un manque de confiance en vous-même –, ou abandonner certains *a priori* qui vous empêchent de tirer partie de vos sources de pouvoir. Ce sont des freins ou des handicaps qui peuvent vous empêcher d'agir le moment venu.

> Le moment est venu pour Janette de se rendre au restaurant où elle a rendez-vous avec les autres femmes lorsque tout à coup son courage lui fait faux bond. Et si ces femmes allaient se rendre compte qu'elle n'est pas assez bien pour elles ? Épuisée, elle ne se sent pas la force de faire face à la situation. Peut-être n'est-elle pas faite pour un poste de direction, après tout ?

Les émotions qui minent ici le pouvoir de Janette – la peur, le manque de confiance en elle –, auraient pu la paralyser et possiblement saboter son avenir, en l'empêchant d'avoir recours à ses propres sources de pouvoir. Qu'est-ce qui vous empêche d'être aussi puissant que vous pourriez l'être ? À l'aide des outils qui vous sont fournis dans ce chapitre, trouvez la réponse à cette question et changez.

Qu'est-ce que le pouvoir?

Le pouvoir, c'est la capacité d'influer sur le cours des choses. Cette capacité n'est réservée à personne en particulier; au contraire tout individu ayant accès aux sources de pouvoir appropriées peut, dans un contexte donné, exercer son influence. Jules, par exemple, a recours à son autorité formelle (c'est une des sources de pouvoir dans une organisation); de leur côté, les cadres supérieurs féminins créent des alliances tout en s'appuyant sur la mission de l'entreprise (autres sources de pouvoir dans une organisation).

Toute relation humaine suppose un jeu de pouvoir

Il y a exercice du pouvoir chaque fois que quelqu'un use de son influence; c'est donc dire qu'il y a exercice du pouvoir dans chaque échange, dans chaque relation. Quand les dirigeants d'une entreprise ne s'entendent pas sur le fait de maintenir le *statu quo* ou de diversifier leurs activités, ils vont essayer de s'influencer mutuellement. Quand des professeurs ne s'entendent pas à propos de l'intégration dans les classes normales d'enfants ayant des besoins spéciaux, ils vont tenter de s'influencer mutuellement. Quand les membres d'un conseil d'administration ne sont pas d'accord à propos d'une politique d'entreprise, ils vont tenter de s'influencer mutuellement.

L'usage du pouvoir suppose des attaques et des contre-attaques. Par exemple : lorsque Jennifer a été congédiée (attaque), elle s'est tournée vers ses collègues de travail pour obtenir leur soutien (contre-attaque). De leur côté, le directeur général et le président ont tenu une séance spéciale du conseil pour obtenir le soutien de ses membres (contre-attaque). Les supporters de Jennifer ont convaincu les clients de protester contre son renvoi (contre-attaque). Le conseil a maintenu le renvoi de Jennifer invoquant la politique portant sur le degré de tolérance zéro en cas de rechute (contre-attaque). Les clients ont tous quitté le centre en menaçant de ne plus y remettre les pieds (contre-attaque).

Conserver ou perdre un emploi constitue un enjeu majeur, mais il arrive aussi que ce va-et-vient d'attaques et de contre-attaques se déclenche pour un rien, entraînant dans ce cas une inutile perte de temps et d'énergie. Mais même lorsque l'enjeu se limite à choisir la couleur de la couverture d'un rapport, il s'agit toujours de déterminer qui restera maître du jeu dans le cadre de ce conflit.

Le pouvoir est toujours relatif

On ne possède pas le pouvoir, on l'exerce (ou on ne l'exerce pas) – et le degré de pouvoir dont dispose un individu dans telle ou telle circonstance ne dépend pas seulement de ses propres sources de pouvoir mais également de celles des autres. Par exemple : vous êtes premier ministre mais l'opposition détient la majorité au parlement. Ou bien, vous êtes propriétaire de la compagnie mais c'est moi qui détiens le savoir qui assurera sa survie. Ou encore, je suis un excellent communicateur mais vous êtes plus populaire. Notre pouvoir varie selon les circonstances.

Il se peut que dans certaines situations vous disposiez d'un plus grand pouvoir que votre adversaire mais que, dans d'autres circonstances, cette même personne ait plus de pouvoir que vous. Il se peut aussi que l'autorité formelle que vous confèrent vos fonctions, dans certains contextes vous serve, et à d'autres moments ne vous soit d'aucun secours. Parce que le pouvoir s'exerce toujours dans le cadre d'une relation interpersonnelle votre degré de pouvoir dépend chaque fois du contexte et des joueurs en présence. C'est ce qu'illustrent les exemples qui suivent.

Le pouvoir est relatif (1) : Un patron qui n'a pas de pouvoir

Laurie menace de congédier Jeanne, la nouvelle ergothérapeute, si celle-ci n'accepte pas de faire des heures supplémentaires. Jeanne sait que Laurie ne peut pas mettre sa menace à exécution. Elle sait qu'avant son arrivée, son poste a été vacant pendant six mois et qu'il serait à toutes fins utiles impossible de trouver quelqu'un pour la remplacer. Les cliniques communautaires chargées des soins à domicile pour les personnes âgées se font la guerre pour attirer les ergothérapeutes. Jeanne sait aussi qu'elle n'aura aucune difficulté à se trouver du boulot dans une autre clinique si elle n'est pas satisfaite de la façon dont on la traite ici.

Le pouvoir est relatif (2) : Un patron qui a tout le pouvoir

Laurie menace de congédier Jackie, son adjointe administrative, si celle-ci n'accepte pas de faire des heures supplémentaires. Jackie est terrifiée. Il lui a fallu dix mois pour trouver ce travail. Bien qu'elle ne voie pas très bien comment elle arrivera à concilier famille et temps supplémentaire, elle n'a pas le choix : elle devra se plier à la volonté de sa patronne.

Laurie, dans le premier exemple, ne retire aucun pouvoir de son autorité formelle. Par contre, dans le second exemple, son poste lui confère tous les pouvoirs. Parce qu'il s'exerce dans le cadre d'une relation, le pouvoir de l'un dépend toujours du pouvoir de l'autre. Dans le premier cas, le pouvoir de Laurie est contrecarré par l'indépendance dont jouit Jeanne qui peut facilement se trouver un emploi ailleurs. Dans le second cas, l'autorité formelle dont Laurie dispose lui confère plein pouvoir parce que Jackie ne peut se permettre de perdre son emploi. Ce qui démontre clairement que toute analyse des sources de pouvoir (les vôtres et celles des autres) ne peut se faire que dans le cadre d'un contexte bien défini.

Une question de contexte

Pour qu'une source de pouvoir vous soit utile, il faut que le contexte s'y prête. Par exemple, l'autorité formelle de Laurie ne s'avère d'aucune utilité dans le conflit qui oppose celle-ci à son ergothérapeute, Jeanne. Votre pouvoir, dans le cadre d'une situation donnée, repose sur la qualité et la quantité des sources de pouvoir dont vous disposez dans ce contexte bien précis. Quand vient le temps d'évaluer une de vos sources de pouvoir, la question que vous devez vous poser est : Puis-je y avoir recours dans le présent contexte ?

> Frank a noué d'importantes alliances à l'intérieur de son service. Depuis quelque temps, ses rapports avec le directeur d'un autre service se sont détériorés. Les liens que Frank a créés dans son propre département ne lui sont, dans ce contexte, d'aucune utilité. Dans ce cas précis, cette source de pouvoir n'est pas appropriée.

> La même personne, Frank, vit une situation de conflit avec le directeur de son propre département. À la pause café, Frank en discute avec ses collègues et leur demande de l'aider. Dans ce cas, cette même source de pouvoir s'avère tout à fait efficace.

Analyse et stratégie peuvent accroître votre pouvoir

Le pouvoir n'est pas un phénomène statique; il évolue, grandit, varie en fonction des situations et des relations. L'influence de chaque joueur dépend aussi de ses aptitudes au pouvoir. Connaître vos sources de pouvoir et savoir vous en servir à votre avantage constitue en soi une autre source de pouvoir.

Les bénévoles plus âgés de l'APPTMO entretiennent des relations positives très fortes avec un grand nombre de clients à qui ils distribuent les repas à domicile. Ils siègent sur plusieurs comités importants et certains sont également membres du conseil d'administration. Robert est en position délicate. Quand il compare son pouvoir au leur, il se sent nettement désavantagé et prend conscience qu'il doit mobiliser de nouvelles sources de pouvoir. C'est une question de survie ! Dans cette optique, il adopte donc deux nouvelles mesures. Dans un premier temps, il crée un comité dans lequel il inclut de jeunes membres et Linda, une bénévole de longue date qui jouit d'énormément de pouvoir et avec laquelle il entretient une relation positive. Ce comité a pour mandat de formuler un plan de rapprochement entre les différentes générations de bénévoles. Dans un deuxième temps, il entreprend lui-même une enquête auprès de la clientèle de l'APPTMO; il va rencontrer chaque client à son domicile pour s'enquérir de ses besoins et faire connaissance. Robert est un homme charmant et son côté humain a rapidement séduit tous les clients.

Le cas de Robert illustre comment une personne qui dispose de moins de pouvoir peut, en mobilisant de nouvelles sources de pouvoir, inverser la situation. Après avoir analysé les forces en présence, Robert a pris des mesures adéquates grâce auxquelles il se trouve maintenant dans une position qui lui permet de contrer ses adversaires.

Le pouvoir : ni bon ni mauvais

L'usage du pouvoir n'est en soi ni négatif ni positif; mais ses conséquences seront positives ou négatives. Les luttes de pouvoir peuvent détruire une organisation et rendre la vie intenable à tout le monde – par contre, ne pas se servir de son pouvoir peut avoir des impacts tout aussi destructeurs.

Dans une clinique, les professionnels affectés aux soins à domicile décident en équipe du nombre d'heures de soins que recevra chaque client au cours de la semaine. Jocelyne en a marre de ce marathon de chamailleries et de marchandages auquel donne lieu chacune de ces réunions. Elle a pris la décision de garder ses distances et de ne plus participer à ces rencontres. Mais en s'abstenant de participer à la programmation des activités de la semaine, elle nuit aux intérêts de ses propres clients puisqu'elle n'est pas là pour faire connaître leurs besoins. Résultats : ses clients ne recevront pas les soins auxquels ils ont droit.

Plusieurs des exemples cités dans les chapitres précédents mettent en scène des personnes qui perdent leur emploi ou encaissent les réprimandes sans opposer de résistance. Pour certains la cause était sans appel, mais d'autres auraient pu, en se battant, obtenir gain de cause. Qui peut prétendre qu'il soit plus moral de jeter la serviette que de provoquer une saine confrontation ?

Certaines personnes considèrent que l'usage du pouvoir, sous quelque forme que ce soit, est en soi immoral. Selon moi, cette idée est non seulement fausse mais elle constitue également un danger. Lorsque nous n'avons pas recours aux sources de pouvoir dont nous disposons nous nous mettons nous-mêmes en danger, ainsi que les autres. Mais attention, ce qui est immoral, c'est d'utiliser son pouvoir sans tenir compte des droits de l'autre, ou encore de profiter de ses faiblesses, de l'humilier, de mettre en doute ses compétences ou de le menacer.

Qu'est-ce qui est moral ? Qu'est-ce qui ne l'est pas ? La réponse varie selon les individus, selon les groupes. Dans certains groupes, l'usage abusif du pouvoir peu à peu devient la norme, sans que personne ne s'en rende compte. J'ai connu des milieux de travail où des joueurs gardaient les autres sous leur emprise en se servant de la menace ou de l'humiliation, ou en parlant dans leur dos. N'oublions pas que le harceleur est un fervent utilisateur du pouvoir et que c'est sans doute à cause de lui que le pouvoir a si mauvaise réputation. Mais cette réputation n'est pas justifiée ! Le pouvoir peut aussi servir les bonnes causes. Tout progrès dans notre société suppose que quelqu'un ait usé de son influence. Il n'y a rien de moral à se contenter d'être une *carpette*.

L'idée que vous vous faites du pouvoir détermine, jusqu'à un certain point, le degré de pouvoir dont vous bénéficierez dans telle ou telle situation. N'oubliez jamais que vous pouvez très bien utiliser votre pouvoir sans pour autant déroger aux règles de l'éthique.

IDENTIFIEZ TOUTES VOS SOURCES DE POUVOIR

Alors, de quel niveau de pouvoir disposez-vous ? Et qu'est-ce qui vous empêche de vous en servir ? En ayant recours à l'*Inventaire des sources de pouvoir* que vous trouverez à la fin de ce chapitre et à la description ci-dessous de chacune de ces sources de pouvoir, découvrez les vôtres, celles auxquelles vous avez actuellement accès et celles que vous pourriez acquérir. Puis, identifiez les obstacles qui vous ont empêché jusqu'à maintenant d'y avoir recours.

Autorité formelle et légitimité

On entend par *autorité formelle* l'autorité qui découle du mandat qu'une personne a reçu de son organisation. L'autorité formelle donne accès à plusieurs autres sources de pouvoir : le droit d'embauche et de congédiement, le droit de donner des ordres, de récompenser et de punir, le droit d'imposer une discipline et l'accès direct aux autres détenteurs du pouvoir.

Il existe plusieurs niveaux d'autorité formelle. Par exemple, chez General Motors, le directeur général et le superviseur de la chaîne de montage détiennent tous les deux une autorité formelle. Si nous voulons comparer deux personnes quant à leurs sources de pouvoir, nous devrons comparer leur niveau d'autorité formelle et l'usage qu'elles en font. L'exercice s'avère généralement plutôt facile.

> Carl est à l'emploi de Tissus d'ameublement international depuis quinze ans. Il adore son métier de tapissier qui lui permet de bénéficier de bonnes conditions de travail. Il a plusieurs amis au travail avec qui il va prendre une bière à la sortie de l'usine. Joseph, son superviseur, est un peu pointilleux quant à la ponctualité et au respect du règlement. Ces conditions satisfaites, il vous laisse travailler en paix. En plusieurs années de service, il lui est arrivé une seule fois de congédier un ouvrier : l'homme, dans un accès de colère, avait tailladé cinq canapés.

> La belle vie a pris fin lorsque Tissu d'ameublement international a été vendue à une firme étrangère. Joseph a été licencié trois semaines plus tard. Trop doux, ont-ils jugé. Il a été remplacé par Georges. Trois mois après l'arrivée du nouveau superviseur, les quotas de production avaient grimpé de 300 % et le temps supplémentaire était devenu obligatoire. Deux ouvriers ont quitté de leur plein gré et Carl a été congédié.

Cet exemple démontre que l'autorité formelle peut être utilisée de différentes façons. Joseph et Georges disposent tous les deux de la même autorité formelle. Tous les deux ont le pouvoir de fixer des règles, de donner des ordres, de fixer des quotas de production et d'imposer des mesures disciplinaires. Joseph se servait très peu de son autorité, tandis que Georges en tire le maximum. En fait, il a plus de pouvoir que Joseph parce qu'il use de toute l'autorité qui lui est conférée.

Nous sommes portés à considérer l'autorité formelle comme LA source de pouvoir Nous voyons dans la personne en autorité la personne qui détient le pouvoir. Il faut nous débarrasser de cette idée toute faite. L'autorité formelle peut être contrecarrée par d'autres sources de pouvoir.

Que serait-il arrivé si Carl avait réussi à syndiquer le personnel de l'usine ? Ou si tous les ouvriers avaient démissionné en bloc lorsqu'il a été congédié ?

Contrairement à l'autorité formelle, la légitimité ne confère pas nécessairement le pouvoir de sanctionner ou de punir des subordonnés. Un membre du conseil d'administration, un fondateur ou un ex-leader syndical très respectés tirent leur pouvoir de la légitimité et du prestige que leur confère le rôle qu'ils jouent ou ont joué dans l'entreprise. Le fait d'accéder à un poste à la suite d'un vote constitue en soi une source de légitimité. Robert, par exemple, par ses fonctions dispose de peu d'autorité formelle sur les bénévoles et sur les clients de l'APPTMO. Mais son statut qui lui permet de créer des comités, ses qualités personnelles et le respect que le titre de directeur général inspire aux clients, sont pour lui d'importantes sources de pouvoir.

Du jour où Daniel et sa femme ont appris que celle-ci avait un cancer, ils ont dû tous les deux faire face seuls à la situation. Lorsque sa femme est morte, Daniel s'est promis de tirer de leur solitude et de leur sentiment d'abandon ceux qui vivaient le même drame. Il a mis sur pied un service qu'il a appelé Les Amis accompagnateurs. Il s'est inscrit à des cours d'accompagnement auprès des mourants, de leurs amis et de leur famille; il a recruté des bénévoles, les a formés et, vingt ans plus tard, plus de cent bénévoles travaillent au sein de l'association. À quatre-vingt-douze ans, Daniel est toujours membre du conseil d'administration. Bien qu'il ne dispose que d'une seule voix, comme les sept autres membres du conseil, c'est lui qu'on écoute quand vient le temps de prendre une décision.

Daniel ne dispose d'aucune autorité formelle mais, en tant que fondateur, il dispose d'une forte légitimité.

Contrôle des ressources essentielles ou de l'information

Le simple fait de contrôler l'accès à des ressources importantes ou à de l'information constitue en soi un pouvoir, quelle que soit la personne qui le détienne. On entend par ressources importantes : un savoir, des personnes-clés, des matériaux, des clients, de l'argent ou toute autre ressource rare, essentielle ou même unique.

J'ai connu un conseiller syndical dont les supérieurs et les collègues auraient aimé se débarrasser parce que ses valeurs et ses comportements ne correspondaient pas aux leurs. Mais cet homme disposait d'une telle popularité auprès des membres que son congédiement aurait provoqué une hémorragie au sein de plusieurs sections locales. Pas question de perdre quelques milliers de membres – le conseiller est donc resté en poste aussi longtemps qu'il en a eu envie.

Contrôle des ressources

Un professeur d'université qui reçoit du gouvernement un million de dollars en subventions de recherche bénéficie de ce fait d'une immense influence auprès de ses collègues et de ses étudiants. En plus du prestige et de la crédibilité que cette reconnaissance lui confère, il a tout loisir de choisir ses collaborateurs parmi les meilleurs étudiants à cause des bons salaires qu'il peut leur donner à titre d'assistants de recherche.

Voilà un exemple classique du pouvoir que confère le contrôle des ressources. Dans ce cas, il s'agit de ressources financières mais ce pourrait être autre chose. Par exemple, les personnes qui ont acquis des connaissances très spécialisées, ou qui sont des cracks des nouvelles technologies ou encore qui sont les seules à connaître à fond le fonctionnement de tel ou tel équipement disposent d'une véritable source de pouvoir.

Contrôle de l'information

Obtenir une information importante avant tout le monde, avoir accès à des sources privilégiées d'information ou bénéficier d'une formation spécialisée sont autant de sources potentielles de pouvoir.

Carole apprend d'un des vice-présidents qu'un poste de gérant va se libérer au département de production. Aussitôt, elle tente par tous les moyens de se mettre dans les bonnes grâces du directeur de la production et de ses adjointes. Quand finalement le poste est affiché, tous les membres du comité de sélection savent déjà qui elle est. Huit candidatures sont retenues mais c'est Carole qui l'emportera parce que personne d'autre n'a eu, comme elle, accès d'avance à l'information.

Être prêt

À mes débuts comme conseillère syndicale, j'ai eu à défendre un homme qui avait été congédié parce qu'il avait refusé d'obéir aux ordres. Les choses se présentaient plutôt mal pour lui. J'ai travaillé pendant des semaines, m'acharnant à monter un dossier à partir de ce cas qui paraissait faible à tous points de vue.

Pas très optimiste, je me suis présentée à l'audition tout de même bien décidée à déployer toutes mes énergies. Quand j'ai vu mon adversaire, un avocat dans la quarantaine, un mètre quatre-vingt-dix, se diriger vers moi pour me serrer la main, mes genoux se sont mis à trembler. J'avais vingt-neuf ans, un diplôme de philosophie en poche et une maigre expérience de deux auditions. Je me sentais toute petite, incompétente et j'étais morte de peur.

J'ai commencé ma défense en invoquant la jurisprudence portant sur l'« humiliation délibérée ». Tout de suite, mon adversaire m'a coupé la parole objectant qu'il n'y avait pas matière à litige et insistant pour que le médiateur mette fin à l'audition immédiatement. L'arbitre a répondu qu'il voulait entendre ce que j'avais à dire. J'ai repris la parole et, une fois encore, mon adversaire m'a interrompue. L'arbitre l'a rappelé à l'ordre. J'avais de plus en plus de difficulté à me concentrer. J'étais si nerveuse que je me suis mise à bégayer, mais j'ai tenu bon. Une fois encore l'avocat m'a coupé la parole, une fois encore l'arbitre est intervenu. En jetant un coup d'œil du côté de l'avocat, il m'est apparu qu'il n'avait aucun papier devant lui et qu'il ne prenait pas de notes. J'ai tout à coup compris que, sûr de gagner, il n'avait pas pris la peine de se préparer.

Eh bien, il a eu toute une surprise ! Nous avons gagné ! Et cela a été pour moi une formidable leçon. J'ai compris, ce jour-là, que bien préparé on a toujours l'avantage sur son adversaire. Dans ce livre, vous apprendrez à analyser un conflit et à vous préparer à une négociation. Il vous arrivera souvent d'avoir à vous mesurer à des personnes qui, pour une raison ou pour une autre, ne prennent pas la peine de se préparer. L'effort consenti pour se préparer se transforme toujours en source de pouvoir.

Connaître les valeurs de l'organisation et en faire bon usage

Vous détenez aussi un avantage sur les autres si vous connaissez bien votre organisation, ses objectifs, ses valeurs dominantes, et si vous avez appris à vous servir de ce savoir. Le bon usage des valeurs organisationnelles peut accroître votre influence. À l'époque où j'étais conseillère syndicale, je me souviens que mes collègues avaient toujours à la bouche l'expression *bien-être des travailleurs*, même dans les conversations les plus triviales. Pas question de dépenser 25 $ pour une cafetière parce que ce serait au détriment *du bien-être des travailleurs*. Tout le monde savait qu'on ne pouvait s'objecter à une telle affirmation sans passer pour un traître.

Autre exemple : les universités accordent une très grande valeur aux bourses de recherche et aux publications scientifiques évaluées par les pairs. Il s'ensuit qu'un professeur adjoint qui publie beaucoup et qui brasse des millions en fonds de recherche peut faire le paon devant le directeur du département dont la dernière publication date de sa thèse de doctorat.

Il est aussi possible d'avoir recours aux valeurs organisationnelles avec beaucoup plus de subtilité mais tout autant d'efficacité. J'ai eu un jour à négocier une convention collective pour les employés de soutien d'une communauté religieuse. À chacune de mes visites, je me transformais en gentille écolière. Je faisais allusion à la charité chrétienne et au sacrifice de soi. Je portais des souliers plats, des jupes au genou et je me faisais des nattes. En me servant des symboles appropriés, j'espérais augmenter ma crédibilité. Et ça a marché !

Manipulation, dites-vous? Oui, c'en est. Mais cela fait partie du jeu. Personnellement, je ne vois rien de mal à m'efforcer de bien jouer. Je me suis rendu compte que la plupart d'entre nous jouons ce jeu de la manipulation de manière instinctive. Est-ce à dire qu'il n'y aurait rien de mal à jouer par instinct et qu'on se transformerait en vilains manipulateurs quand on use de cette source de pouvoir de manière délibérée ?

Plusieurs professionnels des soins à domicile m'ont confié qu'ils ajustent leur vocabulaire, leur pratique, leur manière de s'habiller en fonction de leurs clients. Un jeune homme atteint de sclérose en plaques, coiffé à l'iroquoise, n'a pas besoin du même type de compagnie qu'un vieillard hassidique de 93 ans.

Utiliser les structures, les règles et les mécanismes de prise de décision

Les personnes qui connaissent bien le système et son fonctionnement auront recours à ce savoir pour atteindre leur but.

> Le Centre des arts pour les femmes a été fondé sur des principes d'égalité et de consensus. Dix ans plus tard, les membres du conseil se rencontrent encore tous les mois pour régler les problèmes de gestion.
>
> Huit de ces dix membres sont d'avis que le temps est venu d'ouvrir le centre à des artistes masculins. Linda et Johanne s'y opposent fermement et, à cause de la règle du consensus, elles ont le pouvoir de bloquer ce projet. France propose alors qu'on modifie le règlement et qu'on adopte un processus de décision basé sur un vote majoritaire. Bien sûr, Linda et Johanne s'opposent aussi à cette proposition.
>
> Quelques jours plus tard, Stéphanie trouve la définition suivante du mot *consensus* : processus de décision dans lequel un groupe

entend les opinions de tous ses membres avant de prendre une décision. Le glossaire précise : pour éviter qu'une minorité l'emporte, le groupe peut passer à l'étape de la prise de décision dès que la majorité de ses membres est d'accord sur une proposition.

À la rencontre suivante, une majorité des membres s'entendent pour reconnaître que c'est là bien le sens qu'elles ont toujours donné au mot *consensus*. Linda et Johanne ont beau protester elles sont larguées.

Dans cet exemple, les deux parties ont eu recours aux structures comme source de pouvoir. Dès que la structure a changé, le pouvoir a changé de mains.

Voici un autre exemple qui illustre comment on peut utiliser les structures pour augmenter son pouvoir. Claude est le président-fondateur d'une importante compagnie et il a sous son autorité deux vice-présidents. Ces derniers gagnent d'année en année un peu trop de prestige et de pouvoir à son goût. Il décide donc de créer trois nouveaux postes de vice-présidents et de partager les responsabilités en cinq.

Présider des comités ou faciliter le déroulement des réunions

Suzanne a manœuvré de manière à obtenir la direction du comité des ventes parce qu'elle en avait marre que Paul s'arroge tout le temps d'antenne. En effet, lorsque Paul a un point à défendre, il occupe la tribune jusqu'à ce qu'il obtienne ce qu'il veut – sans se soucier de ce que les autres pensent. À sa première réunion à titre de présidente, Suzanne propose deux nouvelles règles de procédure : 1- chaque intervention sera limitée à deux minutes et 2- la préséance sera donnée à ceux qui n'ont pas encore pris la parole. Paul, bien sûr, s'objecte mais le vote lui donne tort. Lorsque, plus tard, fidèle à ses anciennes habitudes il tente d'interrompre les autres ou de prendre la parole quand ce n'est pas son tour, Suzanne a vite fait de le rappeler à l'ordre.

Son nouveau rôle permet aussi à Suzanne de rencontrer de manière informelle les autres membres du comité en dehors des réunions. Elle se tient ainsi au courant de leurs priorités et de leurs opinions, ce qui lui permet ensuite de préparer un ordre du jour qui tienne compte des intérêts de chacun. En l'espace de quelques mois, son influence a grandi et Paul prend de moins en moins de place.

Présider des comités, faciliter le déroulement des réunions, cela donne à un joueur accès à plusieurs autres sources de pouvoir; par exemple, celui de proposer de nouvelles procédures qui lui assureront un certain contrôle sur le déroulement des réunions. Présider un comité peut aussi accroître votre influence. Cette fonction, en plus du prestige qu'elle confère, peut aussi vous donner accès à des joueurs clés.

Exploiter ses qualités personnelles

Même si vous ne disposez d'aucune des sources de pouvoir que nous venons d'énumérer, il se peut que vous soyez tout de même une personne de pouvoir. Certaines personnes exercent une grande influence sur leur entourage tout simplement par ce qu'elles sont et par ce qu'elles font.

> Tony exerce une grande influence sur ses collègues. Pendant que les autres crient, hurlent ou boudent dans leur coin parce que le patron a pris une décision qui ne leur plaît pas Tony, lui, conserve son sang-froid. Le lendemain, il prend rendez-vous avec le superviseur et expose calmement son point de vue. Plus souvent qu'autrement, le patron tient compte de ses commentaires et modifie sa décision. Tony a un don pour résoudre les problèmes. Il a de la considération pour tout le monde et il le laisse voir. Par exemple, certains de ses collègues ont pris l'habitude de se moquer de Conrad et de le harceler; Conrad est un peu lent. Tony intervient chaque fois et les obligent à arrêter leur cirque. Il n'a jamais peur de s'interposer pour se porter à la défense de quelqu'un. Est-il aimé de ses collègues ? Difficile à dire; il est un peu distant. Mais quand Tony parle, tout le monde écoute. Tony a du pouvoir.

Gérer l'incertitude

Êtes-vous comme moi ? La première fois que j'ai vu dans la liste des sources de pouvoir l'expression *capacité de gérer l'incertitude*, je n'avais aucune idée de ce que cela pouvait bien vouloir dire. Il m'a fallu un peu de temps pour comprendre que cela signifie *savoir attendre* et *supporter la tension* qui s'installe quand on vit une situation dont on ne connaît pas l'issue. Les personnes qui ont le goût du risque, celles qui conservent leur sang-froid tandis que les autres courent comme des poules sans tête, sont des personnes qui savent gérer l'incertitude. Cette aptitude leur donne du pouvoir – celui d'agir, de prendre des décisions et de gagner le respect des autres.

User de son charme et être conscient de son pouvoir

Si vous avez des talents de communicateur, du charme, de l'énergie ou du prestige, alors vous avez du pouvoir – même si vous n'en êtes pas conscient. Mais vous en aurez encore plus si vous en êtes conscient. On respecte, on craint et on écoute une personne que l'on considère comme ayant du pouvoir. Par exemple, un brillant orateur sera facilement perçu comme un as de la communication. Cette impression que donnent certaines personnes d'être au-dessus de la moyenne constitue en soi une source de pouvoir.

N'avoir rien à perdre

Combien de fois nous arrive-t-il de ne pas avoir recours à toutes nos sources de pouvoir de peur de perdre des acquis et de nous retrouver en fin de course dans une situation pire ? Quand nous n'avons rien à protéger, que notre situation ne peut pas s'empirer, alors nous avons en main un très important levier de pouvoir. Par exemple, Jennifer a perdu son emploi. Qu'a-t-elle à perdre en faisant tout ce qui est en son pouvoir pour tenter de le retrouver ?

Être capable de faire peur

Si vous savez susciter la peur, là encore vous détenez une source de pouvoir. Ce n'est peut-être pas un talent dont on se vante dans les salons, mais c'est tout de même une source de pouvoir. Il se publie des tas d'études et de livres, et on diffuse même des campagnes d'information, sur le thème du harcèlement dans les cours de récréation. Petit harceleur deviendra grand et sévira plus tard dans les bureaux; vous en avez certainement déjà rencontrés.

Alain est au bord des larmes. Il faut à tout prix qu'il arrive à se retenir s'il tient à préserver le peu de dignité qui lui reste. Marie a torpillé son rapport devant tous ses collègues. Elle l'a accusé de ternir la réputation du département. Elle a même ajouté qu'ils allaient tous porter plainte contre lui auprès du patron. Marie a un comportement abject, mais la peur qu'elle inspire constitue pour elle une véritable source de pouvoir.

Créer des alliances et des réseaux

Alliances, amitiés peuvent sembler ne pas faire le poids quand on les compare à l'autorité formelle. Mais c'est une fausse impression. Les personnes qui ont des amis exercent autant, sinon plus d'influence que ceux qui disposent d'une autorité formelle mais qui n'ont pas d'amis. La popularité donne accès à tous les échelons de l'organisation, et au soutien de tous ceux et celles qui font partie du club des partisans.

Par exemple, j'ai connu un collègue qui hurlait dans les réunions, il lui arrivait même de provoquer de véritables bagarres, mais jamais on ne l'a congédié parce que son départ aurait provoqué une véritable levée de boucliers. À ce chapitre, Jennifer constitue le meilleur exemple. Elle a enfreint la plus importante règle de l'organisation : *Tu ne boiras pas*. Mais elle bénéficie d'une telle popularité que le directeur général a dû la réembaucher.

Au chapitre qui traite des réseaux, nous avons vu comment les individus créent entre eux des relations informelles. Grâce au CLIP, vous avez pu visualiser les relations positives qui existent entre différents joueurs. Vous pouvez aussi utiliser le CLIP pour évaluer cet aspect de votre pouvoir : toutes les relations positives que vous entretenez avec des personnes de votre entourage sont autant de sources de pouvoir. Au contraire, l'isolement et le rejet sont des foyers d'impuissance. Le Schéma 6.1 illustre comment les relations informelles peuvent être des sources de pouvoir.

SCHÉMA 6.1

CLIP et pouvoir

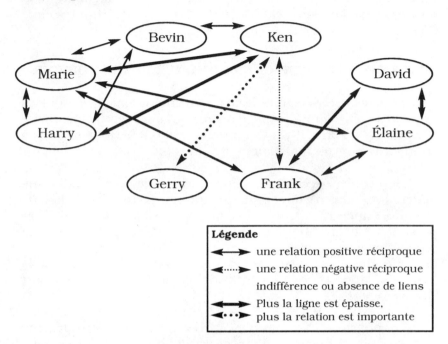

Légende

➤◄━━━➤ une relation positive réciproque

◄·····➤ une relation négative réciproque

indifférence ou absence de liens

◄━━━➤ Plus la ligne est épaisse,
◄···➤ plus la relation est importante

Ce CLIP montre que Marie en très bonne position. Elle entretient une relation positive très forte avec Ken, et des relations positives avec quatre autres joueurs. Trois de ces quatre joueurs composent un solide trio (David, Élaine et Frank). En nous basant sur ces seules données, nous pouvons aussi conclure que Gerry est en position de vulnérabilité. Il est complètement isolé de son équipe et, de plus, Ken qui a de nombreuses relations positives ne l'aime pas. On sait déjà que toute opinion exprimée par Marie sera bien reçue. Mais que si Gerry veut faire passer une idée personne ne l'écoutera et Ken s'y opposera.

En cartographiant le circuit des relations informelles, vous découvrez non seulement où sont les conflits dans une organisation, mais aussi qui va chercher son pouvoir dans ses amitiés et ses alliances.

Contrôler l'accès à certaines personnes ou à certaines données peut s'avérer une importante source de pouvoir. Si, pour
rencontrer le président vous devez passer par son adjointe, vous
pouvez en conclure que celle-ci détient là une importante source
de pouvoir.

SOYEZ CONSCIENT DE CE QUI DIMINUE VOTRE POUVOIR

Le pouvoir, c'est comme la beauté : certains font des prouesses
avec presque rien tandis que d'autres qui ont reçu beaucoup ne
savent rien en tirer. Il y a des joueurs qui ont accès à plusieurs
sources de pouvoir mais qui ne les utilisent pas !

Si vous avez accès à plusieurs sources de pouvoir mais que
malgré tout vous n'exercez aucune influence sur votre milieu de
travail ni aucun contrôle, c'est que quelque chose mine votre
pouvoir – ou que, pour quelque raison d'éthique, vous avez
renoncé à votre pouvoir. Est-ce votre cas ? Si vous croyez qu'il est
immoral d'avoir consciemment recours à son pouvoir, que c'est de
la manipulation, alors votre attitude risque de vous jouez de fort
vilains tours !

Si vous vous abstenez d'avoir recours à votre pouvoir dans
une situation donnée parce que ce serait abuser des autres, c'est
une chose. Mais si vous dédaignez vos sources de pouvoir alors
qu'elles pourraient vous permettre de vous protéger, ou de protéger d'autres personnes qui vous tiennent à cœur, vous devriez
changer s'attitude.

> Anne a organisé une réunion avec deux de ses collègues dans le but
> de transférer certaines négociations qui restaient d'un précédent
> dossier. En entrant dans la salle de conférences, elle constate que
> toute l'équipe est là. Quelques-uns la saluent, mais elle voit bien,
> aux regards qui évitent le sien et aux sourires forcés que quelque
> chose ne va pas.
>
> Ce qui s'annonçait comme une simple réunion à trois s'est trans-
> formé en tribunal improvisé où Anne joue le rôle de l'accusée. Elle
> doit faire face à un barrage de questions concernant un cas datant
> de plus de cinq ans. Chaque intervention ressemble plus à une
> accusation qu'à une question. Ses collègues ont décidé de lui régler

son compte, à leur manière : par la terreur et l'intimidation. Dans un syndicat, on ne congédie pas les gens, surtout pas s'ils sont compétents et populaires; on les amène plutôt à partir de leur plein gré.

Anne agissait à titre de négociatrice à l'échelle nationale pour un important secteur regroupant plus de 15 000 membres qui, pour la plupart, savaient qui elle était. Elle avait auparavant agit à titre de conseillère pour le Comité féminin de la Fédération.

Anne disposait de toutes les sources de pouvoir possibles. Mais elle ne s'est pas défendue. Elle est partie. Pourquoi ? Parce qu'elle a eu peur que ce procès qu'on lui intentait ne soit propulsé sur la place publique. Parce qu'elle n'avait pas suffisamment confiance en elle. Parce qu'elle a eu peur que ses amis se tournent contre elle. Son trop grand besoin de plaire et le profond malaise qu'elle ressentait à l'idée d'avoir déçu ses collègues se sont avérés des sources d'impuissance qui lui ont fait choisir la fuite plutôt que de se battre.

Ne faites pas comme Anne ! Si vous vous reconnaissez en elle, essayez de désamorcer ces sources d'impuissance ou du moins de les empêcher de saboter votre carrière et votre vie.

Attribuer trop de pouvoir aux autres et s'en attribuer trop peu

Anne a plein de sosies qui agitent le drapeau blanc au premier assaut. Oui, l'adversaire est bien là devant eux, mais leur pire ennemi est en eux.

Dans le cadre des ateliers que je donne sur l'analyse des conflits et sur la négociation, les participants, en grande majorité, ont vite fait de reconnaître aux autres joueurs un haut niveau de pouvoir mais répugnent à reconnaître leur propre pouvoir. Il arrive souvent qu'après avoir appris à manipuler les outils d'analyse que je leur propose, ils revoient leur propre évaluation et constatent, avec plaisir, qu'ils ont beaucoup plus de pouvoir qu'ils ne le croyaient. Nous avons tendance à mesurer le pouvoir en fonction de l'autorité formelle, de la force physique et de l'argent, sans tenir compte du reste. C'est là une notion ancienne dont il faudra vous débarrasser si vous voulez rester maître du jeu en situation de conflit. Certains de mes étudiants parlent de « pouvoir formel » et de « pouvoir informel ». Je les supplie de ne pas faire cette distinction : LE POUVOIR, C'EST LE POUVOIR !!! Et il vient de diverses sources. Si vous arrivez à vous défaire de cette ancienne notion de pouvoir, vous vous serez débarrassé de votre plus importante source d'impuissance.

Le besoin d'être aimé de tous

Voilà une autre importante source d'impuissance.

Jack est directeur d'une école primaire. Il y a eu altercation entre les deux professeurs de maternelle, Deborah et Louise. Il les a rencontrées toutes les deux séparément et a constaté que Deborah avait fait preuve d'un manque total de jugement dans cette histoire et qu'elle s'était montrée abusive face à Louise. Au lieu de recourir à son autorité formelle pour ramener Deborah à l'ordre, il les invite au dialogue et à trouver un terrain d'entente. Inutile de préciser qu'elles n'ont pas suivi son conseil. Un mois plus tard, totalement exaspérée, Louise a bousculé Deborah, devant les enfants. Elle a aussitôt été congédiée.

Ce conflit met en scène trois joueurs : un harceleur, une victime et un spectateur passif – le directeur. Si Jack avait fait usage de son pouvoir, la catastrophe aurait pu être évitée. Pourquoi n'a-t-il rien fait ? Parce qu'il avait peur que les professeurs ne l'aiment plus s'il se montrait ferme à l'endroit de Deborah.

Le monde est rempli de ces personnes qui ne supportent pas de déplaire ou qu'on ne les aime pas. Dans la vie, il faut savoir accepter que tout le monde ne nous aime pas, qu'on ne peut pas plaire à tout le monde. Vous, est-ce que vous aimez tout le monde ? Moi non ! Mais qu'à cela ne tienne, j'ai toujours voulu que tout le monde m'aime. Si, par malheur, une seule personne dans mon milieu de travail affichait le moindre signe de colère ou d'insatisfaction envers moi, il n'y a pas d'océan que je n'aurais traversé à la nage pour regagner son approbation ! La bonne petite fille ne supporte pas qu'on ne l'aime pas. Mais si elle veut développer son pouvoir et son influence, elle va devoir aller au-delà de ce comportement immature.

Il existe encore d'autres sources d'impuissance, par exemple la peur de perdre ce qu'on a acquis, la répulsion face à l'exercice du pouvoir, la paresse, l'inertie. Autant d'attitudes qui ont pour effet d'émousser le pouvoir que vous avez. Vous en trouverez une liste plus complète dans l'exercice intitulé *Inventaire des sources de pouvoir*.

MESURER ET COMPARER LES NIVEAUX DE POUVOIRS DE CHACUN

Maintenant que vous savez comment fonctionne le pouvoir, et que vous avez appris à reconnaître les sources potentielles de pouvoir ou d'impuissance, vous serez en mesure lors d'un prochain conflit d'évaluer, grâce à l'*Inventaire des sources de pouvoir* et à la *Grille de répartition du pouvoir*, le niveau de pouvoir des différents joueurs en présence. Ces deux exercices vous permettront de voir exactement qui dispose de quel type de pouvoir, de comparer votre propre niveau de pouvoir avec celui des autres et de développer ensuite des stratégies en vue d'augmenter votre pouvoir.

> Il y a plusieurs années, j'ai été appelée à titre de consultante auprès d'un syndicat pour organiser des sessions de *team building*. Après quelques semaines, certains membres ont accusé Thomas, le président, de jouer le dictateur – d'autres réfutaient énergiquement cette opinion. À la suite de ce soulèvement, nous avons découvert que le président avait monopolisé la plupart des fonctions de prestige et des outils d'influence. Il encourageait les membres à communiquer directement avec lui en cas de problème court-circuitant ainsi le responsable des griefs. Ensuite, il allait en personne rencontrer privément l'employeur laissant l'équipe de négociation sur la touche. Omniprésent, il s'accaparait toutes les tâches susceptibles d'apporter quelque récompense.

Les deux prochaines pages illustrent, à partir de l'exemple de Thomas, comment se servir de l'*Inventaire des sources de pouvoir* pour identifier celles de chaque joueurs ainsi que son niveau de pouvoir (Tableau 6.1), et comment ensuite, en se servant de la *Grille de répartition du pouvoir*, comparer les joueurs entre eux (Tableau 6.2). Vous retrouverez ces deux exercices à la fin du chapitre. Pour faire votre propre analyse, vous aurez besoin d'une copie de l'Inventaire pour chaque joueur.

Pour les fins de la démonstration, je n'ai présenté ici qu'un seul *Inventaire des sources de pouvoir*, celui de Thomas. Dans les faits, nous disposions également de celui des autres joueurs dont nous nous sommes servi ensuite pour compléter la *Grille de répartition du pouvoir*. Sur une échelle de 1 à 10, Thomas a récolté un 9 tandis que les autres joueurs ne décrochent qu'un 5. Il est donc apparu que, pour une grande part, le conflit était dû à cette importante disparité. Il en résultait, chez les autres joueurs, le sentiment d'être utilisés et sous-estimés.

Une fois ce déséquilibre mis en évidence, il nous a été possible de travailler à mieux répartir les sources de pouvoir et d'influence.

TABLEAU 6.1

Inventaire des sources de pouvoir

Cet inventaire sert à mesurer les différentes sources de pouvoir d'un joueur.

Remplissez une grille pour chaque joueur :

1- Cochez chaque source de pouvoir dont dispose la personne et attribuez-lui une note (de 1 à 10) en fonction du présent conflit.

2- Cochez chacune des sources d'impuissance qui correspond à cette personne, puis évaluez, par une note de 1 à 3, jusqu'à quel point cette source d'impuissance affectera cette personne dans le cadre de ce conflit.

Exemple : Thomas, président

SOURCES DE POUVOIR	1 à 10
A- Authorité formelle et légitimité	9

- ☐ Droit d'embauche et de congédiement
- ☐ Droit de donner des ordres
- ☐ Droit de récompenser et de punir
- ☑ Accès direct à des personnes qui ont du pouvoir
- ☑ Légitimité dû à son statut ou à sa réputation

| **B- Contrôle des ressources essentielles ou de l'information** .... | 10 |

- ☑ Contrôle d'un savoir spécialisé
- ☐ Contrôle de la technologie
- ☐ Contrôle de l'argent
- ☑ Contrôle de l'accès à certaines personnes
- ☑ Contrôle de l'accès à certaines zones de l'organisation
- ☑ Contrôle de l'accès aux clients
- ☑ Détention de données importantes
- ☑ Accès à des sources privilégiées d'information
- ☑ Être prêt
- ☑ Usage des symboles et de la culture organisationnelle

| **C- Usage des structures, des règles et des mécanismes de prise de décision** .... | 8 |

- ☐ Capacité de changer les structures
- ☑ Connaissance des règles
- ☑ Capacité d'utiliser les règles
- ☐ Capacité de changer les règles
- ☑ Direction ou animation des comités
- ☑ Voix au chapitre quant à la composition ou au fonctionnement des comités

SOURCES DE POUVOIR (suite)	1 à 10
D- Qualités personnelles	9

- ☑ Capacité de composer avec l'incertitude
- ☑ Facilité de communication
- ☑ Compréhension et usage de la culture organisationnelle
- ☑ Charme et charisme
- ☑ Prestige
- ☑ Énergie
- ☑ Pouvoir aquis
- ☐ Rien à perdre
- ☐ Possibilité de choix

| **E- Alliances et contrôle de réseaux** .... | 9 |

- ☑ Popularité et relations amicales au sein de l'organisation
- ☐ Influence sur des réseaux formels ou informels (groupes de femmes, de jeunes...)
- ☑ Possibilité de tout savoir sur tout le monde
- ☑ Amis puissants
- ☑ Contrôle des contre-organisations (syndicats)
- ☑ Poste dans le syndicat
- ☐ Usage de la rectitude politique

| **G- Sources d'impuissance** .... | 0 |

- ☐ Attribuer trop de pouvoir aux autres et ne pas reconnaître le sien
- ☐ Peur de perdre ses acquis
- ☐ Réticence à utiliser ses propres sources de pouvoir
- ☐ Désir d'être aimé de tous
- ☐ Manque d'énergie

TABLEAU 6.2

Grille de répartition du pouvoir

Utilisez cette grille pour comparer les niveaux de pouvoir de chaque personne en cause dans le conflit.

1- Dans la première colonne, inscrivez le nom de chacun des joueurs.

2- En vous référant à l'*Inventaire des sources de pouvoir*, reportez sur la ligne qui porte son nom les résultats enregistrés pour ce joueur en fonction de chaque catégorie.

3- Pour chaque joueur, faites le total de chaque ligne en omettant les sources d'impuissance, divisez ce total par 5 et inscrivez le résultat dans la colonne F.

4- De ce résultat soustrayez le nombre inscrit dans la colonne G (sources d'impuissance) et inscrivez la différence dans la colonne H.

Exemple : Tom, le président

Nom des joueurs	A Autorité formelle	B Ressources essentielles	C Usage des structures et des règles	D Qualités personnelles	E Alliances et réseaux	F Total des sources de pouvoir (A+B+C+D+E)÷5	G Sources d'impuissance	H Niveau de pouvoir total de F-G
Le président	9	10	8	9	9	9	0	9
Geneviève, membre du bureau	6	4	5	6	4	5	0	5
Négociateur en chef	6	3	3	8	5	5	1	4

Comparer son propre niveau de pouvoir avec celui des autres

Une fois que vous aurez identifié les sources de pouvoir auxquelles vous avez accès dans le cadre d'une situation donnée, et que vous aurez comparé votre niveau de pouvoir avec celui des autres joueurs, vous saurez mieux apprécier la situation, mieux l'évaluer, avec plus d'objectivité, et serez mieux outillé pour choisir quelle attitude adopter. Si votre niveau de pouvoir s'avère suffisamment élevé, vous pourriez choisir l'affrontement; sinon vous aurez peut-être intérêt à opter pour la fuite ou à repousser les échéances jusqu'à ce que vous ayez accumulé plus de pouvoir.

Souvenez-vous d'Anne, la conseillère syndicale qui a eu peur d'agir. Si Anne avait analysé la situation à l'aide de l'*Inventaire des sources de pouvoir* et si ensuite, en ayant recours à la *Grille de répartition du pouvoir*, elle avait comparé son niveau de pouvoir à celui de ses adversaires, elle aurait découvert que son rival avait un score de 9, mais que son propre score, 7, était bien plus élevé qu'elle ne l'aurait cru. Si la douleur n'avait pas embrouillé son jugement, elle aurait compris aussi que plusieurs des personnes présentes dans la salle de conférence avaient gardé le silence – probablement parce qu'elles n'étaient pas d'accord avec ce qui se passait. En analysant la situation en toute objectivité, elle aurait sans doute découvert qu'elle avait des amis dans la salle – et qu'elle pouvait compter sur ces relations positives pour augmenter son niveau de pouvoir.

Élaborer une stratégie pour augmenter son propre pouvoir

Nous verrons, dans le chapitre qui traite de la stratégie, que plus notre niveau de pouvoir est élevé plus vaste est notre choix de stratégies. L'inverse bien sûr est également vrai; ce qui, à première vue, peut s'avérer peu réjouissant, mais dites-vous bien que le simple fait d'être conscient de votre faible niveau de pouvoir constitue en soi un avantage. Vous pouvez utiliser ce savoir pour augmenter votre pouvoir ou (si le match est vraiment trop inégal) pour rendre les armes avant de vous faire écraser.

Le pouvoir est relatif, nous l'avons vu. C'est aussi un principe actif, apte à changer. Imaginons qu'un autre joueur dispose de plus d'information que vous; qu'est-ce qui vous empêche de chercher à améliorer vos propres canaux d'information ? Si vous découvrez que votre isolement vous affaiblit, qu'est-ce qui vous empêche de chercher à créer des alliances ?

> Hélène a tenté à plusieurs reprises de convaincre Samuel, son patron, de réduire la semaine de travail à quatre jours, au lieu de cinq, pendant les mois d'été. Depuis des années, les employés font cette demande – tout à fait raisonnable et facilement réalisable. Cette fois, Hélène est bien décidée à gagner son point. Après avoir mesuré leur niveau de pouvoir respectif, le sien et celui de Samuel, et les avoir comparés, elle en vient à la conclusion qu'elle souffre d'un léger désavantage. Elle sait qu'elle pourrait convaincre le VP du bien-fondé de sa demande, mais en court-circuitant Samuel elle risque de lui faire perdre la face et craint les représailles. Quoique, si elle arrivait à profiter d'un moment où Samuel n'est pas là... Là, ce serait autre chose... Elle décide donc d'attendre qu'il s'absente pour sa semaine annuelle de golf.
>
> Elle planifie sa stratégie avec soin, sollicitant une rencontre avec le VP en mars et élaborant un ordre du jour comportant plusieurs points, auxquels elle ajoute, après le départ de Samuel, la question de l'horaire d'été, comme s'il s'agissait d'un élément nouveau. Une idée qui d'ailleurs a tout de suite plu au VP.

Hélène a mobilisé avec succès les sources de pouvoir appropriées pour accroître son niveau de pouvoir. Face à un refus répété de la part de son supérieur, elle a attendu pour agir d'avoir accès à une personne disposant d'une plus grande autorité formelle et prête à acquiescer à sa demande. Elle s'est servie de l'information qu'elle avait quant aux dates de vacances de Samuel. Elle a aussi utilisé ses bonnes relations avec le VP.

Vous n'aurez peut-être pas toujours la possibilité de mobiliser vous sources de pouvoir et de hausser votre niveau d'influence au point de gagner la partie, mais vous ne devriez jamais vous avouer vaincu au départ. Prenez au moins le temps d'analyser la situation à l'aide de l'*Inventaire des sources de pouvoir* et de la *Grille de répartition du pouvoir.*

Élaborer une stratégie pour limiter le pouvoir de l'autre

Une fois que vous aurez identifié vos sources de pouvoir et celles des autres, vous serez à même d'évaluer s'il vous est possible d'abaisser le niveau de pouvoir de votre adversaire. Selon le cas, il pourrait s'agir de faire campagne contre sa réélection à la tête d'un important comité. Ou de préparer à l'avance des propositions pour contrer les siennes. Ou de travailler à modifier des normes qui sont à son avantage et qui vous desservent.

En choisissant de passer à l'action au moment où Samuel était en vacances, Hélène a diminué le pouvoir de celui-ci et augmenté le sien. Mais revenons à Anne qui, lorsque ses collègues l'ont accusée, a quitté son emploi sans demander son reste, et voyons comment quelqu'un d'autre aurait pu agir dans les mêmes circonstances.

> Après la réunion, Marion était dans un état de parfait ahurissement. Elle a sauté dans sa voiture et est rentrée à la maison. Puis, elle a calmé ses nerfs à vif en se plongeant dans un bain chaud pendant trois longues heures. Ensuite, elle a pleuré pendant quelques heures. Une fois qu'elle a eu retrouvé ses esprits, elle a téléphoné à Gertrude, la présidente du Comité féminin de la Fédération, et l'a invitée à dîner. Gertrude, après avoir entendu son histoire, était livide. Le comité se bat depuis des années pour que les femmes accèdent à des postes de négociateurs en chef. Que la première femme à accéder à ces fonctions se fasse ainsi rudoyer et déboulonner, la mettait hors d'elle-même. Elle a tout de suite téléphoné à chacune des membres du comité. Ensuite, elle a téléphoné au président de la Fédération et lui a demandé d'organiser pour le lendemain une réunion de tous les membres du conseil d'administration et de tous les conseillers syndicaux. Lors de cette rencontre, elle a annoncé que toutes les femmes du comité allaient participer à un *sit-in* devant les bureaux de la Fédération jusqu'à ce que des excuses soient faites. Pendant les mois qui ont suivi, Gertrude a maintenu sa surveillance s'assurant qu'il n'y ait aucunes représailles.

Contrairement à Anne, Marion a mobilisé ses propres sources de pouvoir en faisant appel à un puissant réseau. Elle a ainsi augmenté son pouvoir tout en confiant à son allié, beaucoup plus fort qu'elle, la tâche de mener le combat à sa place. Cette stratégie a eu pour effet de faire éclater les réseaux adverses et de diminuer ainsi leur niveau de pouvoir. Une fois les hostilités terminées, la popularité de Marion en avait pris un rude coup; c'est une perspective qu'il faut être prêt à envisager lorsqu'on veut rester maître du jeu dans une situation de conflit – mais est-ce que cela ne vaut pas mieux, et de loin, que de jouer la *carpette* et, en bout de course, perdre son boulot ?

Comment faire, me direz-vous, si l'urgence de la situation ne vous laisse pas le temps de dresser l'*Inventaire des sources de pouvoir* puis de remplir la *Grille de répartition du pouvoir* ? Ou encore si vous jugez que le conflit ne vaut pas qu'on lui consacre ce temps et cet effort ? Dans ce cas, je vous propose d'utiliser une autre grille intitulée *Estimation rapide des niveaux de pouvoir*, que vous trouverez à la fin de ce chapitre. Cet exercice s'avère particulièrement efficace lorsqu'un différend vous oppose à une autre personne et que vous devez rapidement éclaircir la situation ou prendre une décision. Votre analyse sera moins détaillée, mais elle vous aidera à évaluer si vous disposez de suffisamment de pouvoir pour faire face à votre adversaire, ou s'il serait plus sage, dans un premier temps, de consolider et augmenter votre propre pouvoir. C'est ce qu'illustre, au Tableau 6.3, l'exemple de Nicole qui dispose d'un peu moins de pouvoir que Jean-Claude. La jeune femme devra donc se découvrir de nouvelles sources de pouvoir si elle veut affronter son adversaire.

Quel que soit l'outil que vous utilisez, vous obtiendrez une vision plus juste du pouvoir dont vous disposez dans le cadre d'une situation donnée. Sans compter que, si vous avez bien retenu le contenu de ce chapitre, vous connaissez dorénavant la mécanique du pouvoir. À vous, maintenant que vous avez identifié, analysé et mesuré vos points forts et ceux de votre adversaire, de faire bon usage de ce savoir pour renforcer et mobiliser toutes vos sources potentielles de pouvoir.

TABLEAU 6.3

Estimation rapide des niveaux de pouvoir

1- Comparez chacune de vos sources de pouvoir à celles de votre adversaire dans le cadre précis du présent conflit. Référez-vous, au besoin, à l'*Inventaire des sources de pouvoir*.

2- Pour chaque source de pouvoir, choisissez le qualificatif qui correspond à votre niveau de pouvoir, puis celui qui correspond au niveau de pouvoir de votre adversaire, et encerclez les chiffres correspondants.

3- Faites le sous-total des résultats pour chaque colonne, puis le total de vos résultats et ensuite le total des résultats de votre adversaire pour savoir qui de vous ou de votre adversaire a le plus de pouvoir dans le cadre de la présente situation.

Exemple : Nicole

	Moi et mes alliés			Mon adversaire et ses alliés		
	Plus	Égal	Moins	Plus	Égal	Moins
Authorité formelle	3	(2)	1	3	(2)	1
Contrôle des ressources	3	2	(1)	(3)	2	1
Usage des structures	3	2	(1)	(3)	2	1
Qualités personnelles	(3)	2	1	3	2	(1)
Alliances	3	(2)	1	3	(2)	1
Peur	(1)	2	3	1	2	(3)
Besoin d'être aimé à tout prix	1	(2)	3	1	(2)	3
Manque d'énergie	(1)	2	3	1	2	(3)
SOUS-TOTAL	5	6	2	6	6	7
TOTAL	11			19		

Si votre total est supérieur à celui de votre adversaire, vous êtes en bonne position pour protéger ou défendre vos propres intérêts. Si votre résultat est inférieur à celui de votre adversaire, vous êtes est position de vulnérabilité en cas d'attaque.

SYNTHÈSE DU CHAPITRE 6

Maintenant que vous avez lu et assimilé le contenu de ce chapitre, servez-vous de vos nouvelles connaissances pour maximiser VOTRE pouvoir.

1- *Laissez tomber les idées toutes faites que vous pouviez avoir sur le pouvoir. Souvenez-vous : tout le monde peut exercer un pouvoir, vous, vos collègues, votre patron. Ne dédaignez pas votre pouvoir, n'ayez pas peur de vous en servir. Il n'y a pas plus de mal à exercer son pouvoir qu'il n'y en a à respirer. Exercez-vous à visualiser le pouvoir comme un levier qui vous permet de promouvoir et de défendre vos intérêts, vos valeurs et vos besoins ainsi que les intérêts, les valeurs et les besoins de ceux et celles qui comptent sur vous.*

2- *Observez votre milieu de travail en vous servant de l'Inventaire des sources de pouvoir pour identifier vos propres sources de pouvoir. Dans un premier temps, faites la liste des sources de pouvoir sur lesquelles vous pouvez actuellement compter. Puis faites la liste de celles que vous pourriez acquérir. Imaginons, par exemple, que votre but soit de devenir membre d'un important comité. Si vous connaissez un collègue réputé pour ses bonnes idées, invitez-le au resto et demandez-lui des suggestions. Si vous êtes isolé, faites-vous des amis – ce n'est pas de la manipulation ! Il s'agit simplement de vous assurer que vous faites vraiment partie du jeu.*

3- *Servez-vous de l'Inventaire des sources de pouvoir pour identifier aussi vos sources d'impuissance, puis tenter de les désamorcer. Avez-vous peur de perdre ? Si oui, apprenez à prendre des risques : repérez des situations qui vous effraient moins que d'autres et exercez-vous à y faire face. Avez-vous besoin que tout le monde vous aime ? Si tel est le cas, vous n'atteindrez jamai vos objectifs ! Nous avons tous besoin de pouvoir compter sur de solides amitiés; mais nous n'avons absolument pas besoin d'être ami avec tout le monde.*

4- *Faites le tri parmi les personnes qui vous entourent. Dressez une liste de toutes les personnes avec qui vous travaillez. Identifiez celles dont vous tenez à conserver l'amitié et le respect; puis celles à qui vous essayez toujours de faire plaisir mais qui n'ont rien à faire de vous; et enfin celles qui ne comptent pas pour vous. Une fois que vous savez à qui vous devez plaire et de qui vous n'avez pas à vous soucier, agissez en conséquence; vous économiserez temps et énergie. Le manque d'énergie constitue en effet pour plusieurs personnes une source d'impuissance tout aussi pernicieuse que la peur. Assurez-vous de toujours maintenir un bon niveau d'énergie; vous conserverez ainsi une longueur d'avance sur toutes ces personnes qui entrent au bureau le matin déjà épuisées. Si vous prévoyez une rencontre importante, couchez-vous tôt la veille. Dans un déjeuner d'affaires, mangez légèrement et ne buvez pas. Maintenez la forme.*

5- *Utilisez l'Inventaire des sources de pouvoir pour identifier et analyser les sources de pouvoir et d'impuissance des autres joueurs. Maintenez à jour votre Inventaire ainsi que votre Grille de répartition du pouvoir. Assurez-vous que vous ne perdez pas de pouvoir, notez vos progrès. Peu importe alors le moment où se manifesteront les premiers signes d'un conflit, vous saurez exactement où vous vous situez et serez prêt à prendre les mesures nécessaires (le prochain chapitre aborde la question des stratégies). Voilà comment on se sert du pouvoir pour rester maître du jeu en situation de conflit.*

POUR PROTÉGER VOTRE SANTÉ MENTALE

En milieu de travail, impuissance est synonyme de détresse. Il n'y a rien de pire que de prendre conscience d'un problème et de ne rien pouvoir y faire. Ou d'avoir le sentiment d'avoir été traité injustement et de ne pouvoir rien changer à la situation. L'impuissance mène tout droit au déséquilibre mental. Mais êtes-vous réellement aussi peu puissant que vous le croyez ? Avez-vous bien mesuré le pouvoir dont vous disposez au sein de votre service ou de votre équipe (en vous servant des outils qui vous sont fournis dans ce chapitre) ? Alors, êtes-vous toujours convaincu que vous n'avez aucun pouvoir ? Si vous disposez de peu de pouvoir, tirez-en tout de même le maximum. Développez des stratégies défensives, faites-vous ami avec des personnes qui, elles, disposent de plus de pouvoir, soyez patient et pratiquez l'évitement quand les circonstances s'y prêtent. On peu très bien avoir peu de pouvoir, sans pour autant se sentir impuissant.

N'oubliez jamais que la plus importante source de pouvoir, c'est de n'avoir rien à perdre.

EXERCICE 6.1

Inventaire des sources de pouvoir

Cet inventaire sert à mesurer les différentes sources de pouvoir d'un joueur.

Remplissez une grille pour chaque joueur :

1- Cochez chaque source de pouvoir dont dispose la personne et attribuez-lui une note (de 1 à 10) en fonction du présent conflit.

2- Cochez chacune des sources d'impuissance qui correspond à cette personne, puis évaluez, par une note de 1 à 3, jusqu'à quel point cette source d'impuissance affectera cette personne dans le cadre de ce conflit.

SOURCES DE POUVOIR	1 à 10

A- Authorité formelle et légitimité ....

- ❑ Droit d'embauche et de congédiement
- ❑ Droit de donner des ordres
- ❑ Droit de récompenser et de punir
- ❑ Accès direct à des personnes qui ont du pouvoir
- ❑ Légitimité dû à son statut ou à sa réputation

B- Contrôle des ressources essentielles ou de l'information ....

- ❑ Contrôle d'un savoir spécialisé
- ❑ Contrôle de la technologie
- ❑ Contrôle de l'argent
- ❑ Contrôle de l'accès à certaines personnes
- ❑ Contrôle de l'accès à certaines zones de l'organisation
- ❑ Contrôle de l'accès aux clients
- ❑ Détention de données importantes
- ❑ Accès à des sources privilégiées d'information
- ❑ Être prêt
- ❑ Usage des symboles et de la culture organisationnelle

C- Usage des structures, des règles et des mécanismes de prise de décision ....

- ❑ Capacité de changer les structures
- ❑ Connaissance des règles
- ❑ Capacité d'utiliser les règles
- ❑ Capacité de changer les règles
- ❑ Direction ou animation des comités
- ❑ Voix au chapitre quant à la composition ou au fonctionnement des comités

SOURCES DE POUVOIR (suite)	1 à 10

D- Qualités personnelles .....

- ❑ Capacité de composer avec l'incertitude
- ❑ Facilité de communication
- ❑ Compréhension et usage de la culture organisationnelle
- ❑ Charme et charisme
- ❑ Prestige
- ❑ Énergie
- ❑ Pouvoir aquis
- ❑ Rien à perdre
- ❑ Possibilité de choix

E- Alliances et contrôle de réseaux ....

- ❑ Popularité et relations amicales au sein de l'organisation
- ❑ Influence sur des réseaux formels ou informels (groupes de femmes, de jeunes...)
- ❑ Possibilité de tout savoir sur tout le monde
- ❑ Amis puissants
- ❑ Contrôle des contre-organisations (syndicats)
- ❑ Poste dans le syndicat
- ❑ Usage de la rectitude politique

G- Sources d'impuissance ....

- ❑ Attribuer trop de pouvoir aux autres et ne pas reconnaître le sien
- ❑ Peur de perdre ses acquis
- ❑ Réticence à utiliser ses propres sources de pouvoir
- ❑ Désir d'être aimé de tous
- ❑ Manque d'énergie

EXERCICE 6.2

Grille de répartition du pouvoir

Utilisez cette grille pour comparer les niveaux de pouvoir de chaque personne en cause dans le conflit.

1- Dans la première colonne, inscrivez le nom de chacun des joueurs.

2- En vous référant à l'*Inventaire des sources de pouvoir*, reportez sur la ligne qui porte son nom les résultats enregistrés pour ce joueur en fonction de chaque catégorie.

3- Pour chaque joueur, faites le total de chaque ligne en omettant les sources d'impuissance, divisez ce total par 5 et inscrivez le résultat dans la colonne F.

4- De ce résultat, soustrayez le nombre inscrit dans la colonne G (sources d'impuissance) et inscrivez la différence dans la colonne H.

Nom des joueurs	A Autorité formelle	B Ressources essentielles	C Usage des structures et des règles	D Qualités personnelles	E Alliances et réseaux	F Total des sources de pouvoir (A+B+C+D +E) – 5	G Sources d'impuissance	H Niveau de pouvoir total de F – G

EXERCICE 6.3

Estimation rapide des niveaux de pouvoir

1- Comparez chacune de vos sources de pouvoir à celles de votre adversaire dans le cadre précis du présent conflit. Référez-vous, au besoin, à l'*Inventaire des sources de pouvoir*.

2- Pour chaque source de pouvoir, choisissez le qualificatif qui correspond à votre niveau de pouvoir, puis celui qui correspond au niveau de pouvoir de votre adversaire, et encerclez les chiffres correspondants.

3- Faites le sous-total des résultats pour chaque colonne, puis le total de vos résultats et ensuite le total des résultats de votre adversaire pour savoir qui de vous ou de votre adversaire a le plus de pouvoir dans le cadre de la présente situation.

	Moi et mes alliés			Mon adversaire et ses alliés		
	Plus	Égal	Moins	Plus	Égal	Moins
Authorité formelle	3	2	1	3	2	1
Contrôle des ressources	3	2	1	3	2	1
Usage des structures	3	2	1	3	2	1
Qualités personnelles	3	2	1	3	2	1
Alliances	3	2	1	3	2	1
Peur	1	2	3	1	2	3
Besoin d'être aimé à tout prix	1	2	3	1	2	3
Manque d'énergie	1	2	3	1	2	3
SOUS-TOTAL						
TOTAL						

Si votre total est supérieur à celui de votre adversaire, vous êtes en bonne position pour protéger ou défendre vos propres intérêts. Si votre résultat est inférieur à celui de votre adversaire, vous êtes est position de vulnérabilité en cas d'attaque.

CHAPITRE 7

RASSEMBLEZ TOUTES LES PIÈCES
DU CASSE-TÊTE GRÂCE AU CLIP-C

Fraîchement diplômée de l'école de commerce, Hélène décroche un emploi chez un manufacturier de chaussures pour dames. Pendant les premiers mois, elle se concentre essentiellement sur son travail. Ses employés ne se montrent pas particulièrement aimables envers elle mais le temps, se dit-elle, arrangera les choses. Suzanne, par exemple, se permet de fréquentes remarques sur ses façons de faire. Ne sachant trop comment réagir, Hélène tente de rencontrer Alfred, son propre patron, pour en discuter avec lui mais celui-ci l'évite. Dans un effort pour se rapprocher de ses employés, elle décide un midi de manger avec eux. Dès qu'elle met le pied dans la cuisinette, tout le monde se tait. Puis, au moment où elle essaie d'entamer la conversation avec son voisin de table, Suzanne fait son apparition, tapotant les épaules des uns et des autres et s'informant de leur santé. Aussitôt la pièce s'emplit d'un joyeux babillage.

À ce stade, Hélène sait encore peu de choses à propos de son milieu de travail. Par exemple, elle ignore que Suzanne convoite depuis des années le poste qu'elle a obtenu. Elle ne sait pas encore non plus que les employés adorent Suzanne et que le diplôme universitaire est une exigence toute récente pour l'obtention d'un poste de direction dans l'entreprise. Enfin, Hélène n'est pas consciente de l'impression de snobisme et d'indifférence qu'elle dégage auprès de ses employés. Si, au lieu de se concentrer essentiellement sur son travail, elle avait accordé un peu plus d'attention à ce qui se passait autour d'elle, sans doute Hélène se serait-elle rendu compte plus tôt qu'elle se trouvait dans une position délicate – et cela sous plusieurs aspects. Sans doute aussi aurait-elle trouvé le moyen de manœuvrer dans cette situation.

Comme nous l'avons vu dans les chapitres précédents, un conflit a généralement plus d'une cause. Divergences d'intérêts, chocs des cultures et guerres de pouvoir se combinent pour créer et aggraver les situations conflictuelles. Tant que nous restons coincés dans notre vision des choses ou submergés par nos propres émotions, nous ne voyons pas ce qui se passe autour de nous – ou, si nous le voyons, nous ne savons pas l'interpréter. Hélène s'est concentrée sur son travail sans se rendre compte que tout s'effondrait autour d'elle.

Comment arriver à faire une bonne lecture de toutes les facteurs qui affectent simultanément votre milieu de travail, et qui interagissent sans cesse les uns avec les autres ? On parvient sans trop de difficulté à évaluer l'impact de la culture, ou du pouvoir, dans un conflit; mais comment rassembler toutes ces observations pour en faire un tout ? Il est pratiquement impossible de décider comment nous allons aborder la résolution d'un conflit si nous ne disposons pas d'abord d'une vue d'ensemble de la situation.

Vous apprendrez, dans ce chapitre, à rassembler toutes les pièces du puzzle pour en tirer une image cohérente. Une fois en possession de cette vue d'ensemble, il vous sera beaucoup plus facile de décider où vous devez intervenir et en fonction de quelle stratégie. Tout au long de ce chapitre, nous aurons recours à l'exemple d'Hélène pour illustrer et expliquer comment scénariser un CLIP-C (Circuit des Liens InterPersonnels Combiné), ce précieux outil qui vous permettra de visualiser simultanément toutes les données qui jouent un rôle dans la situation de conflit que vous vivez.

Une fois votre CLIP-C complété, vous vous exercerez à l'interpréter, puis à synthétiser les principaux renseignements que vous en avez tirés.

COMMENT RÉALISER VOTRE CLIP-C

Au point où vous en êtes dans la lecture de ce livre, vous disposez maintenant de tous les concepts dont vous avez besoin pour créer un CLIP-C ou, en d'autres mots, pour dessiner la configuration générale d'un conflit en particulier. Voici comment procéder :

1- Inscrivez le nom de tous les joueurs concernés – non seulement ceux qui ont une part active dans le conflit mais aussi tous ceux qui y contribuent ou ont pu y contribuer de manière indirecte. Tracez autour de chaque nom un cercle suffisamment grand pour y inscrire le rôle que joue cette personne dans l'organisation et le style de traitement de conflit qui la caractérise.

SCHÉMA 7.1
CLIP-C – Étape 1

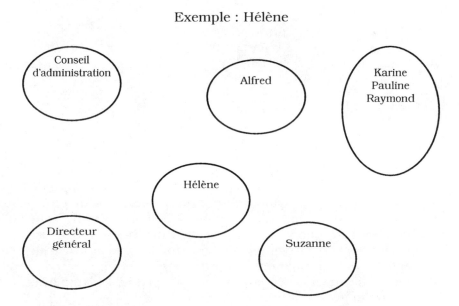

Exemple : Hélène

J'ai choisi de regrouper les noms de Karine, Pauline et Raymond, trois employés qui font partie de l'équipe d'Hélène et qui sont aussi des amis de Suzanne, parce qu'ils jouent tous un rôle similaire dans ce conflit. J'ai également ajouté le conseil d'administration et le directeur général qui interviennent indirectement dans ce conflit. Nous verrons plus loin comment.

2- Inscrivez à l'intérieur de chaque cercle le titre ou la fonction du joueur et le style qui le caractérise.

SCHÉMA 7.2

CLIP-C – Étape 2

Exemple : Hélène

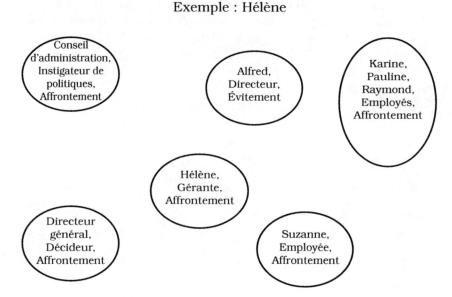

Le CLIP-C d'Hélène permet déjà de constater que la grande majorité des joueurs en présence dans ce conflit ont opté pour l'affrontement. Il y a à peine deux ans, ils se seraient plutôt affichés partisans de la collaboration, y compris Alfred. Nous verrons plus loin, quand il sera question des valeurs, que des changements sont survenus récemment dans la culture de l'entreprise, et nous analyserons leurs répercussions sur les comportements de chacun. En fait, à l'heure actuelle, les employés sont en conflit avec leur administration.

3- Illustrez par des flèches à une ou deux pointes, comme vous l'avez fait dans votre CLIP, les relations qui existent entre les différents joueurs. Une ligne continue représente une relation positive; une ligne pointillée, une relation négative. Plus la ligne est épaisse plus la relation, qu'elle soit négative ou positive, est importante. Une absence de ligne signifie qu'il n'existe aucune relation entre les personnes.

SCHÉMA 7.3

CLIP-C – Étape 3

Exemple : Hélène

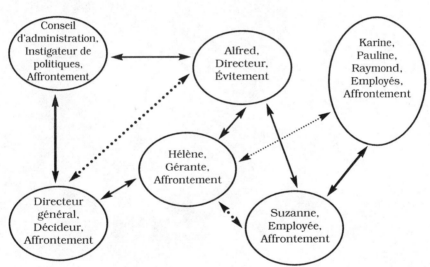

Il apparaît maintenant clairement, à la lecture du CLIP-C d'Hélène, que son conflit avec Suzanne est alimenté par un autre conflit beaucoup plus important entre, d'un côté, la nouvelle administration (personnifiée par Hélène) et le directeur général et, de l'autre, Alfred et l'ensemble des employés.

4- Inscrivez, dans un carré relié à leur cercle, les intérêts fondamentaux de chaque joueur ou groupe de joueurs.

SCHÉMA 7.4

CLIP-C – Étape 4

Exemple : Hélène

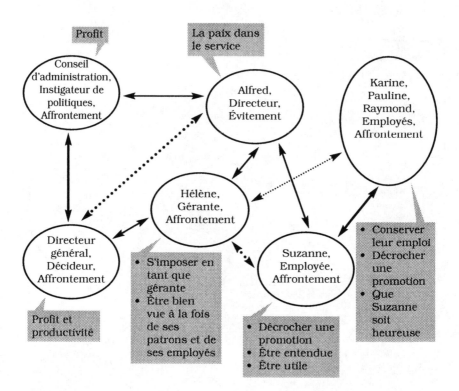

À ce stade, ce qu'il importe pour vous, c'est de noter ce qui vous paraît être les intérêts les plus importants pour chacun.

5- Inscrivez le niveau de pouvoir qui correspond à chaque joueur ou groupe de joueurs. Pour cela, consultez l'*Inventaire des sources de pouvoir* que vous avez rempli au chapitre précédent.

SCHÉMA 7.5

CLIP-C – Étape 5

Exemple : Hélène

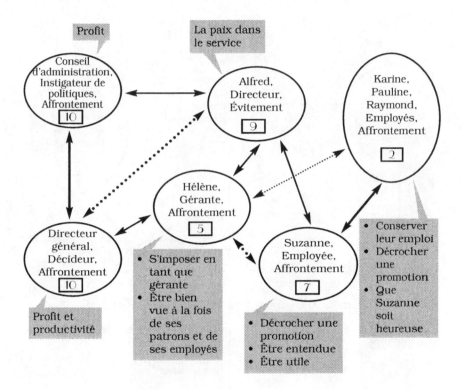

À cette étape, le CLIP-C nous apprend que Suzanne dispose de plus de pouvoir qu'Hélène, sa patronne. C'est une donnée fondamentale dont il faudra tenir compte dans nos interprétations futures.

6- Dressez la liste des principales valeurs en jeu. Vous pouvez regrouper ces valeurs (comme je l'ai fait ici) ou faire une liste pour chaque joueur.

SCHÉMA 7.6

CLIP-C – Étape 6

Exemple : Hélène

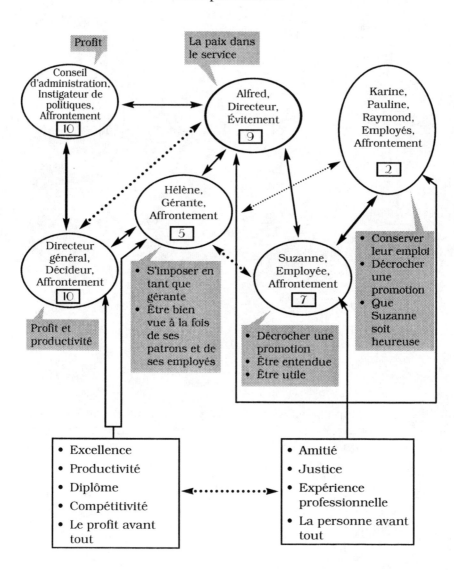

J'ai choisi de grouper les valeurs en deux blocs. Le premier est relié au directeur général et à Hélène; le second, à Alfred, à Suzanne et aux autres employés. De cette manière, je mets en évidence que, sur la base de leurs valeurs, l'ensemble des joueurs se divise en deux clans. En d'autres circonstances, on se contentera de dresser une liste individuelle pour chaque joueur.

COMMENT INTERPRÉTER VOTRE CLIP-C

Une fois votre CLIP-C complété, il vous reste à en traiter le contenu en fonction du contexte. Pour y arriver, vous avez à votre disposition le *Guide d'interprétation du CLIP-C* (Tableau 7.1). Voici comment vous en servir. Dans un premier temps, notez par écrit vos observations à propos de chaque type de données (style, pouvoir, etc.). Ensuite précisez quels sont les liens que vous avez remarqués entre ce type de données et les autres (par ex. : entre style et pouvoir; entre fonction et valeur, etc.). Enfin, ajoutez vos commentaires qui viendront enrichir votre analyse de la situation.

TABLEAU 7.1

Guide d'interprétation du CLIP-C

Exemple : Hélène

Type de données	Observations	Liens avec les autres types de données	Commentaires
Le style	Suzanne et moi sommes toutes les deux portées à avoir recours à l'affrontement.	Bien que je sois sa patronne (5), Suzanne (7) a plus de pouvoir que moi.	Notre style commun contribue à l'escalade du conflit.

Type de données	Observations	Liens avec les autres types de données	Commentaires
	Alfred privilégie plutôt la collaboration, mais dans ce monde où règne la compétitivité, il en est venu, avec le temps, à opter pour l'évitement.	Alfred dispose de suffisamment de pouvoir (9) et de relations pour agir dans ce conflit.	Le style d'Alfred contribue à l'escalade du conflit.
	Le directeur général est lui aussi porté à l'affrontement.	Le directeur général est le joueur le plus puissant (10). Il s'est servi de son pouvoir pour changer la culture de l'entreprise.	Le directeur général a agi en autocrate pour changer la culture de l'entreprise. Cette donnée joue un rôle primordial dans le présent conflit.
Les intérêts	Suzanne était elle-même candidate au poste que j'ai obtenu.	Le changement de culture a entraîné des modifications dans les critères d'embauche.	L'attitude de Suzanne est en partie due à ce conflit d'intérêts.
	En fin de compte, tous les employés ont des intérêts en jeu dans ce conflit.		La nouvelle politique quant aux critères d'embauche a pour conséquence que personne n'aura droit à une promotion à moins de retourner sur les bancs de l'école.

Type de données	Observations	Liens avec les autres types de données	Commentaires
	Alfred a tout intérêt à maintenir la paix dans le service.		Alfred se trouve devant un dilemme : s'il opte pour l'évitement c'est parce qu'il veut la paix, mais pour obtenir la paix il faudrait qu'il intervienne.
	L'organisation a intérêt à ce que le rythme de croissance des profits et de la productivité soit maintenu.		Autre dilemme : comment obtenir que les employés contribuent à la productivité sans leur fournir un minimum de satisfaction.
La structure informelle	Ma relation avec Suzanne est négative.		Je pense que notre conflit résulte du choc de deux visions du monde. La situation nous dépasse.
	Suzanne entretient plusieurs relations positives à l'intérieur de mon service.	Suzanne peut se servir de ces relations positives comme source de pouvoir pour miner mon autorité.	Mon hostilité envers Suzanne est en grande partie due à ce pouvoir qu'elle a. Je crains son influence.

Type de données	Observations	Liens avec les autres types de données	Commentaires
	Suzanne et moi avons toutes les deux une bonne relation avec Alfred.	Alfred dispose de suffisamment de pouvoir pour intervenir.	Alfred est en bonne position pour intervenir.
	Alfred et le directeur général ont une relation négative.	Le directeur général est le joueur le plus puissant. Alfred et lui ne partagent pas la même vision du monde.	Tout cela entrave l'action d'Alfred et sème la pagaille dans le service.
	J'ai une bonne relation avec le directeur général.	Cette relation pourrait me donner suffisamment de pouvoir pour briser Suzanne. Je pourrais demander au directeur général d'intervenir.	Cette alliance pourrait miner mes relations avec mes employés. Si je demande au directeur général d'intervenir, j'aurai l'air d'une bonne à rien.
	Alfred et le directeur général ont tous les deux de bonnes relations avec les membres du conseil.	C'est de cette source qu'Alfred tire une grande partie de son pouvoir. Le directeur général a déjà tenté de le congédier mais n'y est pas parvenu.	Il faut qu'Alfred abandonne l'évitement s'il veut maintenir ses bonnes relations avec le conseil.

Type de données	Observations	Liens avec les autres types de données	Commentaires
La culture	Deux cultures s'affrontent. D'un côté, une culture qui privilégie les relations chaleureuses et l'entraide, et qui accorde la première place à la personne; de l'autre, une culture régie par le profit et qui fonctionne à coups de règlements.	Les relations négatives entre le directeur général et Alfred, et entre Suzanne et moi découlent directement du choc des cultures que vit l'entreprise depuis peu. Ce changement de culture est dû au pouvoir exercé par une seule personne, et non à une évolution basée sur le temps et la négociation.	Je ne sais pas si on peut envisager un changement sur ce plan. Le directeur général a une personnalité inflexible. Il a derrière lui tout le conseil qui voit d'un bon œil les nouvelles pratiques qu'il veut mettre en place. Le conseil privilégie les profits et la productivité. Il voit en ce directeur général l'homme de la situation.
Le pouvoir	Bien que je sois sa supérieure hiérarchique, Suzanne dispose de plus de pouvoir que moi.	Nous avons toutes les deux recours à l'affrontement.	Je ne peux pas gagner en jouant la carte de l'affrontement. Même en faisant intervenir le directeur général, je ne viendrais pas à bout de l'hostilité que les employés ont développé envers moi.

Type de données	Observations	Liens avec les autres types de données	Commentaires
	Alfred dispose de plus de pouvoir que moi et que Suzanne.	Il a de bonnes relations avec l'une et l'autre.	Son niveau de pouvoir et les bonnes relations qu'il entretient avec nous font de lui la personne qui doit intervenir.
	Le directeur général est le joueur le plus puissant.	C'est un esprit combatif et ses valeurs lui permettent de l'être. Il se fout éperdument qu'on le déteste.	Il n'a aucun intérêt à changer d'attitude.
	Les employés dans leur ensemble sont afffectés par une importante source d'impuissance. Ils ont peur que l'entreprise ferme ses portes s'ils ne se conforment pas à sa nouvelle culture.	Cette peur les paralyse. Ils sont impuissants et laissent ainsi le champ libre au directeur général.	Ils alimentent le pouvoir du directeur général.

L'analyse du CLIP-C d'Hélène révèle que le conflit auquel celle-ci doit faire face prend sa source dans un autre conflit beaucoup plus important. Elle démontre que la culture de l'entreprise a subi de profonds changements à la suite du choix de ses dirigeants de prioriser la maximisation des profits. Cette nouvelle combinaison de valeurs, d'intérêts et de pouvoirs menace l'équilibre de chaque personne à l'intérieur de l'organisation. Habitués jusque-là à vivre dans une atmosphère d'entraide et à travailler en collaboration, les employés manifestent maintenant des signes d'anxiété et d'agressivité.

Autre dimension importante mise en lumière par cette analyse : bien qu'elle se situe au-dessus d'elle dans la structure formelle de l'entreprise, Hélène dispose de moins de pouvoir que Suzanne. Elle devra en tenir compte lorsque viendra le moment de choisir les mesures à prendre pour résoudre le conflit. Le CLIP-C montre aussi que le conflit qui oppose Hélène à Suzanne s'étend maintenant aux relations d'Hélène avec ses autres employés. Si celle-ci ne vient pas à bout rapidement de cette situation, ses jours dans l'organisation pourraient être comptés.

Comme vous êtes maintenant à même de le constater, la réalisation et l'interprétation d'un CLIP-C fournissent une manne d'information. Comment ensuite aborder la résolution de tant de problèmes ? Tout simplement en mettant l'accent sur les problèmes qui vous paraissent les plus importants, cette fois à l'aide de l'exercice intitulé *Synthèse du CLIP-C*.

Comment faire la *Synthèse du CLIP-C*

Maintenant que vous avez analysé les différents types de données qui émergent du CLIP-C, vous allez faire la synthèse de ce qui apparaît à vos yeux comme les problèmes les plus importants, c'est-à-dire ceux dont la résolution ferait progresser la situation de manière significative.

1- Dressez une liste des problèmes qui vous paraissent les plus importants.

2- Évaluez votre capacité à les résoudre, partiellement ou entièrement. Si vous êtes le directeur général d'une organisation, votre capacité à résoudre un problème ne sera pas la même que si vous en êtes une des assistantes administratives.

3- Évaluez l'urgence de chaque problème. Par exemple, tel problème qui peut s'avérer moins important qu'un autre, n'est-il pas par contre plus urgent ? Êtes-vous en mesure de répondre à ces urgences ?

Le Tableau 7.2 reproduit la *Synthèse du CLIP-C* d'Hélène.

TABLEAU 7.2

Synthèse du CLIP-C

1- Relisez attentivement l'interprétation que vous avez faite de votre CLIP-C, choisissez les trois problèmes qui vous paraissent les plus importants, inscrivez-les dans la première colonne et faites-en une brève description.

2- Dans la deuxième colonne, notez ce qui, selon vous, justifie que vous considériez ce problème comme un des plus importants.

3- Dans la troisième colonne, indiquez si, selon vous, ce problème peut être résolu et pourquoi.

4- Dans la dernière colonne, évaluez l'urgence qu'il y a à résoudre ce problème.

5- Enfin, relisez ce que vous avez noté et choisissez le problème auquel vous aimeriez vous attaquer en premier lieu. Notez ce problème sur la ligne du bas.

Exemple : Hélène

Le problème	Son importance	Votre capacité à le résoudre	Son urgence
Le choc des cultures Cette organisation fait face actuellement à un important choc des cultures. Je représente aux yeux des employés que je supervise des valeurs qu'ils rejettent. Le problème me dépasse.	C'est un problème extrêmement important. Ce changement de culture a transformé un milieu de travail agréable en un lieu misérable.	Je doute que ce problème puisse être résolu. L'administration a la ferme intention de maintenir le cap dans la direction choisie et les employés n'y peuvent rien parce que le contexte économique actuel les rend impuissants.	Il n'est pas en mon pouvoir de changer les valeurs de la direction. Toutefois, je pourrais faire preuve de plus de compassion et me montrer plus attentive de manière à traiter mes employés comme ils ont été habitués de l'être.

Le problème	Son importance	Votre capacité à le résoudre	Son urgence
La relation négative entre Suzanne et moi Ce problème revêt une grande importance tant pour elle que pour moi. Je n'arriverai à rien si Suzanne continue de saboter mon travail. Je sais maintenant qu'elle a plus de pouvoir que moi. Cette situation m'empêche d'exercer mon autorité comme je le devrais.	Il s'agit d'un problème très important. Si je n'arrive pas à le résoudre, je perdrais sans doute mon emploi. Mais Suzanne aussi pourrais avoir à en assumer le prix Cette entreprise est devenue sans pitié. Suzanne pourrait, elle aussi, s'avérer facilement remplaçable.	Je crois que ce problème peut être résolu. Il ne s'agit pas ici d'une relation tirée au couteau. Au début, Suzanne s'est montrée coopérative avec moi. Je n'ai rien à gagner à continuer à me battre contre elle.	Je sens que ça urge ! Si rien n'est fait, la situation va s'aggraver. Suzanne enrôle peu à peu les autres employés. Quand ils décideront de passer à l'attaque tous ensemble, je perdrai ou la raison ou mon emploi, ou les deux.
L'attitude d'Alfred qui se défile C'est un problème important. Comme il est notre patron, ce serait normalement à lui de nous aider à sortir de cette impasse. Il a une relation positive avec Suzanne et avec moi et nous avons toutes les deux confiance en lui. Il serait la meilleure personne pour intervenir.	C'est probablement le problème le plus important. Il arrive souvent que des conflits naissent entre collègues. Ce devrait être à leur directeur ou aux autres en personnes position d'autorité de les aider à résoudre leurs conflits.	Je crois que ce problème peut être résolu. Si je mets beaucoup d'efforts à attirer son attention sur ce problème, je pourrais peut-être le convaincre de m'aider.	Je considère que ce problème est très urgent pour les raisons mentionnées plus haut.

La synthèse d'Hélène fait ressortir des renseignements importants dont elle devra tenir compte dans toute action qu'elle entreprendra. Bien qu'il ne lui sera sans doute pas possible d'aplanir le choc des cultures que vit actuellement son organisation, elle peut elle-même se montrer plus empathique, plus attentionnée et plus coopérative. Elle devra donc commencer par changer son propre comportement. Elle réalise aussi qu'elle devra faire intervenir son patron, Alfred, si elle veut obtenir des résultats à long terme. Enfin, elle comprend que, quelle que soit la stratégie choisie, elle devra tenir compte du fait que Suzanne dispose de plus de pouvoir qu'elle n'en a elle-même.

Le CLIP-C vous aide à considérer la situation dans toute sa complexité et à l'explorer dans toutes ses ramifications. Le *Guide d'interprétation du CLIP-C* vous permet de donner un sens à toute cette information. La *Synthèse du CLIP-C* réorganise l'information pour vous permettre de passer à l'action.

SYNTHÈSE DU CHAPITRE 7

Maintenant que vous avez lu et assimilé le contenu de ce chapitre, il vous est possible d'interpréter n'importe quelle situation de conflit.

1- *La réalisation du CLIP-C vous permettra de réunir toutes les pièces du casse-tête, de faire un tout avec l'ensemble de l'information que vous avez recueillie à propos du conflit. Le CLIP-C fera apparaître : quels sont les joueurs en présence; à quels réseaux ils appartiennent; leurs intérêts en jeu dans ce conflit; les sources de pouvoir dont ils disposent et leur niveau de pouvoir. Il fera également ressortir les divergences qui les affectent quant à leurs valeurs et à leur vision du monde.*

2- *Le CLIP-C vous permettra aussi de voir quelle position vous occupez vous-même dans ce conflit et d'évaluer le rôle que vous y jouez.*

3- *Une fois votre CLIP-C complété, vous en ferez l'interprétation. En vous servant du* Guide d'interprétation du CLIP-C, *vous repérerez les liens qui existent entre les différents types de données répertoriées dans le CLIP-C et vous découvrirez en quoi celles-ci alimentent le conflit.*

4- *Votre interprétation des multiples facettes du conflit vous amè-*
   nera ensuite à identifier les problèmes les plus importants et
   ceux qui doivent être résolus en priorité. Cet exercice se fera à
   l'aide de la grille intitulée Synthèse du CLIP-C.

POUR PROTÉGER VOTRE SANTÉ MENTALE

Grâce au CLIP-C, vous disposez maintenant d'une image complète de la situation. Si vous avez bien fait cet exercice, vous savez exactement quelle est votre position dans votre organisation. Les conflits sont souvent dus à des divergences d'intérêts, de valeurs ou de comportements; pour faire changer les choses il faut disposer d'une certaine dose de pouvoir. Si vous constatez qu'un gouffre vous sépare de vos collègues et de votre organisation, votre meilleure stratégie pour préserver votre santé mentale sera peut-être tout simplement de partir. Par contre, si malgré certains malaises vous vous sentez plutôt bien dans votre milieu de travail, dans ce cas quelques changements mineurs suffiront peut-être pour que vous vous y sentiez parfaitement à l'aise et en sécurité. Mais n'oubliez pas, plus vos valeurs, vos intérêts, votre culture diffèrent de ceux de votre milieu plus vous aurez d'efforts à faire pour vous ajuster et pour qu'on vous y apprécie.

EXERCICE 7.1

Votre CLIP-C

1- Inscrivez le nom de tous les joueurs concernés par ce conflit – non seulement ceux qui y ont une part active mais aussi tous ceux qui y contribuent, ou ont pu y contribuer de manière indirecte. Tracez autour de chaque nom un grand cercle.

2- Inscrivez à l'intérieur de chaque cercle le titre ou la fonction du joueur et le style qui le caractérise.

3- Illustrez par des flèches à une ou deux pointes, comme vous l'avez fait dans votre CLIP, les relations qui existent entre les différents joueurs. Une ligne continue représente une relation positive; une ligne pointillée, une relation négative. Plus la ligne est épaisse plus la relation, qu'elle soit négative ou positive, est importante. Une absence de ligne signifie qu'il n'existe aucune relation entre les personnes.

4- Inscrivez, dans un carré relié à leur cercle, les intérêts fondamentaux de chaque joueur ou groupe de joueurs.

5- Inscrivez le niveau de pouvoir de chaque joueur ou groupe de joueurs. Consultez l'*Inventaire des sources de pouvoir* que vous avez utilisé au chapitre précédent.

6- Dressez la liste des principales valeurs en jeu. Vous pouvez regrouper ces valeurs (voir l'exemple) ou faire une liste pour chaque joueur.

Veuillez vous référer à l'exemple du Schéma 7.6 à la page 240.

EXERCICE 7.2

Grille d'interprétation du CLIP-C

1- Dans la deuxième colonne, notez toutes vos observations à propos de chaque joueur en fonction du type de données inscrit dans la première colonne.

2- Dans la troisième colonne, précisez les liens que vous avez remarqués entre ce type de données et les autres (par ex. : entre style et pouvoir ; entre fonction et valeur, etc.).

3- Dans la quatrième colonne, ajoutez les commentaires qui pourraient enrichir votre analyse de la situation et votre compréhension générale du conflit.

Type de données	Observations	Liens avec les autres types de données	Commentaires
Le style			
Les intérêts			
La structure informelle			
La culture			
Le pouvoir			

EXERCICE 7.3

Synthèse du CLIP-C

1- Relisez attentivement l'interprétation que vous avez faite de votre CLIP-C, choisissez les trois problèmes qui vous paraissent les plus importants, inscrivez-les dans la première colonne et faites-en une brève description.

2- Dans la deuxième colonne, notez ce qui, selon vous, justifie que vous considériez ce problème comme un des plus importants.

3- Dans la troisième colonne, indiquez si, selon vous, ce problème peut être résolu et pourquoi.

4- Dans la dernière colonne, évaluez l'urgence qu'il y a à résoudre ce problème.

5- Enfin, relisez ce que vous avez noté et choisissez le problème auquel vous aimeriez vous attaquer en premier lieu. Notez ce problème sur la ligne du bas.

Le problème	Son importance	Votre capacité à le résoudre	Son urgence

PROBLÈME CHOISI :

TROISIÈME PARTIE

LE CHOIX D'UNE STRATÉGIE
ET LE PASSAGE À L'ACTION

CHAPITRE 8

CHOISISSEZ LES BONNES STRATÉGIES

Paul est conscient que le temps est venu de résoudre ce conflit; la lutte pour obtenir le poste de directeur général dure depuis maintenant plus de trois mois. Ce qui, au début, pouvait être considéré comme une saine émulation entre amis a dégénéré en bataille rangée entre bandes rivales. Mais que faut-il faire ? Paul devrait-il rendre les armes et concéder le poste à son rival ? Ou devrait-il rassembler toutes ses sources de pouvoir pour lui assener le coup fatal ? Il faut choisir. Sa nature profonde le porterait plutôt à se protéger et à accepter la proposition qu'il a reçue d'une entreprise concurrente. Mais il lui répugne de laisser tomber les amis qui l'ont soutenu pendant ce conflit. Il sait que certains ont mis leurs postes en jeu et que, s'il abandonne la partie, eux aussi devront partir.

Paul a plusieurs solutions qui s'offrent à lui, presque trop. Choisira-t-il sa propre tranquillité d'esprit, la sécurité de ses amis ou sa vision de l'entreprise ? Dispose-t-il de suffisamment de pouvoir pour vaincre son adversaire ? En fait, il n'en sait rien; la décision n'est pas facile à prendre.

Dans ce chapitre :

- Vous vous familiariserez avec les principales stratégies de gestion de conflit.

- Vous apprendrez que toutes les stratégies, même l'affrontement et la concession, sont valables – tout dépend des circonstances; c'est le contexte qui détermine quelle est la stratégie appropriée.

- Vous apprendrez à utiliser différents outils qui vous permettront 1 - d'analyser votre situation avec le plus d'objectivité possible, 2 - de choisir une stratégie adaptée à votre situation.

Je vous propose tout de suite de faire connaissance avec un outil que j'ai appelé : *Grille de sélection d'une stratégie.* Pour remplir cette grille, vous devrez avoir recours à toutes les données qui vous ont servi à scénariser votre CLIP-C. Dans un premier temps, vous aurez deux questions fondamentales à vous poser : 1- Quelle est l'importance que j'accorde à l'enjeu de ce conflit ? 2- Quelle est l'importance que j'accorde à ma relation avec la ou les parties adverses ? Vos réponses à ces deux questions orienteront votre choix d'une stratégie. Elles vous indiqueront la direction qu'idéalement vous devriez prendre.

Une fois que vous aurez obtenu ce premier indice, vous vous poserez les questions suivantes : Quels avantages, et quels inconvénients, y a-t-il à choisir cette stratégie plutôt que telle autre ? Ce choix est-il en accord avec le type de relation que j'ai avec les personnes concernées ? Quelle probabilité y a-t-il que l'autre parti emboîte le pas ? Est-ce que je dispose de suffisamment de pouvoir pour que cette approche me permette de résoudre le conflit ?

Ensuite, il vous faudra évaluer si la stratégie envisagée répond aux enjeux en cause. Par exemple, est-ce que je peux vraiment changer la culture de l'organisation avec le pouvoir dont je dispose ? Si ma stratégie préférée n'est pas la meilleure dans les circonstances, quelle autre pourrai-je choisir ?

Lorsque nous constatons qu'il ne nous sera pas possible d'avoir recours à nos stratégies préférées, soit parce que nous ne disposons pas de suffisamment de pouvoir, soit parce que nos relations ne nous le permettent pas, il n'est pas toujours facile de choisir une solution de rechange. J'aborderai cette question en toute fin de chapitre.

Après avoir franchi chacune de ces étapes, vous devriez être en mesure d'agir et de réagir de manière rationnelle et planifiée dans toute situation de conflit. Vous serez passé du stade de l'action impulsive à celui de l'action rationnelle, condition nécessaire pour rester maître du jeu en situation de conflit.

GRILLE DE SÉLECTION D'UNE STRATÉGIE

L'outil dont il sera question ici vous aidera à déterminer comment vous devez agir dans telle ou telle situation de conflit. Graphiquement, la grille se compose de deux axes : un axe vertical qui correspond à l'importance de l'enjeu; un axe horizontal qui correspond à l'importance que vous accordez à la relation. Chacun des quatre espaces délimités par ces deux axes correspond à une stratégie. Vous remarquerez que ces stratégies correspondent aux quatre styles de traitement des conflits tels que décrits au chapitre 2.

SCHÉMA 8.1

Grille de sélection d'une stratégie

1- Si les enjeux en cause sont importants pour vous, votre choix de stratégie devrait se situer dans la partie supérieure de la grille.

2- Si les enjeux en cause ne sont pas importants pour vous, votre choix de stratégie devrait se situer dans l'une ou l'autre des cases de la partie inférieure de la grille.

3- Si les relations en cause sont importantes pour vous, votre choix de stratégie devrait se situer dans la partie droite de la grille.

4- Si les relations en cause ne sont pas importantes pour vous, votre choix de stratégie devrait se situer dans la partie gauche de la grille.

5- Choisir l'affrontement suppose que vous disposiez de plus de pouvoir que la partie adverse.

6- Choisir la collaboration suppose que vous fassiez confiance à la partie adverse. Ce choix suppose également que les deux parties soient d'accord pour tenter cette stratégie.

7- L'évitement et la concession peuvent s'avérer utiles pour gagner du temps ou pour éviter de gaspiller ses énergies.

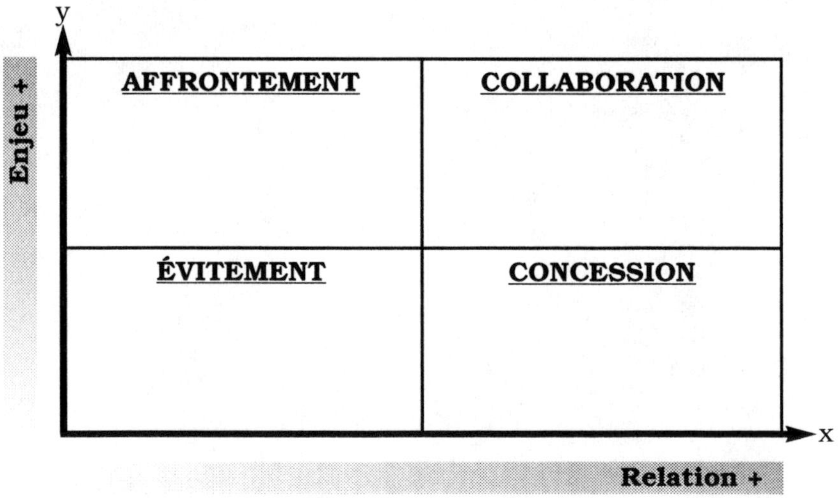

Enjeu +		
AFFRONTEMENT	**COLLABORATION**
ÉVITEMENT	**CONCESSION**

Relation +

S'il suffisait de ces indices pour agir, nous serions tous de très grands stratèges. Mais pas question de se lancer dans l'application d'une stratégie sans d'abord en vérifier la pertinence en fonction du contexte, de vos ressources (niveau de pouvoir, temps, énergie) et de votre tempérament.

L'importance de l'enjeu

L'axe vertical du graphique illustre l'importance de l'enjeu. Si l'enjeu est de taille, normalement vous devriez choisir une des stratégies qui figurent dans la partie supérieure de la grille, soit l'affrontement ou la collaboration. Si, à vos yeux, l'enjeu n'est pas très important, vous devriez, au contraire, vous cantonner dans la partie basse de la grille (évitement ou concession). Appliquons tout de suite ce principe aux deux situations suivantes :

> Premier exemple : Mathieu est très en colère contre Sonia; celle-ci a réussi à convaincre le patron de lui accorder une promotion. Ce n'est pas que Mathieu convoitait le poste en question, mais il considère que celui-ci aurait dû être affiché. Sonia est arrogante et ne mérite pas cette promotion. Mathieu lance donc une offensive dans le but de convaincre ses collègues de protester contre cette nomination.

> Second exemple : Pendant la réunion, Richard a eu recours à des données qui ne sont pas exactes. Rachel n'est pas directement concernée, mais elle n'accepte pas que Richard ait délibérément tenté de tromper les autres.

À première vue, ni l'une ni l'autre de ces situations ne présente un enjeu très important, même si certains y trouvent matière à s'offusquer. Voilà exactement le type de situations où évitement et concession peuvent s'avérer de bons choix de stratégies. Le quotidien en milieu de travail nous expose à une multitude de situations potentiellement conflictuelles; impossible de prétendre monter aux créneaux à chaque occasion. Bien qu'ils aient été bousculés dans leurs principes, Mathieu et Rachel auraient intérêt, dans ces cas-ci, à économiser leurs énergies en vue d'un véritable conflit.

Rachel, toutefois, ne sait pratiquer ni l'évitement ni la concession. À ses yeux, tout a de l'importance. Non seulement cette attitude gruge-t-elle de plus en plus ses énergies, mais son comportement commence sérieusement à enquiquiner son entourage. « La pisse-vinaigre », dit-on en parlant d'elle. Rachel aurait intérêt à se poser les questions suivantes : L'enjeu vaut-il que je parte en croisade ? Pour quelles raisons est-ce que je le juge important ? Que ce passera-t-il si je n'interviens pas ?

Voici un autre exemple :

Depuis des années, Martin est au courant que Paul envisage de prendre sa retraite à l'âge de soixante ans. Son plus cher désir a toujours été de lui succéder au poste de contrôleur de la compagnie et, dans cette optique, il a, pendant des années, suivi des cours du soir pour obtenir le diplôme qui lui manquait. Cela lui a demandé de nombreux sacrifices. Tandis que les jeunes de son âge sortaient danser et s'amusaient pendant les fins de semaine, lui étudiait. Ses patrons ont toujours su qu'il se préparait à occuper ces fonctions. Un samedi matin, dans la section Carrières du journal, Martin aperçoit l'annonce du poste qu'il croyait lui être destiné. Une seule interprétation possible : la compagnie a l'intention d'aller chercher un candidat à l'extérieur. Martin est foudroyé. Il passe par toutes les émotions : tristesse, honte puis colère. Il se sent trahi et il sait qu'il doit réagir.

Mais avant de passer à l'action, Martin se pose les questions suivantes :

• Est-ce que l'enjeu est important pour moi ? Pourquoi ?

- Oui. L'enjeu est de taille et pour plusieurs raisons. Premièrement, c'est de mon avenir dont il est question ici. J'ai besoin de ce poste et du salaire qui vient avec. Deuxièmement, bien que je puisse certainement trouver autre chose ailleurs, j'ai mes amis dans cette boîte et le bureau est à cinq minutes à pied de la maison. Enfin, c'est une question de principe. Ils savent que je convoite ce poste. Ils m'ont encouragé à compléter mes études et à bûcher pendant toutes ces années pour y accéder et voilà qu'ils décident d'embaucher quelqu'un d'autre. Pour moi, c'est une trahison.

• Qu'arrivera-t-il si je n'interviens pas ?

- Si je ne fais rien, je vais perdre mon emploi. Je devrai, à plus ou moins long terme, quitter l'entreprise parce que ma colère ne va pas s'éteindre. Si je reste, cela se verra dans mon comportement et je ne serai pas heureux au travail. Ce n'est vraiment pas ce genre de vie dont j'ai envie.

L'enjeu est trop important et la situation est trop urgente pour que Martin choisisse l'*évitement* ou la *concession*, c'est-à-dire les stratégies qui figurent dans la partie inférieure de la grille. Il doit agir, et vite, s'il veut avoir une chance d'obtenir le poste, conserver sa bonne humeur et ménager son amour-propre. En fonction des résultats enregistrés sur l'axe vertical, Martin tend plutôt vers une des deux stratégies du haut, soit l'*affrontement* ou la *collaboration*. Mais comment choisir entre les deux ? Pour cela, il devra évaluer l'importance de sa relation avec la partie adverse.

L'importance de la relation

L'axe horizontal sert à mesurer l'importance de la relation entre les parties : relation très importante côté *collaboration* ou *concession*; sans importance côté *affrontement* ou *évitement*. En d'autres mots, plus la relation mérite d'être préservée et nourrie, plus le choix de stratégie se portera du côté droit du graphique.

Annette est très mécontente du comportement de Jasmine, une des assistantes administratives. Quand elle lui a demandé où se trouvaient les formulaires de remboursement des frais de déplacement, Jasmine a répondu en lui jetant un regard méprisant :

- Tu devrais le savoir, depuis le temps.

La remarque était à la limite des bonnes manières, mais tout son langage corporel exprimait quelque chose comme:

- Eh, idiote ! T'en as pas marre de me déranger pour des futilités ? J'ai mieux à faire que de passer mon temps à répondre à tes questions.

Ce n'est pas la première fois qu'Annette fait les frais de la mauvaise humeur de Jasmine. Jusqu'à maintenant, elle n'a pas réagi. Mais cette fois, elle réalise que sa passivité encourage Jasmine à pousser de plus en plus loin le manque de respect et à se montrer de plus en plus caustique. Elle prend donc le parti d'adopter une stratégie ferme – affrontement ou collaboration. Pour faire son choix entre les deux, elle se pose les questions suivantes :

• Quelle importance revêt pour moi ma relation avec Jasmine ?

- Cette relation est très importante pour moi. Jasmine travaille à l'occasion pour moi. Nous aurons peut-être à vivre côte à côte pendant encore des années et je ne tiens pas à baigner dans une atmosphère hostile. Par contre, j'hésite déjà à lui demander quoi que ce soit; elle me traite comme une moins que rien. Je ne crois pas qu'elle puisse me traiter encore plus mal.

• Quelle importance revêt pour elle notre relation ?

Je suis sa supérieure hiérarchique. Si je décide de lui mener la vie dure, je peux le faire. Elle a tout intérêt à avoir de bonnes relations avec moi.

• À quelles stratégies avez-vous eu recours jusqu'à maintenant et quelles en ont été les conséquences sur votre relation ?

Jusqu'à maintenant, j'ai évité de parler avec elle de son attitude à mon égard. En fait, j'ai toujours eu peur de le faire. Je crains que cela n'empire la situation. Par contre, le fait que j'aie choisi l'évitement n'a en rien amélioré son style.

• Seriez-vous prête à mettre en péril cette relation ?

Peut-être pas maintenant. Je préférerais opter pour une stratégie qui améliore notre relation. Si cela ne fonctionne pas, alors je serai prête à risquer le tout pour le tout puisque les choses ne vont pas bien de toute façon.

Tout bien considéré, Annette optera d'abord pour la *collaboration*. Si les choses ne s'améliorent pas, il sera toujours temps pour elle de passer à l'*affrontement*.

Certaines personnes optent toujours pour les stratégies qui occupent la partie supérieure de la grille (*affrontement* ou *collaboration*). D'autres choisissent toujours celles qui sont du côté droit (*collaboration* ou *concession*); ces dernières privilégient la relation au détriment, parfois, de leurs propres intérêts et de ceux des autres. Nous avons vu, au chapitre 6, lorsque nous avons abordé la question du pouvoir, comment le désir obsessif d'être aimé de tous constitue en soi une source d'impuissance. Tenir à tout prix à ce qu'on nous estime et baisser les bras devant un acte d'agression peuvent l'un et l'autre s'avérer de très mauvais choix.

Clara et Rosa sont toutes les deux préposées aux soins dans une maison de retraite. Dans chaque pavillon, une infirmière assume la double responsabilité des soins médicaux aux résidents et de la supervision des préposés. Au Pavillon C, auquel sont affectées Clara et Rosa, ces fonctions incombent à garde Bonnefoi. Tous les dimanche matins, les préposées ont la charge d'habiller les résidents pour une petite fête hebdomadaire où sont aussi admis les visiteurs. Ce matin-là, Clara et Rosa viennent de passer plus d'une demi-heure à pomponner et habiller Mme Jardin, lorsque garde Bonnefoi se pointe :

- Qu'est-ce que c'est que cette robe ? Pourquoi l'avez-vous habillée comme cela ? C'est grotesque ! Je vous avais demandé de lui mettre son pantalon vert jade.

- Ce pantalon est trop difficile à enfiler, répond Clara. Avec ses convulsions, on n'y arrive pas. De toutes façons, elle est très jolie dans cette robe. N'est-ce pas, Mme Jardin ?

- Je me fous de ce que vous pensez. Vous recommencez tout, insiste garde Bonnefoi.

- Nous n'avons pas le temps de la rhabiller, nous avons encore cinq personnes à préparer. Ce sera pour la prochaine fois, rétorque Clara.

- J'exige que vous le fassiez maintenant.

Le ton laisse clairement entendre une menace.

Clara a déjà commencé à habiller une autre résidente lorsqu'elle constate que Rosa s'est mise en frais de déshabiller Mme Jardin. Elle est déconcertée, et sent la colère monter. Rosa est une excellente compagne, mais Clara sait très bien que son amie ferait n'importe quoi sous l'emprise de la peur. Rosa ne supporte pas de contrarier garde Bonnefoi; ni qui que ce soit d'ailleurs. Malheureusement elle n'a pas compris qu'en donnant la priorité à une relation qui ne lui est pas favorable elle met en péril une amitié dont elle a vraiment besoin.

Dans la plupart des cas, pour décortiquer la mécanique d'un conflit, vous ne pourrez vous en tenir à une seule relation; vous devrez prendre en compte tout un réseau de relations. Pour ce faire, vous vous en remettrez à votre CLIP. Dans le cas qui nous occupe ici, Rosa, en se montrant conciliante avec l'infirmière, non seulement n'obtiendra rien de celle-ci mais met en danger sa relation avec Clara.

Quelle importance Clara et Rosa accordent-elles aux relations en jeu ?

Clara doit prendre en compte deux relations.

Relation 1

Ma relation avec garde Bonnefoi n'est pas bonne et ne le sera jamais. L'infirmière a tendance à abuser du pouvoir que lui confère son autorité formelle. Ce n'est pas quelqu'un avec qui on peut collaborer et, quand on lui cède (concession), comme Rosa vient de le faire, cela ne fait qu'empirer les choses. Je n'ai pas peur de défier son autorité. Cette fois, elle ne gagnera pas. Je sais que l'administration considère déjà que nous mettons trop de temps à habiller les résidents. S'il y a quelqu'un qui doit être réprimandé, ce sera elle.

Relation 2

Cela m'agace vraiment beaucoup que Rosa se montre si conciliante. Je vais essayer de lui parler après le travail. Elle a connu la pauvreté dans son enfance et elle vit dans la peur constante d'y replonger. Mais elle doit comprendre qu'elle n'est pas la seule concernée dans cette histoire.

Combiner les deux axes

Le cas de Clara et Rosa illustre bien les multiples aspects dont il faut tenir compte dans notre analyse des relations en cause dans un conflit. Par exemple, dans le choix de sa stratégie, Clara note que l'infirmière ne dispose pas de suffisamment de pouvoir pour mettre sa menace à exécution. Les deux axes de la grille doivent donc être considérés simultanément. Voici comment Clara remplira sa grille :

• Sur une échelle de 1 à 5, quelle importance accordez-vous à l'enjeu ?

Clara juge que l'enjeu est important pour deux raisons : tout d'abord, c'est une question de principe. La demande est abusive et l'infirmière agit ainsi pour asseoir son autorité. Deuxièmement, si Clara ne met pas fin tout de suite à ce petit jeu ce sera l'escalade et les exigences de l'infirmière se feront de plus en plus déraisonnables. Clara inscrit 4 pour l'enjeu.

• Sur une échelle de 1 à 5, quelle importance accordez-vous à la relation ?

Clara évalue l'importance de sa relation avec l'infirmière à 1. La relation n'est pas bonne et Clara n'a aucun espoir qu'elle puisse être améliorée. Elle sait aussi, parce qu'elle en a déjà fait l'expérience, que cette infirmière n'est pas ouverte à la discussion, ni adepte de la résolution de conflits. Avec elle, ça passe ou ça casse.

Voyons maintenant vers quelle stratégie nous oriente la lecture croisée des deux axes.

SCHÉMA 8.2

Le choix de stratégie de Clara

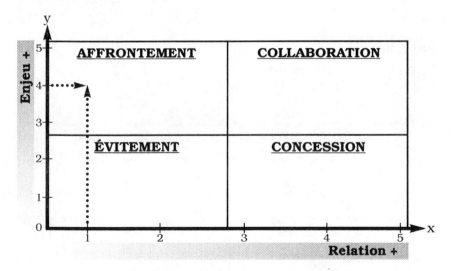

Vous remarquez que les deux lignes tracées à partir des scores obtenus sur chacun des axes se rencontrent dans la partie supérieure gauche de la grille, suggérant l'affrontement comme stratégie appropriée dans ce cas. Mais Clara n'en est encore qu'au le premier pas dans le choix de sa stratégie. Elle devra ensuite prendre en considération d'autres facteurs qui confirmeront ou infirmeront son choix en fonction de l'ensemble du contexte. Nous aborderons ces autres facteurs un peu plus loin.

Refaisons le même exercice en nous mettant, cette fois, dans la peau de Rosa.

Rosa ne juge pas l'enjeu très important. Elle ne voit pas d'inconvénients à habiller deux fois la même résidente; c'est absurde, mais elle sera payée pour le faire. Habiller cette résidente ou une autre... cela revient au même. Elle inscrit 1 pour l'importance de l'enjeu.

Rosa a conscience que sa relation avec l'infirmière n'est pas bonne, mais elle veut à tout prix éviter que la situation ne s'envenime. Elle considère que si elle lui donne satisfaction, tout se passera bien pour elle. Elle accorde 5 à la relation.

Sur la grille de Rosa, le point de rencontre des deux lignes tracées à partir des scores obtenus suggère la *concession* comme choix de stratégie.

SCHÉMA 8.3

Choix de stratégie de Rosa

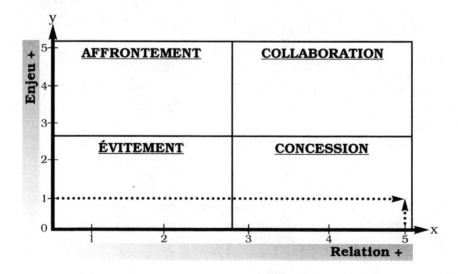

Nous voici donc devant un second conflit, engendré par le premier : un conflit entre Clara et Rosa. Comment Clara et Rosa vont-elles gérer ce second conflit ? Sur leur *Grille de sélection d'une stratégie* (voir Schéma 8.4), cette fois toutes les deux accordent 5 à l'importance de l'enjeu. Le scénario de ce dimanche matin pourrait se reproduire et, dans ce cas, il ne faudrait à aucun prix laisser paraître leur divergences devant l'infirmière. Toutes les deux sont d'accord aussi pour reconnaître que leur relation est très importante, et accordent là encore un 5. Leur amitié est pour beaucoup dans leur qualité de vie au travail.

SCHÉMA 8.4

Le choix de stratégie de Clara et de Rosa

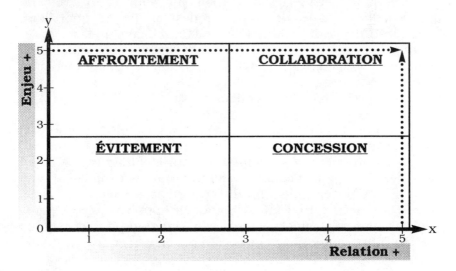

Dans le cas du conflit qui les oppose, Clara et Rosa en viennent toutes les deux à la conclusion que la *collaboration* constitue la stratégie la mieux adaptée au contexte.

La *Grille de sélection d'une stratégie* ne constitue qu'une première étape. Elle indique un choix idéal, en fonction de deux données fondamentales : l'enjeu et la relation. Nous verrons maintenant que toute stratégie comporte à la fois des avantages et des inconvénients, que chacune exige aussi certaines conditions pour porter fruit. Il se peut, par exemple, que la *Grille de sélection* vous oriente vers l'*affrontement*, mais qu'en considérant

ensuite les inconvénients inhérents à cette stratégie et les conditions nécessaires à son succès, vous deviez vous résoudre à opter
pour un second choix. Vous devrez également tenir compte du
style de votre adversaire. N'oubliez jamais que vous n'êtes pas
seul en cause; un conflit met toujours en scène au moins deux
personnes. Ces autres personnes ont, elles aussi, leurs styles de
prédilection et leurs stratégies préférées. Vos choix sont aussi
tributaires des leurs. Si Clara choisit de collaborer avec l'infirmière, elle fait fausse route dès le départ; l'infirmière Bonnefoi ne
collabore jamais avec qui que ce soit.

LES QUATRE STRAGÉGIES

Les quatre stratégies correspondent, vous l'aurez remarqué, aux quatre styles de traitement des conflits. En quoi alors
styles et stratégies se distinguent-ils ? C'est bien simple : le style
est impulsif; la stratégie est planifiée. Comme vous connaissez
déjà l'impact des différents styles (voir Chapitre 2), la prochaine
étape, soit le passage de la spontanéité à l'analyse et à la stratégie,
ne devrait présenter aucune difficulté.

Faisons le point. Vous avez déjà bien assimilé les concepts
et vous disposez de plusieurs outils (journal de bord, exercices,
grilles ...) pour mieux vous connaître, pour identifier vos valeurs,
vos intérêts et pour mesurer votre niveau de pouvoir ainsi que
celui de vos adversaires. Toute cette information, vous l'avez
rassemblée dans votre CLIP-C. Vous avez appris aussi que pour
choisir la bonne stratégie, vous deviez, dans un premier temps,
évaluer l'importance que vous accordez à l'enjeu et aux relations
en cause.

Voilà où vous en êtes. Maintenant, avant de fixer votre choix
vous devrez évaluer les avantages et les inconvénients de chaque
stratégie, en fonction non plus seulement de l'importance de l'enjeu
et des relations en cause, mais du pouvoir dont vous disposez
et de divers autres facteurs que nous allons maintenant étudier.
Ces explications sont résumées au Tableau 8.1 intitulé *Tableau
comparatif des stratégies*, que vous trouverez plus loin dans ce
chapitre.

DANS QUELLES CIRCONSTANCES AVOIR RECOURS (OU NE PAS AVOIR RECOURS) À CHACUNE DES QUATRE STRATÉGIES ?

L'affrontement

Le choix de l'affrontement correspond, selon la *Grille de sélection d'une stratégie*, à un enjeu important et à une relation peu importante. Cette stratégie comporte de nombreux avantages mais aussi plusieurs inconvénients. Elle provoque un jeu de type *gagnant-perdant* et comporte un taux de risque élevé. C'est une stratégie décisive. Bien utilisée, elle peut toutefois mener à des solutions qu'on ne saurait obtenir par aucun autre moyen. Rappelez-vous notre *meneuse* qui a dû arbitrer un conflit entre deux travailleuses. Elle décide d'user de son autorité formelle pour réprimander certaines de ses employées. Pour ce faire, elle doit accepter de mettre en jeu sa relation avec ces femmes. L'affrontement exige souvent qu'on lui sacrifie une relation jusque-là cordiale.

Des quatre stratégies, l'affrontement est celle qui comporte le plus de risques; à défaut d'une victoire, ce sera la défaite. Ce choix suppose donc, en amont, une analyse exhaustive et rigoureuse de la situation.

Charlie est très en colère contre sa VP. Il y a quelques mois, celle-ci lui a confié une mission spéciale. L'entreprise avait lancé un grand projet en Alaska et les choses ne se présentaient pas très bien. Comme Charlie s'est bâti une solide réputation dans la gestion de projets, sa VP lui a demandé de prendre celui-ci en charge. Cette nouvelle responsabilité supposait que Charlie fasse des allers-retours hebdomadaires de deux jours en Alaska, sans pour autant, bien sûr, négliger ses propres tâches de directeur de la production. On lui a fait comprendre qu'il serait dédommagé pour ce surcroît de travail. Pendant trois mois, Charlie a travaillé quatre-vingts heures par semaine pour que soient respectées les échéances fixées. Il a dû se déplacer pendant les vacances de Noël et a raté le réveillon avec ses enfants.

Il s'encourageait en se disant, et en rappelant à sa pauvre compagne dépitée, que ce sacrifice allait leur rapporter l'argent dont ils avaient un urgent besoin. Lorsque enfin le projet a été terminé, dans les délais et avec succès, Charlie a attendu que son VP lui fasse signe, mais pas de nouvelles. Un soir, à la télévision, il aperçoit la VP en compagnie d'autres têtes connues qui discutent du fameux projet et de son impact sur la région. Deux jours plus tard, Charlie croise la VP dans un couloir. Celle-ci daigne à peine lui accorder un regard et passe son chemin sans le saluer, l'air débordé et préoccupé.

Charlie n'a toujours pas été payé. Il se dit que le paiement lui sera sans doute fait en un seul versement. Mais après quelques mois d'attente, encouragé par sa compagne, il se présente au bureau de la VP.

- Bonjour Martine, comment allez-vous ? Je viens à propos du projet de l'Alaska. Je me demandais quand j'allais être payé pour ce travail. Avez-vous une idée ?

- Je ne sais pas de quoi vous parlez. Vous avez mené ce projet dans le cadre de vos heures normales de travail. Je ne me souviens pas vous avoir promis une compensation. Vous n'êtes pas sans savoir que l'entreprise fait face actuellement à de graves problèmes financiers. La haute direction a même dû renoncer à 10 % de son bonus annuel. Je reconnais que vous avez fait du bon boulot, mais rien de plus que ce qu'on attend de tout bon employé. Je ne veux plus que nous abordions ce sujet. Au revoir.

Charlie reçoit ces propos comme une gifle. De toute évidence la VP ferme la porte à toute discussion ou négociation. Comment pourrait-il obtenir qu'elle entende ce qu'il a à dire ? D'ailleurs, est-ce la bonne personne avec qui aborder cette négociation ? Qu'arriverait-il s'il laissait simplement tout tomber ?

Voici l'analyse que Charlie fait de sa situation :

L'enjeu, dans son cas, est d'une importance capitale. C'est une question de principe : s'il n'est pas payé, c'est qu'il a été exploité. L'enjeu est de taille également parce que sa compagne et lui comptaient sur cet argent. S'il ne fait rien pour redresser la situation, sa relation avec Martine ne s'en remettra jamais. Celle-ci adopte déjà une attitude d'affrontement dans ce différend qui les oppose et refuse tout échange.

S'il ne devait s'en tenir qu'à ces seules données, Charlie choisirait l'affrontement. Cependant, nous l'avons vu, l'affrontement exige le pouvoir. Si les deux adversaires disposent d'un niveau équivalent de pouvoir, le risque est grand que le conflit prenne les allures d'une guerre à finir, qui coûtera à l'un et à l'autre un temps précieux et plusieurs de leurs relations; peut-être même leur emploi. Par contre, si vous disposez de moins de pouvoir que votre adversaire, ce choix pourrait s'avérer tout simplement suicidaire. L'affrontement n'est ni plus ni moins qu'une déclaration de guerre. Si vous êtes en position de vulnérabilité, ce n'est pas pour vous. Vous n'avez aucun intérêt à tenir la dragée haute à votre patron si cela risque de vous coûter votre emploi, ou s'il doit ensuite être sur votre dos pendant les cinq prochaines années. Si vous choisissez l'affrontement, c'est que vous disposez de plus de pouvoir que votre adversaire.

Charlie remplit donc son *Inventaire des sources de pouvoir* et sa *Grille de répartition du pouvoir* (voir Chapitre 6). Premier constat : Martine a plus de pouvoir que lui; son poste, plus élevé dans la hiérarchie de l'entreprise, lui confère une plus grande autorité formelle. Elle a aussi le pouvoir de le congédier. Mais Charlie dispose tout de même lui aussi d'importantes sources de pouvoir. Bien que Martine ne l'ait jamais félicité pour le travail accompli en Alaska, le directeur général et le président, eux, l'ont fait. Son expertise et son expérience sont d'une très grande valeur pour l'entreprise. Charlie dispose également d'une autre source importante de pouvoir : une firme concurrente lui a offert un poste de VP à la production. Il préférerait ne pas quitter son employeur actuel, mais s'il n'arrive pas à régler la situation il serait prêt à le faire. Ce qu'il aura perdu d'un côté, il le récupérera de l'autre.

Finalement, Charlie juge que la situation présente toutes les conditions nécessaires au choix de l'affrontement : enjeu important, relation faible, niveau de pouvoir élevé. Il décide de court-circuiter sa VP et de frapper directement à la porte du directeur général. Il précise dans son exposé de la situation que, s'il ne reçoit pas de compensation, il démissionnera. Dans un premier temps, le directeur général sent qu'on le pousse au pied du mur et réagit plutôt froidement. Mais il ne met pas longtemps à réaliser qu'il ne peut se permettre de perdre Charlie et il ouvre la porte à la négociation.

Dans le cas de Charlie, l'affrontement a porté fruit. Sa plus grande source de pouvoir réside dans le fait que, peu importe la tournure des événements, il en sort gagnant. Est-ce votre cas ? Si le *Grille de sélection d'une stratégie* indique que vous auriez intérêt à opter pour l'affrontement, assurez-vous que vous disposez de suffisamment de pouvoir pour assumer ce choix. Sinon, optez pour une stratégie de rechange.

L'affrontement est un choix pertinent dans le cas où les enjeux sont très importants et où la collaboration a échoué ou bien s'avère impossible. L'affrontement peut aussi être un bon choix lorsque le temps fait défaut, lorsqu'il y a urgence et refus d'engagement de la part des parties. Au contraire, l'affrontement est contre-indiqué en cas de choc des cultures. La force ne peut rien contre les valeurs, les croyances ou notre vision du monde.

La collaboration

La collaboration est un mode de résolution des conflits qui s'appuie sur la discussion, sur le dialogue et sur la résolution collective des conflits. Elle comporte de fabuleux avantages. Elle amène les individus à travailler ensemble, et de manière cons- tructive, à la résolution de leurs problèmes. Si tout se passe bien, la relation s'en trouvera renforcée. Dans le domaine de la résolution des conflits, le succès appelle le succès.

Linda et Luc ne se connaissent pas beaucoup. Leurs services vont fusionner et la direction leur demande d'élaborer ensemble le plan d'une structure combinée. Tous les deux nourrissent une certaine méfiance l'un envers l'autre. Un seul des deux, ils le savent, con- servera le titre de directeur. Ils doivent aussi faire face aux inquié- tudes de leurs employés qui ne voient pas cette fusion d'un très bon œil. Ils se rencontrent par un triste jeudi matin. Après des saluta- tions d'usage plutôt froides, ils posent leurs documents et prennent place chacun à une extrémité de la table de conférence, à trois mètres de distance l'un de l'autre.

Luc dit en riant :

- Regarde-nous ! Nous n'arriverons à rien comme cela ! Je sais que nous sommes en pleine saison de la grippe mais il y a tout de même des limites ! Que dirais-tu si nous entamions la conversation au café du coin ?

Linda n'est pas très enthousiasmée par la proposition mais elle ne veut pas le laisser paraître. Luc a la réputation d'être *cool* et elle ne veut pas avoir l'air de faire du chichi.

- D'accord, mais on ne va pas là pour perdre notre temps, on parle affaires. Nous n'avons qu'une semaine pour déposer un plan et mon emploi du temps est hyper chargé.

Une fois sur place, Luc commande deux cafés et prend la parole.

- Toute cette histoire m'inquiète. Mes employés sont très nerveux et ils se demandent ce qui les attend. Certains postes vont être coupés. Je ne crois pas que nous puissions faire autrement.

- Au contraire, moi je crois que nous pouvons y arriver. Nos budgets, eux, seront amputés, mais rien n'indique que nous ayons à couper des postes. Nous jouerons sur les réassignations. Nous pouvons prévoir une prime de séparation pour ceux qui ont envie de partir. J'en connais aussi un certain nombre qui vendraient leur mère pour travailler à temps partiel. En fait, j'aimerais qu'on imagine une procédure qui comportera diverses options; nous la présenterons ensuite à nos équipes respectives pour les consulter. J'ai vécu l'expérience d'une fusion dans le passé. C'était l'enfer. Tout le monde était en larmes quand certains d'entre nous ont dû partir. Ceux qui sont restés étaient rongés par le sentiment d'être des imposteurs. Nous avons perdu des amis, nos tâches ont changé et plus rien n'a jamais été comme avant. Je crois qu'on peut s'y prendre autrement. Et toi, comment vois-tu la situation ?

- Comme toi, pour une bonne part, bien que je n'aie pas ton expérience en la matière. Je suis touché par ce que tu viens de dire. Selon moi, avant toute chose, nous devons nous lancer dans la chasse aux renseignements. Par exemple, nous ne connaissons pas vraiment notre marge de manœuvre, financièrement parlant. À combien de personnes aurons-nous les moyens d'offrir des primes de séparation ?

Linda prend conscience que l'image qu'elle s'était faite de Luc est en train de changer. Elle a affaire, elle le voit maintenant, à quelqu'un d'ouvert, disposé à parler de ses sentiments et de ses expériences. Il s'intéresse aussi à ce qu'elle propose. La perspective de venir à bout, avec lui, de cette tâche difficile lui paraît à la fois stimulante et rassurante. Ils en sont à l'étape de construire la relation qui leur permettra de mener à bien leur collaboration.

Quelques mois plus tard, la fusion est complétée. Linda et Luc ont réussi à enrôler toute l'organisation dans cette opération pour en faire un véritable succès. Ils se sont aussi astreints à minimiser les impacts négatifs du côté des employés. Linda s'est vu offrir un poste dans un autre service et l'a accepté. Elle est heureuse que Luc prenne en charge le nouveau service; il est le plus qualifié pour le faire, pense-t-elle. Elle a pris un très grand plaisir à faire équipe avec lui et reconnaît qu'il lui a beaucoup appris. Cette expérience lui a permis de constater que l'ouverture et une résolution créative des problèmes peuvent améliorer la qualité de vie au travail.

La collaboration constitue sans doute la stratégie idéale; mais elle comporte tout de même des inconvénients. Il faut compter plus de temps pour en arriver à des décisions que lorsqu'on statue de manière unilatérale. Il faut le temps de rencontrer les personnes et d'avoir avec elles de longs échanges de manière à bien saisir leur point de vue. Dans la plupart des cas, une seule rencontre ne suffira pas. La collaboration est aussi la mère des comités. Lorsque les enjeux ne sont pas trop compliqués, ceux-ci peuvent s'avérer très utiles pour résoudre les problèmes et mettre en place de nouvelles politiques. Mais, même quand tout se passe bien, la collaboration s'avère une dévoreuse de temps. Or, le temps est une chose rare dans nos organisations où tout le monde est toujours débordé.

Il arrive aussi que la collaboration serve de paravent à l'affrontement. Est-ce que vous n'avez pas déjà été témoin qu'un comité soit mis sur pied expressément pour éviter d'avoir à faire face à un problème ? Certains comités ou groupes de travail planchent pendant des années sur une même question sans jamais arriver à une solution. Dans ce cas, la collaboration peut se révéler elle-même source de conflits et de chaos.

L'organisme *Les petits plats dans les grands* a toujours eu pour unique mission de distribuer des repas aux personnes âgées. Deux de ses membres, Johanne et Lisa, voudraient que le service soit étendu aux jeunes mères nécessiteuses. Agnès, la présidente, s'oppose farouchement à cette idée qui, selon elle, serait une menace à l'identité de l'organisme ainsi qu'à son financement. Devant la détermination de Johanne et de Lisa à concrétiser leur volonté de changement, elle décide de créer un comité pour étudier la faisabilité de leur proposition. Elle choisit, pour tenir ces réunions, un soir de la semaine où ni Lisa ni Johanne ne sont disponibles et invite quelques-uns de ses amis à siéger sur le comité. Dès les premiers temps, les réunions sont tenues à un rythme irrégulier; il manque toujours quelques participants et personne ne se donne beaucoup de mal pour faire des recherches sur le sujet. Lorsque Johanne ou Lisa s'enquièrent de l'avancement des travaux, on leur répond qu'une recommandation sera bientôt déposée. Deux ans ont passé. Lisa et Johanne ont quitté l'organisme et créé une association du même genre à l'intention des jeunes mères. Agnès a depuis long-temps classé l'affaire et on n'a plus jamais entendu parler du comité.

Il est très important de savoir reconnaître cette fausse colla-boration pour ce qu'elle est. On en trouve partout des exemples. J'ai connu un directeur d'école qui nous séquestrait dans des réunions interminables. Le lendemain, nous apprenions que sa décision avait été prise avant la réunion. Résultat : nous avions deux raisons d'être en colère plutôt qu'une. Méfiez-vous de la fausse collaboration : elle ne résout pas les conflits, elles les aggravent.

La collaboration est efficace dans le cas d'enjeux à long terme. Elle favorise l'implantation de politiques qui évitent d'avoir à faire face à répétition aux mêmes problèmes.

Exemple 1- Les employés d'une clinique médicale affectés aux soins à domicile n'arrivent pas à se mettre d'accord : Qui doit répondre aux appels qui entrent à la dernière minute, juste avant la fermeture ? Ce flou dans la procédure engendre toutes sortes de conflits et empoisonne l'atmosphère de travail. Pour mettre fin à cette situation, le directeur de la clinique crée un comité auquel il donne le mandat d'élaborer une politique de gestion du temps supplémentaire. Les employés sont consultés et le problème est résolu.

Exemple 2- Deux groupes d'infirmières se font la guerre. L'objet du litige : leurs perceptions diamétralement opposées de leur rôle auprès des patients. Pour créer un pont entre les belligérantes, l'hôpital organise une rencontre d'une demi-journée qui favorisera un échange de points de vue. Après la rencontre, les infirmières sont encouragées à poursuivre le dialogue. Finalement, on convient d'une approche commune qui sera enchâssée dans les politiques de l'hôpital. Toutes ne sont pas parfaitement satisfaites, mais toutes acceptent.

L'évitement

L'évitement se caractérise par l'absence d'action ou de réac-tion face à une situation de conflit. Cette stratégie présente plusieurs avantages. Comme nous l'avons vu précédemment, aux chapitres 1 et 2 qui traitent respectivement des émotions et des styles, plus le conflit est grave moins nous nous comportons de manière rationnelle. L'évitement nous donne l'occasion de reprendre notre aplomb, de retrouver nos esprits avant d'agir. Mais attention, l'évitement, dit-on, peut mettre une relation à dure épreuve. En effet, si je veux discuter avec vous d'un différend qui nous oppose et que vous vous défilez alors, oui, à long terme, votre attitude pourrait affecter notre relation. Par contre, si je suis très en colère contre vous et que dans cet état j'ai tendance à me montrer cinglante, alors l'évitement pourrait sauver notre relation.

Selon mon expérience, les personnes qui ne savent pas pratiquer l'évitement sont des candidates à l'épuisement professionnel. Si l'enjeu n'a pas d'importance pourquoi gaspiller vos énergies ? Vous devez apprendre à choisir vos combats. En général, nous savons assez bien reconnaître ceux qui en valent la peine. Mais la fatigue, ou encore la haine, nous amènent parfois à accorder de l'importance à ce qui n'en a pas.

J'étais en conflit avec une personne de mon bureau qui passait son temps à humilier ses collègues. Elle propageait des propos désobligeants sur tous et chacun. Si quelqu'un défendait un point qui lui tenait à cœur, vous saviez qu'elle ne manquerait pas de le contredire. Si quelqu'un s'enthousiasmait pour un projet, elle le descendait en flammes. En un mot, c'était ni plus ni moins qu'une terrible harceleuse. Moi, chaque fois qu'elle ouvrait la bouche, je ripostais. Je ne pouvais tout simplement pas m'empêcher d'intervenir. Je me suis fait ramasser, j'ai été prise pour cible plus souvent qu'à mon tour et toutes mes idées, elle les a taillées en pièces; j'ai failli y perdre mon emploi. Il y a quelque chose de malsain à ne pas pouvoir éviter une situation dangereuse, à ne pas pouvoir s'abstenir d'intervenir. Il n'y a rien qui ne fasse plus plaisir à un harceleur que de constater qu'on s'accroche à ses basques. J'ai eu ma leçon et elle a porté. Je ne dirais pas que je suis devenue une experte de l'évitement, je suis trop passionnée pour cela, mais je sais mieux m'en servir.

L'évitement est une excellente stratégie comme substitut à l'affrontement lorsque vous manquez de pouvoir et que la collaboration s'avère impossible.

La concession

La concession consiste à laisser la victoire à son adversaire. On pourrait être porté à en conclure qu'elle est la stratégie la moins avantageuse. D'un certain point de vue, c'est en effet le cas, puisque vous faites le choix de perdre. Vous renoncez volontairement à vos droits et à vos intérêts, dans certains cas même, à vos valeurs ! Pourquoi diable auriez-vous avantage à agir de la sorte ?

D'abord, ce peut être parce que, dans le cours d'un conflit, vous réalisez soudain que c'est vous qui avez tort. Savoir dire : « Je suis désolé, j'ai eu tort », voilà qui constitue en soi une très belle qualité. Mais soyons honnêtes : dans les organisations qui bannissent le droit à l'erreur, cela peut vous valoir certaines difficultés. Mais ailleurs, on vous en appréciera d'autant plus.

> Mathieu et Gino, depuis peu, font équipe au service à la clientèle. Ce jour-là, on les a appelés pour réparer un système informatique récemment installé. Le système est en panne depuis deux jours déjà et personne n'a réussi à mettre le doigt sur le bobo. Mathieu et Gino ont chacun leur petite idée mais n'arrivent pas à se mettre d'accord. Pendant que l'un et l'autre campe sur ses positions, rien ne progresse. Gino soudain prend conscience que leur attitude ne fait qu'aggraver la situation. Le client commence à montrer des signes flagrants d'impatience. Gino se décide et dit à Mathieu d'aller de l'avant avec sa solution. « Fais comme tu penses, Mathieu. J'espère que ça ira. Et si ça ne va pas, alors on tentera ma solution. »

> Mathieu se met au travail en suivant son idée. Gino l'aide de son mieux et, une heure plus tard, le système se remet en route. Gino gratifie Mathieu d'une grande claque dans le dos et de son rire chaleureux. On est les meilleurs, s'exclame à son tour Mathieu, en lui tapant dans la main. En très peu de temps, Mathieu et Gino sont devenus une véritable équipe et, depuis ce jour-là, chacun s'est toujours montré conciliant face aux suggestions de son co-équipier. L'attitude de Gino leur a permis de développer une saine et efficace collaboration. Leur talent, combiné à leur humour à toute épreuve, a fait d'eux l'équipe la plus en demande de tout le réseau du service à la clientèle.

La concession, pour être efficace, exige qu'on en use avec parcimonie. Si vous rendez les armes trop facilement, votre amour-propre en prendra un coup et vous perdrez l'assurance dont vous avez besoin pour défendre vos intérêts et votre vision des choses. Sans compter que vous deviendrez une proie facile pour les harceleurs et les autocrates. Par contre, lorsque vous constatez que vous ne pouvez pas gagner, sachez perdre avec élégance. Rendre les armes lorsque la cause est perdue, c'est aussi une façon de lâcher prise. Soyez bon perdant et la défaite vous sera moins douloureuse. Gardez vos énergies pour les combats qui en valent la peine, dont les enjeux vous importent vraiment et qui mettent en cause des relations auxquelles vous tenez. Mais surtout, ne vous laissez pas aller à pratiquer la concession systématique : qui a dit que vous deviez faire plaisir à tout le monde ? Enlevez-vous cette idée de la tête. Si vous vous reconnaissez dans cette attitude, considérez les autres stratégies et exercez-vous à les mettre en pratique.

CHOISIR UNE STRATÉGIE DE RECHANGE

Vous voici à l'étape du choix de votre stratégie : vous avez complété votre *Grille de sélection d'une stratégie*; vous avez évalué l'importance de l'enjeu et celle de votre relation avec votre adversaire; et vous en êtes venu, par exemple, à la conclusion que la collaboration serait la stratégie qui vous conviendrait le mieux. Or, l'autre partie n'est pas du tout intéressée à collaborer. Qu'allez-vous faire ?

Dans ce cas, je suggère que vous considériez les autres stratégies dans le but de trouver la meilleure solution de rechange. Dans certaines circonstances, il se peut que, dans un premier temps, l'affrontement vous soit utile pour amener ensuite votre adversaire à collaborer. Si, par contre, l'affrontement est votre stratégie préférée, mais que vous ne disposez pas de suffisamment de pouvoir, vous pourriez avoir recours à l'évitement pour vous donner le temps d'activer de nouvelles sources de pouvoir. Consultez le Tableau 8.1, *Tableau comparatif des stratégies*; il fait le point sur les avantages, les inconvénients et les conditions de succès de chacune des quatre stratégies.

TABLEAU 8.1

Tableau comparatif des stratégies

	Avantages	Inconvénients	Conditions de réussite	Compatibilité avec la principale source de conflit
AFFRONTEMENT	Peut mener à des solutions rapides Vous permet d'obtenir ce que vous voulez Stimulant Flatte l'ego, en cas de victoire	Favorise l'escalade Peut mettre en péril la relation En cas de défaite, peut s'avérer très coûteux	Le pouvoir : en avoir au moins autant que l'adversaire, et de préférence plus	Convient surtout quand l'autre partie refuse de bouger Lorsque d'importants enjeux sont en cause Lorsque la collaboration a échoué À éviter dans les cas de chocs culturels
COLLABORATION	Favorise les solutions productives Peut avoir des effets bénéfiques sur la relation Peut contribuer à développer l'esprit de participation chez ceux qui ont pris part à la résolution du conflit	Peut traîner en longueur et gruger beaucoup de temps Peut mener à la procrastination et à l'inaction Peut dissimuler un affrontement	Confiance et bonne volonté de la part de chacune des parties	Convient dans les cas de chocs culturels Dans les cas de conflits d'intérêts Lorsqu'on dispose de moins de pouvoir que son adversaire À éviter si on ne peut pas faire confiance à l'autre partie

	Avantages	Inconvénients	Conditions de réussite	Compatibilité avec la principale source de conflit
ÉVITEMENT	Permet de gagner du temps, de reprendre ses esprits Permet de prendre une certaine distance Donne le temps d'analyser la situation et de choisir sa stratégie Permet de s'accorder un moment de repos	Peut entraîner une escalade Peut avoir des effets négatifs sur la relation Accorde peu d'influence sur le cours des événements	Temps, patience et un seuil élevé de tolérance face à l'incertitude	Convient lorsqu'on éprouve de très fortes émotions Lorsque l'autre partie refuse de bouger, campe sur ses positions Lorsqu'on ne se sent pas vraiment concerné À éviter dans les cas d'urgence
CONCESSION	Constitue une occasion de faire plaisir à son adversaire et de gagner ainsi sa confiance Permet d'entrer dans les bonnes grâces d'un autocrate (flagornerie) Permet de s'accorder un moment de repos Et, dans les cas où l'on a tort, pourquoi ne pas le reconnaître ?	À la longue, peut devenir une source d'impuissance Peut conduire à une perte d'estime de soi N'accorde aucune influence sur le cours des événements Peut encourager les abus chez ceux qui savent qu'on n'opposera pas de résistance	Se sentir peu concerné	Convient lorsqu'on dispose de très peu de pouvoir et que ni la collaboration ni l'évitement ne sont possibles; dans ce cas, pourquoi perdre son temps et ses énergies à tenter de résoudre ce conflit ?

LES MÉTHODES DE RÉSOLUTION DE CONFLIT

Une fois toutes les circonstances prises en compte et votre choix de stratégie arrêté, il vous reste encore à déterminer quelle sera la meilleure façon d'appliquer cette stratégie. Vous trouverez ci-dessous une brève description des différentes méthodes de résolution de conflit correspondant à chacune des quatre stratégies.

Les méthodes basées sur l'affrontement

La discussion

Cette méthode consiste ni plus ni moins en une conversation dirigée. Les parties exposent leurs demandes respectives et leur point de vue sur le conflit. Elles débattent des différents points, avec preuves et documentation à l'appui. Le but de l'exercice est d'arriver à une solution en explorant toutes les dimensions du conflit. On peut clore le processus en passant au vote. Cette méthode est souvent la seule façon pour que des factions rivales puissent en arriver à prendre des décisions.

La négociation compétitive

Dans le cas de la négociation compétitive, les parties se font face sur la base de revendications, avec l'intention, advenant que leurs demandes ne soient pas satisfaites, de recourir à des moyens de pression qui forceront l'adversaire à céder ou à accepter un compromis. Nous étudierons cette méthode dans le chapitre suivant qui traite de la négociation.

La conciliation

La conciliation est une forme de négociation entre des parties dont les relations se sont détériorées à un point tel que celles-ci ne peuvent plus être mises en présence l'une de l'autre. Un tiers parti, ayant reçu l'assentiment des adversaires, ira de l'un à l'autre suggérant des solutions qui pourraient venir à bout du conflit et satisfaire les demandes de chacun. On a souvent recours à la conciliation dans les cas de litiges financiers entre entreprises. Un directeur qui doit faire face à un conflit entre des employés pourrait, par exemple, jouer le rôle de conciliateur.

L'arbitrage

Dans le cas de l'arbitrage, le tiers parti décide lui-même des mesures à prendre pour résoudre le conflit. Cet arbitre agit un peu à la manière d'un juge, mais dans le contexte d'un tribunal administratif. On a généralement recours à l'arbitrage quand les parties sont tenues par une entente collective.

Le recours au système légal

Il peut arriver, et c'est souvent le cas, que la loi reconnaisse des droits à l'une ou l'autre des parties. Par exemple, dans plusieurs pays, il existe une loi interdisant le harcèlement sexuel. Une personne victime de harcèlement sexuel peut déposer une plainte qui conduira éventuellement les parties devant un juge.

Pensez-y sérieusement avant d'avoir recours à l'arbitrage ou aux tribunaux. Même si votre cause est bonne, vous n'êtes jamais certain de gagner. Une entente négociée sera toujours préférable à une décision sur laquelle vous n'avez aucun contrôle. En général, on n'a recours à l'arbitrage ou aux tribunaux qu'en cas de refus de négocier de la part de l'adversaire.

Les méthodes basées sur la collaboration

Le dialogue

S'asseoir avec la personne avec qui on est en conflit et parler, c'est aussi une méthode efficace. Malheureusement, nous vivons dans un monde où on n'ose pas exposer directement nos différends. Pourtant, le simple fait de mettre cartes sur table et d'exposer clairement le problème non seulement mène, dans bien des cas, à la résolution du conflit mais participe également au renforcement de la relation entre les joueurs concernés. Le dialogue suppose que tous les joueurs aient la capacité et le temps de s'exprimer, et qu'ils puissent le faire dans une atmosphère calme et sereine.

La négociation collaborative

Cette méthode convie les parties à s'asseoir et à étudier ensemble les différentes facettes du conflit pour en arriver à des solutions communes et productives. Nous aborderons cette méthode plus en détail dans le prochain chapitre.

La médiation

Tout comme la concession, la médiation a recours à un tiers parti pour résoudre le conflit. Dans ce cas, toutefois, les parties sont en présence l'une de l'autre. Mais leur relation ne leur permettant pas de s'entendre sans l'intervention d'une personne neutre, c'est le médiateur qui les aidera à exprimer leurs griefs, à identifier les enjeux et à proposer des pistes de solutions.

CONSIDÉRATIONS ÉTHIQUES

Impossible de parler stratégies sans aborder la question de l'éthique. Le pouvoir, les punitions (ou menaces de punitions), les récompenses soulèvent souvent un problème moral. Ce sont des aspects que, pour plusieurs d'entre nous, nous n'aimons pas aborder. Pour résoudre les dilemmes moraux auxquels vous pourriez avoir à faire face, vous aurez tout intérêt à rédiger, sous forme d'une série d'énoncés de principes, votre propre code d'éthique auquel vous pourrez vous référer en tout temps. Selon moi, tout individu et toute organisation devrait disposer de cet outil de référence. En voici un exemple :

- Je n'humilierai pas mes adversaires.

- Je respecterai l'intégrité physique et psychologique de toutes les personnes avec qui je travaille.

- Je n'abuserai pas de mon pouvoir; je protégerai ceux qui n'en ont pas.

- Je donnerai à l'autre le bénéfice du doute; je ne lui ferai pas de procès d'intentions; je ne le jugerai que sur ses actions.

- Je m'adresserai directement à mes adversaires.

- Je ne nuirai pas à la réputation de l'autre; je ne dénigrerai pas ses compétences; je ne parlerai pas contre lui dans son dos.

Je suis certaine que vous pouvez ajouter d'autres principes à cette liste. Une fois que vous disposez d'un code de conduite pour baliser vos comportements, et que vous n'en dérogez sous aucune condition, alors toutes les stratégies deviennent possibles. Vous pouvez avoir recours à l'affrontement sans pour autant manquer de respect à votre adversaire.

SYNTHÈSE DU CHAPITRE 8

Vous avez en main, à ce stade, tous les outils dont vous avez besoin pour choisir en toute connaissance de cause la stratégie qui sera la mieux adaptée au conflit que vous vivez. Voici comment vous allez procéder :

1- *Dans un premier temps, dites-vous bien que ce n'est pas votre taux d'irritation qui doit déterminer qu'elle sera votre réaction, mais que vous disposez de deux critères importants pour guider votre choix soit : l'importance de l'enjeu et l'importance que vous accordez à votre relation avec l'autre partie.*

2- *Le* Grille de sélection d'une stratégie *est un outil simple dont vous vous servirez comme première approche dans le choix de votre stratégie. En reportant, sur une même grille, le niveau d'importance que vous accordez à l'enjeu et celui que vous accordez à la relation, vous identifierez parmi les quatre stratégies possibles, celle qui convient le mieux à votre situation. Considérez cette stratégie comme votre choix préliminaire. En effet, choisir de manière définitive une stratégie à partir de ces deux seuls critères pourrait s'avérer risqué; chacune de ces stratégies exige des conditions bien précises pour être efficace. Une stratégie qui peut s'avérer parfaitement adaptée dans certaines circonstances, ne vous sera, dans un contexte différent, d'aucun secours.*

3- *L'étape suivante consiste donc à analyser si vous êtes à même de satisfaire aux conditions exigées par la stratégie idéale suggérée par la* Grille de sélection d'une stratégie. *Si vous constatez que vous ne pouvez répondre à ces conditions, consultez le* Tableau comparatif des stratégies *(Tableau 8.1). Vous y trouverez une analyse sommaire de chaque stratégie qui vous aidera à choisir une stratégie de rechange. Ce ne sera peut-être pas la stratégie idéale, mais elle aura le mérite de correspondre aux exigences de la situation.*

4- *Il se peut aussi que vous ayez la déception de constater que vous n'avez pas ce qu'il faut pour vraiment résoudre votre problème. Le simple fait d'en avoir pris conscience peut en soi constituer un soulagement. Il arrive que nous dépensions une énergie folle à tenter de résoudre l'insolvable. Dans ce cas, l'évitement constitue une stratégie tout à fait appropriée. La fuite, variante de l'évitement, peut aussi s'avérer efficace dans certaines circonstances.* If you can't beat them, join them, *dit l'adage. J'ajouterai : et si rien n'y fait, alors prenez vos jambes à votre cou et fuyez, fuyez aussi loin et aussi vite que vous le pourrez.*

5- *Enfin, donnez-vous un code d'éthique. Une fois que vous avez délimité les grands principes qui vont guider vos comportements, vous serez libre d'appliquer n'importe quelle stratégie adaptée à votre situation.*

POUR PROTÉGER VOTRE SANTÉ MENTALE

La façon la plus sûre de protéger votre santé mentale au travail, c'est de vous adapter en fonction de chaque situation. Si, dans chaque circonstance, vous vous posez les deux questions suivantes : « Quelle importance est-ce que j'accorde à l'enjeu ? » et « Quelle importance est-ce que j'accorde à la relation ou aux relations en cause ? », vous êtes assuré d'adopter la bonne attitude en fonction du contexte. Combien de fois ne vous est-il pas arrivé de perdre votre temps en batailles sans importance ou perdues d'avance ? Ne gaspillez pas vos énergies en futilités; réservez-les pour les batailles qui comptent.

Il y a une autre attitude aussi qui représente une menace pour votre équilibre mental, c'est l'obsession de vouloir à tout prix être aimé de tous. Certaines relations ne valent pas la peine.

EXERCICE 8.1

Questionnaire sur les stratégies

Importance de l'enjeu

1- Considérez-vous que l'enjeu est important et pourquoi ?

_____

_____

2- Que se passera-t-il si vous n'intervenez pas ?

_____

_____

Importance de la relation avec l'autre partie

3- Quelle importance accordez-vous à cette relation ?

_____

_____

4- Quelle importance votre adversaire accorde-t-il à la relation qu'il a avec vous ?

_____

_____

5- À quelles stratégies avez-vous eu recours jusqu'à maintenant et quels en ont été les effets sur vos relations ?

_____

_____

6- Seriez-vous prêt à mettre en péril votre relation avec votre adversaire dans ce conflit ?

_____

_____

Commentaires

_____

_____

_____

EXCERCICE 8.2

Grille de sélection d'une stratégie

1- Sur l'axe vertical, qui va de l'évitement à l'affrontement, encer-clez un chiffre, de 1 à 5, en fonction de l'importance que vous accordez à l'enjeu.

2- Sur l'axe horizontal, qui va de l'évitement à la concession, encerclez un chiffre, de 1 à 5, en fonction de l'importance que vous accordez à votre relation avec votre adversaire.

3- Tracez une ligne horizontale à partir du chiffre que vous avez encerclé sur l'axe vertical. Puis tracez une ligne verticale à partie du chiffre que vous avez encerclé sur l'axe horizontal. Encerclez leur point de rencontre.

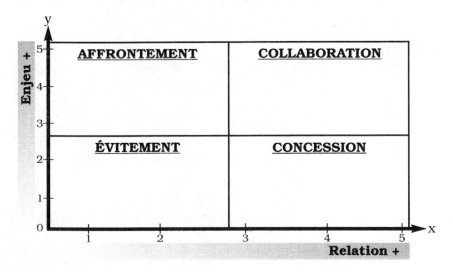

À retenir :

1- Si les enjeux en cause sont importants pour vous, votre choix de stratégie devrait se situer dans la partie supérieure de la grille.

2- Si les enjeux en cause ne sont pas importants pour vous, votre choix de stratégie devrait se situer dans l'une ou l'autre des cases de la partie inférieure de la grille.

3- Si les relations en cause sont importantes pour vous, votre choix de stratégie devrait se situer dans la partie droite de la grille.

4- Si les relations en cause ne sont pas importantes pour vous, votre choix de stratégie devrait se situer dans la partie gauche de la grille.

5- Choisir l'affrontement suppose que vous disposiez de plus de pouvoir que la partie adverse.

6- Choisir la collaboration suppose que vous fassiez confiance à la partie adverse. Ce choix suppose également que les deux parties soient d'accord pour tenter cette stratégie.

7- L'évitement et la concession peuvent s'avérer utiles pour gagner du temps ou pour éviter de gaspiller ses énergies.

Commentaires

_____

_____

_____

_____

_____

_____

CHAPITRE 9

NÉGOCIEZ LA MEILLEURE ENTENTE POSSIBLE

Mardi matin, 8 h 30. Claire prend place dans le bureau de son patron en compagnie de trois collègues. Celles-ci l'ont choisie comme négociatrice. Elle en est à la fois flattée, très excitée et … morte de peur. À peine a-t-elle le temps de prononcer trois mots que Carl l'informe qu'il n'a que vingt minutes à leur consacrer. Stoppée dans son élan, elle jette un coup d'œil à ses fiches mémoire et ajuste le tir. Mais à peine a-t-elle prononcé trois phrases que le téléphone sonne. Carl l'interrompt et prend l'appel. Claire et ses collègues ont prévu le coup; d'un seul mouvement, elles ramassent leurs dossiers et quittent la pièce. Carl en reste bouche bée. Qu'arrive-t-il donc à « ses filles », elles toujours si dociles ? Il ne veut pas que cette relation change. Secrètement très affecté par leur attitude, il tente de tourner les choses à la blague; « les filles » réagissent toutes très poliment, mais ne cèdent pas. Lorsque Carl propose à Claire d'aller prendre un café pour discuter de tout cela, elle décline l'invitation. Après vingt-quatre heures, Carl ne supporte plus la situation et les fait venir dans son bureau. Cette fois, il est prêt à négocier.

Carl a l'habitude de tout décider lui-même et ne prend pas très au sérieux ses employées. Mais ses employées, elles, le connaissent bien; elles ont prévu son comportement et se sont préparées en conséquence. Elles savent aussi qu'elles peuvent compter les unes sur les autres. Bien se connaître, bien connaître l'autre partie et savoir ce que l'on veut : voilà quelques-uns des ingrédients essentiels à une bonne négociation. Ajoutons aussi : être prêt à faire usage de son pouvoir pour être pris au sérieux.

Vous vous familiariserez, dans ce chapitre, avec les principes de base de la négociation. Vous franchirez une à une les différentes étapes de la préparation de la négociation, puis celles de la négociation proprement dite. Après avoir lu ce chapitre, vous saurez comment manœuvrer lorsque viendra le temps de résoudre un conflit au moyen de la négociation.

QU'EST-CE QU'UNE NÉGOCIATION ?

La négociation est un processus de communication orienté vers un objectif, soit : décider des règles et des conditions qui vont régir une relation. Nous pratiquons la négociation tous les jours, avec chaque personne que nous rencontrons. À la maison, nous négocions pour décider du menu, du film que nous irons voir, de l'heure d'aller au lit. Au travail, nous faisons de même avec nos patrons, nos employés et nos collègues. La négociation intervient à trois moments majeurs : au début d'une relation, à la fin d'une relation et lorsque survient une difficulté qui nous oblige à modifier l'entente qui nous lie.

Dès que vous entrez en relation avec un autre être humain, vous commencez à fixer les conditions qui vont régir votre relation. Si tant de relations donnent lieu à des conflits c'est, entre autres, que nous présumons de beaucoup de choses et que nous ne nous donnons pas la peine de clarifier les situations. Je propose donc qu'à partir de maintenant, chaque fois que vous rencontrerez quelqu'un pour la première fois, vous imaginiez que vous négociez un contrat avec cette personne. Ce contrat créera entre vous des attentes et des liens. En agissant ainsi dès les premiers contacts, vous posez un geste de prévention.

Bernadette s'est présentée légèrement en avance chez sa cliente, Mme Pinson, qui a mis plusieurs minutes avant d'ouvrir. La pauvre dame boîte à faire pitié. Une fois dans la cuisine, Mme Pinson s'excuse de n'avoir pas préparé le thé.

- J'ai tellement de difficulté à marcher, explique-t-elle, que je n'arrive même pas à préparer un thé.

Bernadette compatit aux difficultés de Mme Pinson et offre de préparer elle-même le thé. Mme Pinson lui explique où se trouve le thé, la théière et les tasses. Les deux femmes échangent pendant un certain temps sur divers sujets, puis Bernadette expose à Mme Pinson la liste des services offerts par la clinique.

- Nous desservons une très nombreuse population sur l'ensemble du territoire de la ville. Nos clients bénéficient de trois à vingt heures de services par semaine, selon les besoins de chacun. Ces services comprennent la préparation des repas, l'entretien de la maison, le bain et autres soins d'hygiène. Aujourd'hui, je suis venue pour évaluer vos besoins. Je transmettrai ensuite ma recommandation à mon administration qui décidera des services que vous recevrez.

À sa deuxième visite chez Mme Pinson, Bernadette trouve la maison dans un désordre indescriptible. Elle est bien arrivée à l'heure prévue, mais Mme Pinson lui reproche d'être en retard. Lorsque Bernadette dit à Mme Pinson qu'elle n'a pas le temps de préparer le thé, la cliente se fâche. Enfin, lorsqu'elle lui annonce qu'elle bénéficiera de cinq heures de service par semaine, soit une heure par jour, c'est la catastrophe. Mme Pinson la traite de sans-cœur.

Que s'est-il passé ? En fait, Bernadette ne s'est pas rendu compte que, lors de sa première rencontre avec Mme Pinson, il s'était en quelque sorte négocié un contrat tacite entre elles. Interprétant à sa façon l'attitude et les paroles de Bernadette, Mme Pinson en avait présumé que :

• Bernadette allait devenir son infirmière personnelle;

• Qu'elle arriverait toujours un peu en avance pour qu'elles aient le temps de papoter;

• Qu'elle allait chaque fois préparer le thé pour elle;

• Qu'elle lui accorderait le maximum d'heures de service par semaine;

La plupart d'entre nous avons tendance à interpréter les faits de notre propre point de vue. Nous avons aussi tendance à entendre ce qui nous fait plaisir et à faire abstraction de ce qui nous contrarie. Bernadette aurait dû tenir compte de cet aspect du comportement humain. Dès sa première visite à Mme Pinson, elle aurait dû se placer en mode de négociation.

Les conflits surviennent souvent au moment où nous désirons apporter un changement dans une relation. Prenons un exemple classique. Il n'y a jamais eu d'entente formelle entre votre patron et vous stipulant que vous alliez préparer son café ou faire ses appels téléphoniques. Ces tâches ne figurent pas dans votre contrat d'embauche, mais vous les accomplissez tous les jours et votre patron en est venu à se comporter comme s'il y avait droit. Il faudra vous lever tôt et préparer votre dossier avec le plus grand soin si vous voulez changer les choses.

La négociation s'avère également fort utile en fin de relation. Trop de gens, en effet, renoncent à tous leurs droits au moment de quitter un emploi ou lors d'un congédiement. La peur ou la honte motivent dans bien des cas cette fuite. Or, ainsi que nous l'avons vu dans le premier chapitre de ce livre, apprendre à gérer ses émotions constitue le premier pas pour rester maître du jeu en situation de conflit. En matière de négociation, savoir défendre ses droits et ceux des autres constitue votre principal atout. Peut-être croyez-vous qu'au moment où vous quittez un emploi, vous n'avez plus rien à perdre et que votre départ marque la fin de la relation; mais n'oubliez pas que vous aurez peut-être besoin de faire appel à votre ex-employeur; pour une lettre de référence, par exemple.

Pour qu'il y ait négociation, il faut : des parties qui s'opposent, une situation conflictuelle, un motif et une certaine marge de manœuvre. Voyons cela plus en détail.

Des parties

On ne négocie pas seul ; on négocie avec les autres. Dans un processus de négociation, vous êtes une des parties; votre adversaire constitue l'autre partie. Si vous en êtes venus à négocier, c'est que votre adversaire et vous n'êtes pas d'accord sur un point ou sur un autre. Une négociation intervient généralement entre : un prestataire de service et son client, un patron et son employé ou encore entre les membres d'une même équipe. Il se peut qu'un conflit oppose plusieurs personnes ayant des intérêts divergents; dans ce cas, on parle de négociations multipartites.

Une situation conflictuelle

Si vous décidez de négocier c'est que, entre vous et l'autre partie, il y a une divergence quelconque. Sinon, la négociation est sans fondement et inutile. Rappelez-vous, à propos du choix d'une stratégie, nous avons vu que l'affrontement ou la collaboration s'avèrent des choix pertinents si l'enjeu en vaut la peine. Dans le cas contraire, on aura plutôt intérêt à tout simplement éviter le conflit ou à concéder la victoire. Négocier exige temps et énergie; il faut que cela en vaille la peine. Si vous mobilisez tout votre entourage pour des détails sans importance, personne n'acceptera de vous suivre quand de vrais problèmes surgiront. Avant de convoquer qui que ce soit à la table des négociations, il faut que vous arriviez à établir clairement où se situe le problème et sur quels points, vous et votre adversaire, divergez. Il faut aussi que vous ayez pris le temps et la peine d'identifier vos propres intérêts et ceux de la partie adverse. La négociation réserve parfois d'énormes surprises. Or, surprises et efficacité ne font pas bon ménage. Un bon négociateur est toujours bien préparé.

Un motif

Pourquoi prendrai-je le temps de négocier avec vous ? Imaginons que vous vouliez une augmentation de salaire et que moi, votre patron, je ne sois pas d'accord. Dans ce cas, il n'y aura pas de négociation parce qu'une des parties n'a pas de motif pour négocier. Imaginons cette fois que vous soyez mon employé préféré et que vous vouliez une augmentation de salaire. Comme je veux vous garder et que je tiens à ce que vous soyez heureux chez moi, je vais m'asseoir avec vous pour en discuter. Cette fois, nous avons tous les deux une bonne raison de négocier, bien que ce ne soit pas la même. Autre exemple : vous possédez des connaissances et une expertise dont j'ai besoin et, de mon côté, je dispose de l'argent dont vous avez besoin; là encore nous avons l'un et l'autre un motif pour nous mettre en frais de négocier un échange.

Une marge de manœuvre

Si vous avez les pieds et les mains liés et ne disposez d'aucune latitude, on ne peut pas parler de négociation – votre rôle, dans ce cas, se limite à transmettre de l'information à l'autre partie. Je me souviens d'une gérante de cantine scolaire, Caroline, qui suivait un de mes ateliers sur la négociation. Elle tenait absolument à nous convaincre qu'elle négociait à tout propos avec ses employés. Voici ce qu'elle entendait par « négocier » :

> - Quand l'administration du collège me fait parvenir ses directives, je réunis toute mon équipe, je leur explique les raisons des changements demandés et comment nous allons procéder dorénavant. Pour moi, la négociation, c'est très important dans mes relations avec mes employés.

Il n'y a rien de mal à informer les gens. Cela vaut toujours mieux que de les maintenir dans l'ignorance au moment où d'importants changements s'imposent; et cela évite bien des conflits. Mais il ne faut pas leur faire prendre des vessies pour des lanternes; si vous n'avez pas le pouvoir de négocier ne leur faites pas croire qu'il en est autrement.

Si Caroline avait vraiment négocié, voici comment les choses se seraient passées :

> - Si je vous ai réunis ce matin, c'est pour vous informer que la haute direction du collège a modifié les heures d'ouverture de la cantine. Dorénavant, nous ouvrirons de 6 h 30 à 21 h, au lieu de 7 h à 19 h, comme nous faisions jusqu'à maintenant. Je suis consciente que cette directive peut occasionner d'énormes changements dans votre organisation du temps, du moins pour la plupart d'entre vous. Mais nous n'avons pas le choix. Ce n'est pas un souhait de la part de la direction : c'est un ordre. Ceci étant, je veux que nous examinions ensemble comment nous appliquerons ce changement en tenant compte des intérêts de tous. Dans un premier temps, j'aimerais que chacun d'entre vous me fasse parvenir par écrit ses besoins et ses suggestions. Ensuite, je propose que vous formiez un comité de négociation. Je rencontrerai vos représentants pour fixer vos nouveaux horaires de travail. Merci de votre attention et très bonne journée à tous.

LES DEUX GRANDES STRATÉGIES DE NÉGOCIATION

Il existe deux stratégies majeures en négociation. Elles correspondent aux deux stratégies de résolution de conflit qui figurent dans la partie supérieure de la *Grille de sélection d'une stratégie* (Exercice 8.2) : la négociation compétitive qui fait appel à l'affrontement, et la négociation collaborative qui fait appel, évidemment, à la collaboration. L'une et l'autre sont des stratégies décisives. Elles se distinguent toutefois au plan de l'importance accordée à la relation. Si vous choisissez la négociation compétitive, c'est que l'enjeu l'emporte sur la relation en termes d'intérêt : vous voulez gagner. Si vous choisissez la négociation collaborative, c'est que l'enjeu et la relation vous importent également : vous voulez résoudre le problème tout en maintenant ou renforçant la relation. Dans le premier cas, l'avantage consiste en ce que, pour gagner, il vous suffit de disposer de suffisamment de pouvoir. Par contre, ce type de négociation présente l'inconvénient de mettre en danger la relation. Quant à la négociation collaborative, elle comporte d'importants avantages; elle suppose toutefois que vous preniez en compte les besoins et les intérêts de l'autre partie, et que vous soyez disposé à laisser tomber certains des vôtres. Avant d'opter pour l'une ou l'autre de ces deux stratégies de négociation, revoyez le chapitre 8 sur les stratégies.

Vous constaterez, au Tableau 9.1, que les deux stratégies ne font pas appel au même type de processus. Dans un contexte de négociation compétitive, l'activité principale ne consiste pas à communiquer mais à lutter pour avoir gain de cause, les deux parties multipliant les tentatives en vue de hausser leur niveau de pouvoir. Dans ce contexte, les rencontres à la table des négociations servent essentiellement à faire part à son adversaire de ses revendications et de sa détermination à l'emporter.

TABLEAU 9.1

Tableau comparatif des deux grands types de négociation

	Négociation compétitive	Négociation collaborative
Les conditions nécessaires	Que votre partie dispose de suffisament de pouvoir et ait l'intention de s'en servir.	Que les deux parties fassent preuve de bonne foi.
Le processus	Avant de rencontrer l'autre, chaque partie : 1- Circonscrit le ou les problème(s); 2- Trouve des solutions et en choisit une (pour chaque problème); 3- Reformule la solution choisie sous forme de revendication. Les parties une fois face à face : 1- Apportent leurs revendications respectives à la table de négociation; 2- Essayent d'obtenir satisfaction maximale à leurs revendications.	Avant de rencontrer l'autre, chaque partie : 1- Reconnaître qu'il existe un problème. Les parties une fois face à face : 1- Analysent le problème sous toutes ses facettes et dans toutes ses ramifications; 2- Pratiquent la résolution de problèmes en tenant compte des points de vue et des intérêts de chacun;

	Négociation compétitive	Négociation collaborative
		3- Font ressortir plusieurs pistes de solutions; 4- Choisissent la solution qui résoudra le problème de manière que toutes les parties obtiennent satisfaction.
Quand s'arrêter ?	Une fois toutes vos ressources épuisées.	Une fois que les mesures choisies pour résoudre le conflit ont été mises en place.
Le partage de l'information	Minimal : vous donnez et rejetez l'information en fonction de ce qui peut servir votre cause.	Maximal : chacune des deux parties partage le plus d'information possible avec l'autre.
Le type de communication	Argumentation	Dialogue et discussion
L'attitude	Rigidité	Ouverture

Céline et Robert sont associés depuis de nombreuses années. Au fil des ans, la petite firme de deux consultants est devenue une grosse agence qui compte vingt consultants et cinq employés de soutien. Céline a décidé de quitter la boîte et de créer sa propre agence, mais elle voudrait conserver les comptes qu'elle-même est allée chercher. Robert, lui, préférerait une entente financière. Après une première rencontre plutôt houleuse, d'où ils sont sortis en s'invectivant, Céline est allée s'informer des recours légaux à sa disposition. Elle est aussi entrée en contact avec un ancien client qui s'est déjà plaint du travail de Robert. De son côté, Robert est passé de bureau en bureau pour gagner l'appui de ses autres associés.

J'ai choisi cet exemple parce qu'il illustre comment, dans le contexte d'une négociation compétitive, l'action se passe, pour une bonne part, ailleurs qu'à la table des négociations, chaque partie tentant, chacune de son côté, de multiplier ses sources de pouvoir. Elles ne se retrouveront autour d'une table que pour se mesurer à nouveau. Dans un contexte de négociation collaborative, la communication fait partie intégrante de la solution. Reprenons la même situation en supposant, cette fois, que Céline et Robert sont des amis.

> Céline a l'intention quitter la boîte parce que celle-ci a pris trop d'expansion à son goût. La pression est trop forte pour elle et elle n'a plus le loisir de choisir ni ses clients, ni le type de contrats qu'elle aimerait faire. Lorsqu'elle met Robert au courant de ses projets, celui-ci lui fait part de sa déception mais il comprend. Il lui propose de négocier les modalités de son départ en présence d'un troisième associé senior. Après quelques semaines de négociation, ils en viennent à une entente qui satisfait à la fois Céline et la firme.

Quand on choisit de négocier sur le mode de la collaboration, l'action pour une grande part se passe autour de la table. Chaque partie y apporte toute l'information dont elle dispose et s'efforce de satisfaire les intérêts de tous.

LES PRINCIPES DE BASE D'UNE NÉGOCIATION

Que vous choisissiez l'affrontement ou la collaboration, votre négociation sera soumise à un certain nombre de règles de base.

Bien se connaître et bien connaître l'autre partie

La négociation est un jeu qui se joue à deux, ou à plusieurs, mais ce n'est pas un jeu de devinettes. Quel est votre plan de match ? Quel est le jeu de l'autre partie ? Cette information a déjà été inventoriée dans votre CLIP-C. Utilisez-la. Pour être certain d'avoir à votre disposition, dès le départ, toute l'information dont vous aurez besoin en cours de négociation, consultez l'*Aide-mémoire* qui figure à la fin de ce chapitre.

Se concentrer sur les enjeux, pas sur les personnes

La négociation est un jeu où vous prévoyez certains coups à l'avance et ou, à d'autres moments, vous jouez en fonction du coup que vient de jouer votre adversaire. Nous verrons un peu plus loin comment on planifie une négociation et comment on prépare sa stratégie. Mais il reste que, peu importe l'effort que vous aurez mis à vous préparer, une négociation comporte toujours des imprévus. Vous devez compter avec les réactions, parfois imprévisibles, de votre opposant à vos propres interventions, et vice-versa. J'ai connu des négociations au cours desquelles les relations entre les parties se sont améliorées parce que celles-ci avaient à cœur de bien travailler ensemble et parce que les rencontres se passaient sur la base d'un respect mutuel. Mais j'en ai aussi connu qui ont attisé la haine entre les négociateurs. Il est très facile, dans ce cas, de perdre de vue les raisons qui vous ont amené à cette table et de dévier de la voie que vous vous étiez tracée. Peu à peu, votre objectif n'est plus de résoudre un problème mais de faire perdre votre adversaire et de lui prouver que c'est vous le meilleur, le plus intelligent, etc. Quand vous en arrivez là, une seule chose à faire : quittez la table de négociation et faites-vous remplacer.

Vous pouvez aussi éviter d'en arriver là. Pour cela, vous devez absolument, avant d'entamer la négociation, renoncer à l'idée que votre opposant est un méchant personnage pétri de mauvaises intentions. Si vous en êtes venu à la décision qu'il fallait négocier, c'est dans le but trouver une solution à un problème bien précis, pas pour en découdre avec un clown arrogant qui magouille pour assouvir ses propres intérêts ! Si vous n'arrivez pas à vous convaincre de cela, trouvez quelqu'un qui négociera à votre place. La négociation exige qu'on garde la tête froide.

Éviter de se montrer trop gourmand

La gloutonnerie ne vous mènera nulle part. Imaginez que la partie adverse cède à certaines de vos revendications tout simplement parce que vous vous êtes montré convaincant et pour vous être agréable. Sur le coup, cette attitude a pu lui paraître appropriée. Mais si elle constate ensuite qu'en vous cédant elle s'est mise dans une impasse et qu'il lui est impossible de revenir en arrière alors, attention ! Lors d'une prochaine négociation, elle saura à quoi s'en tenir et vous aurez du mal à gagner du terrain.

> Juliette rêve de longues fins de semaine et voudrait réduire sa semaine de travail à quatre jours. En cours de négociation avec son patron, elle constate que celui-ci fait preuve d'une grande ouverture et a vraiment à cœur de lui faire plaisir. En bout de course, elle obtient de passer d'une semaine de cinq jours à une semaine de quatre jours, de quarante heures de travail à trente-six, sans aucune diminution de salaire. Après quelques temps de ce nouveau régime, son patron commence à manifester des signes de mécontentement. Il a le sentiment que certaines tâches sont négligées. Il a même dû embaucher une personne supplémentaire pour assumer les heures dont Juliette a été exemptée; celle-ci lui avait pourtant promis qu'il n'aurait pas à en arriver là. Après trois mois, Juliette doit revenir à son ancien horaire et la nouvelle employée est remerciée. La relation entre Juliette et son patron ne s'en remettra jamais, et la moindre demande de sa part donnera lieu à des marchandages à n'en plus finir. Elle a définitivement perdu sa confiance.

En fait, initialement, Juliette espérait qu'on lui accorde une journée de congé aux deux semaines. Pour cela, elle était prête à travailler de plus longues heures et à accepter une baisse de salaire, si nécessaire. Elle avait planifié son emploi du temps de manière que tout le travail soit accompli et que son patron n'ait pas à embaucher un nouvel employé. Mais devant l'attitude conciliante de son patron, son appétit a augmenté. Juliette a enregistré plusieurs gains, mais ses pertes ont été supérieures.

Repérer ses portes de sorties

Sachez que lors que vous vous lancez dans un processus de négociation, il se peut que vous ne réussissiez pas à atteindre vos objectifs. C'est pourquoi il faut absolument que vous repériez vos portes de sorties, c'est-à-dire les solutions autres qui s'offrent à vous.

> Jean-Marie est président d'une petite agence de design graphique. Depuis quinze ans, la firme KKLV est son principal client; elle représente 30 % de son chiffre d'affaires. Or, depuis un certain temps, ce client se montre de plus en plus exigeant et menace même de changer de fournisseur s'il n'obtient pas ce qu'il désire. Ce petit jeu commence sérieusement à énerver Jean-Marie qui cherche comment éviter d'avoir à renouveler son entente avec

KKLV. Dans un exercice de remue-méninges, il note sur papier les portes de sorties possibles, sans se censurer.

Voici le résultat de cet exercice :

• Fermer l'entreprise;

• Aller chercher de nouveaux clients;

• Mettre fin au contrat avec KKLV et licencier des employés;

• Fermer la boîte et reprendre des études dans un nouveau domaine;

• Fermer la boîte et en ouvrir une autre ailleurs, dans une région où il y aurait un plus grand bassin de clientèle.

Grâce à cet exercice, pour la première fois, Jean-Marie constate qu'il a le choix. Depuis des années, il se démène pour maintenir à flot une entreprise qui possiblement bat de l'aile pour l'unique raison, réalise-t-il aujourd'hui, qu'elle ne se trouve pas au bon endroit. Si jamais il n'arrive pas à tirer son épingle du jeu dans sa négociation avec KKLV, il n'aura qu'à mettre la clef dans la porte. Depuis des années, il dépense une énergie folle à tenter de dénicher des clients potentiels, mais il n'en existe tout simplement pas dans sa petite ville qui se vide peu à peu de sa population. D'un autre côté, il doit reconnaître aussi qu'il aimerait bien que l'entreprise survive. Il apprécie le style de vie qu'il a réussi à se donner et il sait que ses employés ont besoin de ce travail.

Mais il reste que, pour la première fois depuis toutes ces années, il accepte de considérer la possibilité de fermer et de déménager. Qui sait ! Au lieu d'assister impuissant, au naufrage d'une entreprise qui prend l'eau de toutes parts, peut-être devrait-il consacrer les économies qui lui restent à se construire un nouvel avenir. C'est donc avec un esprit libéré et prêt à faire face à la situation que Jean-Marie s'est présenté devant KKLV pour négocier leur nouveau contrat. Et lorsque les représentants de KKLV ont entamé la longue liste de leurs revendications, Jean-Marie les a tout de suite interrompus.

- Désolé de vous couper la parole mais je voudrais, dès cet instant, mettre certaines choses au clair. Je n'ai pas les moyens de satisfaire vos exigences sans cesse croissantes. J'aimerais beaucoup vous garder comme client mais nous devrons examiner vos demandes une à une et faire le tri entre ce qui est acceptable et ce qui ne l'est pas, entre ce qui est réalisable et ce qui ne l'est pas. Je propose que nous prenions votre contrat actuel comme base de notre négociation et que nous trouvions le moyen de le rendre satisfaisant pour tous.

Décontenancés, les représentants de KKLV demandent à réfléchir à la proposition de Jean-Marie. Quand ils se présentent à nouveau à la table des négociations, ils sont dans de meilleures dispositions. Jean-Marie a confiance d'en arriver à une bonne entente, maintenant qu'il sait qu'il a le choix.

Si la partie adverse sent que vous tenez absolument à quelque chose, son pouvoir sur vous en est accru. Inversement, avoir le choix vous rend plus indépendant. Moins facile à séduire, vous n'en êtes que plus désirable. Ajoutez une petite dose de compétitivité dans la négociation.

Avant de rencontrer l'autre partie, prenez toujours le temps d'examiner tous les choix qui s'offrent à vous. L'*Aide-mémoire* qui se trouve en fin de chapitre vous aidera dans cet exercice.

S'appuyer sur des références extérieures

Comment fait-on ailleurs ? Quelles politiques existent dans ce domaine ? Que dit la loi à ce propos ? Existe-t-il des précédents ? Autant de critères qui peuvent servir dans le cours d'une négociation. Vous soutenez que le problème est urgent ? Qu'entendez-vous exactement par urgent ? Vous parlez d'efficacité ? Qu'entendez-vous par efficacité ? Comment la mesurer ? Vous dites que la compagnie est au bord de la faillite ? Expliquez-moi comment, apportez-moi des chiffres.

Se fixer des limites

Sachez jusqu'où vous êtes prêt à aller. C'est primordial. Dans un contexte de négociation compétitive, les relations sont tendues, souvent hostiles. Les joueurs ont tendance à espérer une défaite cuisante de l'adversaire. Si vous êtes dans cet état d'esprit, vous risquez de perdre de vue vos propres intérêts, vos propres objectifs. Évitez de tomber dans le piège qui consiste à croire mordicus que rien ne saurait vous satisfaire que vos propres revendications. En vous braquant, vous pourriez prolonger indûment le conflit et même l'envenimer. N'oubliez jamais que la vie continue une fois la négociation terminée; si vous avez coupé tous les ponts entre vous et votre adversaire, comment ferez-vous ensuite pour concrétiser l'entente à laquelle vous en serez venus ? À la moindre occasion, l'autre partie reniera ses engagements et vous fera la vie dure.

Mon mentor me répétait souvent : « Ne perds jamais de vue ton *point de règlement* ». Quand un conflit met en cause plusieurs personnes, toutes ne sont pas nécessairement d'accord sur ce qu'il serait raisonnable d'accepter et sur ce qu'il ne le serait pas. Avant la négociation, entendez-vous avec les vôtres sur ce que sera votre *point de règlement*. Vous bénéficierez d'une plus grande marge de manœuvre au moment de la véritable négociation.

L'entente à laquelle en arriveront les parties constitue en fait une variation de leurs revendications respectives. Pour déterminer votre point de règlement, revenez à l'exposé du problème et identifiez les points qui vous paraissent essentiels pour résoudre le problème à sa source.

Dans le contexte d'une négociation collaborative, les parties considéreront qu'elles en sont arrivées à un terrain d'entente lorsqu'elles auront trouvé des solutions au conflit sur lesquelles elles sont toutes les deux d'accord. Que la négociation soit de type compétitif ou collaboratif, elle s'arrête lorsque vous avez atteint vos objectifs. Ce seront vos points de repère du début à la fin du processus.

Partager judicieusement l'information

Négocier, c'est communiquer. Cela suppose donc un échange d'information. Si vous n'êtes pas certain de pouvoir faire confiance à l'autre partie, ou si vous ne connaissez pas très bien votre opposant, soyez prudent quand vous lui fournissez de l'information. Évitez de lui donner la corde qui servira à vous pendre.

Dolorès, titulaire de la classe de dixième, a rendez-vous avec le directeur de l'école parce qu'elle préférerait qu'on lui confie plutôt une classe de huitième. Elle arrive à obtenir ce qu'elle désire en confiant à son directeur que les élèves de dixième lui causent des soucis de discipline, qu'elle a de la difficulté à les contrôler. Le directeur accède donc à sa demande. Un an plus tard, l'école se voit dans l'obligation de fermer une classe de huitième. La seule autre classe disponible est une classe de neuvième. Dolorès pose sa candidature mais on lui refuse le poste en s'appuyant sur l'information qu'elle a donnée, un an plus tôt, dans le cadre de sa négociation.

On ne sait jamais ce que l'avenir nous réserve. Choisissez judicieusement vos arguments, pensez aux conséquences de ce que vous dites et assurez-vous que vos propos ne puissent éventuellement être retenus contre vous.

User de son pouvoir de punir et de récompenser de manière éthique et avec circonspection

La négociation compétitive est une affaire de pouvoir. C'est pourquoi on a recours à cette stratégie dans les cas où on a le sentiment d'avoir ce qu'il faut pour gagner, c'est-à-dire pour convaincre l'autre non en jouant de son charme ou du raffinement de sa pensée, mais en roulant les mécaniques. C'est ce que fait le lion quand il rugit ! Ça impressionne !

Revoyez l'exemple qui nous a servis en début de chapitre. Vous constatez que Claire et ses collègues ont recours à des gestes punitifs (sortir du bureau, refuser d'aller prendre un café, etc.), mais juste ce qu'il faut pour déstabiliser leur patron. Par contre, si Carl accède à leurs demandes, alors il aura droit à une récompense : elles vont se montrer gentilles, retrouver le sourire et Carl, lui, retrouvera « ses filles ». La négociation compétitive est loin d'être une partie de plaisir, mais elle peut s'avérer une étape nécessaire pour que l'autre partie vous prenne au sérieux.

Éviter les menaces sans fondements

Il peut être tentant de bluffer pour en arriver à un règlement. Si vous avez en main les cartes qu'il faut, tant mieux pour vous ! Par contre si vous n'avez pas le pouvoir de mettre vos menaces à exécution, et que votre adversaire le sait, alors il ne vous prendra plus jamais au sérieux. Alors que vous pensiez afficher votre puissance, vous aurez plutôt fait preuve de faiblesse. Pensez-y.

LES PHASES D'UNE NÉGOCIATION

La préparation

Quelle que soit la stratégie de négociation que vous choisissiez, une bonne préparation renforcera votre confiance en vous et votre crédibilité face à l'autre partie. En d'autres mots, elle accroîtra votre pouvoir. Si vous avez pris la peine de bien vous préparer, l'autre partie accordera plus d'attention à ce que vous avancez.

Identifier ses objectifs

Où voulez-vous en être à la fin de cette négociation ? Voilà la question à vous poser avant de planifier quoi que ce soit. En identifiant vos objectifs, vous déterminez du fait même avec qui vous voulez négocier et quelle sera, dans votre cas, la meilleure stratégie. Ces objectifs vous serviront aussi de point d'ancrage pendant toutes les phases de la négociation ; ils préviendront les dérives. Peu importe les obstacles, vous aurez toujours une version écrite de vos objectifs à laquelle vous référer, qui vous rappellera pourquoi vous êtes assis à cette table.

Revenons à l'exemple d'Hélène, Suzanne et Alfred. Hélène est en conflit avec Suzanne, une de ses employés. Elle sait que si elle ne règle pas ce conflit, elle est cuite ! Elle en vient donc à la conclusion que les deux objectifs qui doivent lui servir de guide dans ses négociations sont : 1- se réconcilier avec Suzanne, 2- éviter que Suzanne ne mine son autorité.

Identifier les négociateurs

La seconde étape consiste à clairement identifier les personnes qui se feront face à la table de négociation. Dans un conflit qui met en scène plusieurs personnes, qui doit négocier ? Est-ce que tout le monde doit être présent autour de la table ? Est-ce que tout le monde prendra la parole ? Plus vous serez nombreux, plus grands seront les risques de contradictions et de confusion. Selon moi, si vous êtes plus de quatre ou cinq personnes à défendre une position, vous n'avancerez à rien. Quant à savoir qui doit prendre la parole, cela relève du groupe et de ses habitudes de travail. Personnellement, j'aime bien l'idée de nommer un porte-parole. Cette personne disposera d'une connais-

sance de l'ensemble du dossier; vous évitez ainsi d'inutiles conflits de personnalités qui risquent de menacer la bonne entente
à l'intérieur même de votre groupe. Cette décision doit être prise
collectivement. Si vous choisissez de nommer un porte-parole,
cette personne doit avoir la confiance de tous les membres du
groupe. Votre porte-parole doit aussi disposer, nous en avons fait
mention plus haut, d'une marge de manœuvre suffisante. Si son
mandat se limite à celui de messager et qu'il n'a pas la possibilité de parler en votre nom, il ne vous sera d'aucun secours. Dans
ce cas, vous pourriez aussi bien tous participer à la négociation.

Il est très important aussi que vous identifiiez avec qui vous
devez négocier. Qui sera l'autre partie ? Selon les objectifs que
vous vous serez fixés et selon divers autres facteurs liés au type
de relations que vous entretenez avec les personnes en cause,
vous serez enclin à négocier avec telles ou telles personnes. Vous
devez également vous assurer que l'autre partie dispose, elle
aussi, d'une marge de manœuvre qui lui permettra de faire
preuve d'ouverture et de flexibilité. Revenons encore une fois à
l'exemple d'Hélène.

> Hélène se demande s'il est préférable qu'elle négocie directement
> avec Suzanne ou si elle a intérêt à faire entrer Alfred dans le
> processus de négociation. Elle choisit, dans un premier temps, de
> négocier seule avec Suzanne. Elle n'a encore jamais abordé avec
> elle le sujet de leur discorde. Elle craint aussi que si elle alerte
> Alfred, elles devront ensuite toujours avoir recours à son intermé-
> diaire au moindre différend qui les opposera. Quant à recourir à
> l'autorité du directeur général, cela pourrait mener au congé-
> diement de Suzanne, ce qui ne servirait en rien les intérêts
> d'Hélène. Les parties seront donc constituées d'Hélène et de
> Suzanne.

Choisir une stratégie

Préférez-vous vous poser en rival ou en collaborateur ? Dans
le premier cas, vous cherchez avant tout à faire part à votre
adversaire de vos revendications; dans le second, vous cherchez
ensemble les solutions à vos problèmes.

Hélène a choisi la collaboration. L'enjeu, pour elle, est très
important; elle ne peut se permettre de laisser s'envenimer sa
relation avec Suzanne. Si la collaboration ne donne pas de résul-

tats, il lui restera toujours l'autre solution. Mais il est encore trop tôt pour envisager cette éventualité.

Réunir toutes les données

Pas question de vous présenter devant l'autre partie en vous contentant de formuler de vagues accusations. Que se passerait-il si Hélène se précipitait vers Suzanne en l'accusant de miner son autorité ? Suzanne, sans doute, se mettrait en colère et se fermerait comme une huître. Avant d'approcher Suzanne, Hélène doit réunir des données fiables sur le problème. Ensuite, elle prendra rendez-vous avec elle, de sorte que Suzanne ne soit pas prise par surprise.

Avant de vous lancer dans quelque négociation que ce soit, assurez-vous que tous vos renseignements sont exacts. C'est sur ces dates, ces chiffres, ces statistiques, etc. que s'appuiera votre argumentation. Une fois franchies toutes les étapes préparatoires, vous êtes prêt à ouvrir la négociation.

L'ouverture

C'est la phase cruciale. La partie qui a demandé la négociation devrait normalement diriger cette étape. Il s'agit d'abord de prévoir un premier contact dans le but de fixer les modalités d'une rencontre. À moins que vous ne soyez très familier avec votre opposant ou que les points à discuter aient déjà fait l'objet de nombreuses discussions, vous devez insister pour que ce premier échange ait lieu face à face, et non par voie de courriels ou par téléphone. Une négociation est affaire de relations interpersonnelles, et une relation ne tient pas qu'à des mots; tout compte, le regard, la posture, l'expression du visage... On fait une bien meilleure lecture du discours de son opposant quand on l'a en face de soi.

La présence physique donne lieu à des interventions et à des réactions beaucoup plus appropriées. Elle permet aussi de s'assurer qu'on se prend mutuellement au sérieux. Dans l'exemple cité en début de chapitre, dès que commence l'entretien, Carl s'empresse de jeter un coup d'œil à sa montre et précise qu'il n'a que vingt minutes à accorder à Claire et à ses collègues. Aurait-il eu la même attitude en présence d'un client important ? Puis, il répond au téléphone. Deux gestes qui démontrent à Claire qu'il n'accorde aucune importance à ce dont elle veut discuter. Claire et ses collègues font une très juste interprétation de ce comportement et quittent la pièce.

Avant d'entreprendre une négociation, assurez-vous que l'autre partie prend la situation au sérieux. Cela veut dire accorder suffisamment de temps aux rencontres, couper les entrées d'appels ou toute autre source d'interruption. Si le moment ne convient pas, pour l'une ou l'autre partie, fixez un nouveau rendez-vous.

Si vous demandez une rencontre en vue d'une négociation et que l'autre partie refuse, alors vous devrez passer en mode affrontement pour amener votre opposant à s'asseoir avec vous. Dans ce cas, faites bien vos devoirs et vérifiez que vous remplissez toutes les conditions pour poursuivre dans cette direction.

Vous pouvez entamer une rencontre de négociation par un sourire poli et en vous informant de la santé des uns et des autres. Vous pouvez même parler du temps qu'il fait, si cela permet de briser la glace. N'oubliez pas que vous avez une relation à soigner. Mais il faudra rapidement en venir aux faits. Si ce rôle vous revient, commencez par énoncer clairement pourquoi vous êtes réunis et ce que vous attendez de cette rencontre. Vous pourriez tout de suite faire état de vos revendications et de vos objectifs, cela dépend de votre stratégie. Mais il se peut que vous préfériez entrer plus graduellement dans le vif du sujet; dans ce cas, vous commencerez en exposant le problème qui vous a amené à déclencher cette négociation.

Observons Hélène dans son approche auprès de Suzanne.

- Bonjour Suzanne. J'aimerais qu'on prenne quelques minutes ensemble; il y a quelque chose dont j'aimerais te parler. À quel moment serais-tu libre ?

- Ce matin je suis débordée. Cet après-midi, est-ce que ça pourrait aller ?

- Parfait. Je t'attends dans mon bureau à, disons, 15 h.

- Ça me va.

Les choses se présentent bien pour Hélène. Suzanne accepte de la rencontrer, et l'échange aura lieu sur son territoire. On est toujours plus performant et sûr de soi sur son propre territoire. Maintenant, observons comment Hélène entame la négociation :

Après quelques formules d'usage, Hélène dit :

- Suzanne, je ne t'apprendrai rien en disant que notre relation n'est pas des plus cordiales. J'ai voulu te rencontrer aujourd'hui pour examiner avec toi ce que nous pourrions faire à ce sujet. J'aimerais vraiment que les choses se passent bien entre nous.

- Je ne suis pas très heureuse non plus de la manière dont les choses se passent. J'ai l'impression que tu m'as détestée dès le premier jour.

Hélène a choisi d'entrer tout de suite dans le vif du sujet. Elles arriveront sans doute à parler de leur relation et à discuter de la façon de l'améliorer.

Le jeu

Vous voilà au cœur de la négociation, prenant à tour de rôle la parole pour exprimer vos différents points de vue sur la situation, les émotions que vous éprouvez face à ce qui se passe ou à ce qui s'est passé, vos revendications (si vous êtes en mode compétitif) et vos différentes pistes de solution (si vous êtes en mode collaboratif).

Posez des questions et respectez l'autre, même si vous êtes en négociation compétitive. Si vous êtes très fâché, dites-le, mais évitez les insultes. N'oubliez pas que vous êtes dans un jeu interactif.

Une négociation donne souvent lieu à de longs monologues de sourds. Cette attitude non seulement fait preuve d'un manque de politesse, mais elle n'est pas du tout stratégique. L'information est une source de pouvoir. Plus vous écoutez, plus vous en apprendrez sur votre adversaire : ce qui lui importe, ce qui ne lui importe pas, etc.

Soyez attentif à chaque mouvement du joueur adverse et suivez les règles du jeu. Avec le temps, vous gagnerez en dextérité.

Vous n'êtes pas au théâtre : même si vous avez très bien préparé votre scénario, sachez improviser.

Je me souviens, entre autres, d'une négociation où nous avions la certitude que l'autre partie se montrerait particulièrement intransigeante. Nous nous étions donc préparés à un affrontement et avons entamé la négociation en déposant nos revendications sur la table. Arrivés à un certain stade de la négociation, nous nous sommes rendu compte que l'autre partie se montrait très concernée par le problème qui avait motivé nos demandes. Nous nous sommes rapidement adaptés à la situation, avons abandonné notre stratégie de départ et, grâce à cela, nous avons obtenu d'excellents résultats.

Revenons au cas d'Hélène et de Suzanne et observons la suite de leur conversation.

- Suzanne, je ne crois pas que tu sois consciente de l'influence que as sur les membres de l'équipe. Lorsque tu as commencé à me dire ce que je devais faire ou ne pas faire, j'ai pris peur ! Je me suis imaginée que tu voulais me prendre mon boulot. Tout est nouveau pour moi ici. Je ne peux pas me permettre de donner l'impression que je ne sais pas ce que je fais.

- Ouais, je comprends. Moi, je voulais seulement te venir en aide... Quoique, avec un peu de recul, je réalise que j'étais très en colère contre toi. Comment as-tu pu te permettre de prendre MON boulot ! Je ne veux pas que nous restions fâchées. J'aime bien travailler dans la joie et la bonne humeur. Cela me donne de l'énergie pour me lever le matin. Si tu étais juste un peu moins stressée peut-être que toi aussi tu aurais du plaisir.

Bon, laissons les deux femmes poursuivre leur conversation, et venons-en directement à l'entente à laquelle elles en sont arrivées. Hélène a promis de se montrer plus avenante envers Suzanne et de ne plus sortir les griffes chaque fois que celle-ci lui transmet une information dont elle a besoin. Suzanne, elle, a promis d'agir avec plus de discrétion lorsqu'elle aurait un avis à donner. Enfin, toutes deux ont convenu que si un autre conflit devait survenir entre elles, elles s'en parleraient sans tarder.

Le règlement

Toute entente doit absolument, à la fin de chaque rencontre, faire l'objet d'un résumé qui sera ensuite rédigé en bonne et due forme, sinon elle ne laissera pas plus de trace qu'un château de sable après la marée.

Chaque session de négociation devrait donc se terminer par un bilan des points sur lesquels les parties se sont entendues. Cet exercice vient confirmer qu'il y a bien eu entente et permet de prévoir la suite des événements. Par exemple, si l'autre partie a promis de consulter ceux qu'elle représente à propos d'un enjeu quelconque ou d'une entente potentielle, demandez-lui de préciser à quel moment elle reviendra avec une réponse. Notez par écrit ces engagements et demandez à l'autre partie d'y apposer ses initiales.

La négociation est un processus exigeant. Il serait insensé de dépenser tout ce temps et toute cette énergie sans vous assurer que les changements qui ont reçu l'agrément de tous seront effectivement implantés. Que d'ententes tombent aux oubliettes du simple fait qu'elles n'ont pas fait l'objet d'un résumé écrit ! Qui se souviendra, des mois plus tard, de ce qui avait été discuté et décidé d'un commun accord ?

Le suivi

Enfin, n'oubliez surtout pas d'inscrire au calendrier des rencontres de suivi qui auront pour but de vérifier que les changements implantés correspondent bien à l'entente signée.

SYNTHÈSE DU CHAPITRE 9

1- *Toute bonne négociation repose avant tout sur une bonne prépa-ration. Avant même d'entrer en contact avec l'autre partie, sachez quels sont vos objectifs. Choisissez ensuite une straté-gie : voulez-vous que votre adversaire accède à vos revendica-tions ou préférez-vous que vous en veniez ensemble à la résolution de votre conflit ? Une bonne préparation suppose aussi que vous identifiez clairement qui sera l'autre partie. Assurez-vous d'avoir en face de vous des personnes qui dis-posent d'une marge de manœuvre suffisante. Enfin, ne vous lancez jamais dans une négociation en vous fiant uniquement à vos impressions; prenez le temps de réunir tous les renseigne-ments qui peuvent vous être utiles. Appuyez-vous sur des faits. Tous les faits.*

2- *Prenez aussi le temps d'examiner si d'autres choix s'offrent à vous. Vous augmenterez ainsi votre pouvoir. Si les négociations ne mènent nulle part, vous pourrez toujours vous retirer et arriver autrement à tirer votre épingle du jeu.*

3- *Si vous avez opté pour une négociation compétitive, prévoyez la façon dont vous aurez recours à votre pouvoir pour punir ou récompenser votre adversaire. Fixez-vous à l'avance un point de règlement.*

4- *À quelque étape que ce soit, ne dérogez jamais de votre code d'éthique. Honnêteté et respect avant tout. Si vous cherchez l'affrontement, jouez de votre pouvoir mais n'en abusez pas. N'oubliez jamais que la vie continue après la négociation; vous n'avez aucun intérêt à brûler tous les ponts avec votre adver-saire.*

5- *La négociation exige une dose minimale de confiance en la parole de son adversaire. Si ce n'est pas le cas, choisissez une autre méthode de résolution de conflit.*

6- *Avant d'ajourner une rencontre de négociation, revoyez les points sur lesquels vous vous êtes entendus et notez-les par écrit. Retournez à vos objectifs pour vous assurer que c'est bien là où vous vouliez en venir, que c'est bien le résultat que vous espériez.*

7- N'oubliez surtout pas de prévoir des rencontres de suivi pour veiller à la réalisation de l'entente qui a été négociée.

POUR PROTÉGER VOTRE SANTÉ MENTALE

Quelle que soit l'importance du conflit, vous ne gagnerez rien si vous ne prenez pas la peine de bien vous préparer avant de vous présenter devant votre adversaire.

Si vous avez affaire à une personne raisonnable, que vous vous êtes bien préparé, que vous arrivez avec des objectifs clairs et avec des données qui s'appuient sur des faits, votre efficacité est pratiquement assurée et vous arriverez à des solutions durables même dans le cas de conflits très importants. Il peut arriver, par contre, que votre adversaire ne soit tout simplement pas intéressé à résoudre le problème. Rien de pire, dans ce cas, que de sentir que le courant ne passe pas entre vous et l'autre partie. Ce sont des choses qui arrivent, même si vous savez très bien exposer le problème et que vous vous êtes adéquatement préparé. À vous alors de vous adapter à la situation et de choisir une nouvelle stratégie.

Rappelez-vous que pour être bien compris des autres, vous devez d'abord être clair avec vous-même. La négociation est un exercice qui peut s'avérer une intéressante source de pouvoir. Pour protéger votre santé mentale en milieu de travail, cherchez comment donner du poids à vos interventions.

EXERCICE 9.1

Aide-mémoire en préparation à la négociation

Cochez chaque action une fois qu'elle a été réalisée ou prise en considération.

1- ❑ Identifiez vos objectifs

_____

_____

2- ❑ Déterminez qui négociera avec qui

_____

_____

3- ❑ Choisissez votre stratégie

_____

_____

4- ❑ Réunissez toutes les renseignements utiles

_____

_____

5- Faites une analyse approfondie de votre partie et de la partie adverse :

   ❑ Ressentez-vous des émotions intenses ? À propos de quoi ?

_____

_____

   ❑ Selon vous, que ressent l'autre partie ?

_____

_____

   ❑ Quel style caractérise l'autre partie ?

_____

_____

❑ Quel style adopteriez-vous spontanément dans sa situation ?

_____

_____

❑ Ce style serait-il approprié ?

_____

_____

❑ La partie adverse appartient-elle à des réseaux informels dont vous devriez connaître l'existence ? En d'autres mots, l'autre partie ne représente-t-elle que ses propres intérêts ou ceux de tout un bataillon ?

_____

_____

❑ Quel type de relations aimeriez-vous avoir avec l'autre partie ?

_____

_____

❑ Y a-t-il des divergences culturelles en cause dans ce conflit ?

  ❑ Y a-t-il des points sensibles qu'il faut éviter d'éveiller ?

_____

_____

  ❑ Devriez-vous adopter un certain comportement; par exemple, vous habiller d'une certaine façon ?

_____

_____

❑ Quels sont vos intérêts en jeu dans cette négociation ?

_____

_____

❑ Quels sont les intérêts de l'autre partie ?

_____

_____

❑ Vos revendications sont-elles en accord avec vos intérêts ?

_____

_____

❑ Vos attentes sont-elles réalistes ?

_____

_____

❑ Avez-vous pris en compte les ressources et les limites du contexte ?

_____

_____

❑ Les attentes de l'autre partie sont-elles réalistes ?

_____

_____

❑ Vos attentes correspondent-elles à votre niveau de pouvoir ?

_____

_____

❑ Les attentes de vos opposants correspondent-elles à leur niveau de pouvoir ?

_____

_____

❑ Jusqu'à quel point est-ce important pour vous de l'emporter dans cette négociation ?

_____

_____

❑ Jusqu'à quel point est-ce important pour vos opposants de l'emporter dans cette négociation ?

_____

_____

❑ Que comptez-vous en tirer ?

_____

_____

❑ Risquez-vous d'y perdre quelque chose ?

_____

_____

6. Faites une liste de références extérieures qui pourraient être utilisées dans cette négociation :

_____

_____

_____

_____

_____

_____

7. Énumérez les autres choix qui s'offrent à vous :

_____

_____

_____

_____

_____

_____

_____

CONCLUSION

Voici, résumée en quelques lignes, chacune des étapes à franchir pour rester maître du jeu en situation de conflit. Cette synthèse vous aidera à retenir ce que vous avez appris dans ce livre et à y revenir quand vous aurez à affronter une situation de conflit. J'y ai ajouté des références à des ouvrages qui explorent plus en profondeur l'un ou l'autre des thèmes abordés.

1- *Tenez compte de vos émotions et de celles des autres.* Dans la plupart des cas, les conflits se manifestent à travers nos émotions. Servez-vous de ces indices pour entamer le processus d'analyse. Identifiez ce qui a déclenché vos émotions. Apprenez à reconnaître ce qui vous démobilise. Peu d'entre nous ont appris à déchiffrer leurs émotions. Si les personnes et les événements provoquent souvent chez vous des réactions très fortes, ou si vous vous mettez souvent en colère, si vous êtes souvent triste ou si la honte est une émotion qui vous est familière, il faut y voir. La plupart des entreprises offrent à leurs employés un programme d'aide. Ayez-y recours. Pour compléter le travail sur vos émotions, vous pouvez aussi consulter les documents suivants :

ARRIVÉ, J.-Y., *Savoir vivre ses émotions*, Paris, Éditions Retz, 2001.

DE GAULEJAC, V., *Les sources de la honte*, Paris, Desclée de Brouwer, 1996.

FORTIN, B., *Synthèse de Difficult Conversations. Les conversations difficiles*, disponible en ligne, <www.psychologue.levillage.org/sme1020/2de.html>.

2- *Observez vos comportements impulsifs en situation de conflit.*
Dans l'adversité, vous avez spontanément recours à vos styles
de prédilection. Vous devrez, dans un premier temps, prendre
conscience de ces réactions pour ensuite identifier celles qui
jouent en votre faveur et celles qui vous desservent. Si certains
de vos styles vous nuisent, ou nuisent à ceux qui vous entourent, faites ce qu'il faut pour en changer. Le chapitre 2 vous a
appris à identifier les styles auxquels vous avez recours spontanément en différentes circonstances. Le chapitre 8 vous a
appris à vous en servir de manière stratégique. Pour en savoir
plus sur le sujet, consultez les documents suivants :

Méthode Thomas-Killman en situation de conflit, disponible en
ligne <www.psychometrics.com>.

HIRIGOYEN, M.-F., *Le Harcèlement moral : la violence perverse
au quotidien*, Paris, Syros, 1998.

HIRIGOYEN, M.-F., *Le malaise dans le travail, harcèlement
moral : démêler le vrai du faux*, Paris, Syros, 2001.

3- *On ne survit pas longtemps quand on est isolé dans une organisation.* L'amitié et la camaraderie comptent pour beaucoup
dans le plaisir que nous avons de rentrer au bureau tous les
jours. Les réseaux informels constituent un des plus importants rouages du mécanisme de prise de décision dans une
organisation. Cette structure non officielle est un mélange de
groupes d'amis, d'individus isolés et de différents groupes qui
ont entre eux des relations positives ou négatives. C'est un
monde invisible mais qu'il vous faut absolument arriver à
percevoir. Votre bonheur, votre survie même, en dépend. Si
vous êtes isolé, faites-vous des amis. Si vous faites partie d'un
groupe, analysez les relations qui animent ce groupe. Si vous
êtes nouveau dans une organisation, ou si vous venez d'inté-
grer une équipe, prenez le temps de retracer le circuit de cette
vie cachée. C'est au moment de votre arrivée que vous êtes le
plus vulnérable. Le CLIP vous servira alors à repérer les
réseaux informels et plus tard à comprendre leur rôle dans
un conflit.

Le CLIP est influencé par le sociogramme. D'abord utilisé par
Jacob Lévy Moreno, il en existe plusieurs dérivés. Vous trouverez d'abondantes références sur Internet.

4- *Les divergences d'intérêts sont une des causes les plus fréquentes de conflits.* Imaginons que nous soyons deux à désirer la même chose et qu'un seul puisse l'obtenir. Pour comprendre la mécanique d'un conflit, il faut absolument que vous arriviez à identifier vos propres intérêts et ceux de l'autre. Cette information vous sera également précieuse pour résoudre le conflit. En effet, la plupart des situations conflictuelles font apparaître des divergences mais aussi des convergences d'intérêts. Pour rester maître du jeu en situation de conflit vous devrez vous exercer à jouer de cette réalité fort complexe qui est due au fait que nous ne partageons pas tous les mêmes priorités. Les ouvrages qui traitent de la négociation, vous en apprendront beaucoup sur ce thème. Consultez les documents suggérés au point 9.

5- *Les différences culturelles peuvent, elles aussi, s'avérer un facteur de conflits.* Selon les différents milieux que nous avons fréquentés dans nos vies, nous avons développé une certaine vision du monde qui peut être très différente de celle de nos collègues. Il se peut aussi, et c'est là que le bât blesse, que nous ayons acquis la conviction que ce point de vue est le seul valable. Pour rester maître du jeu en situation de conflit, vous devez absolument vous débarrasser de cette idée que vous seul avez raison et que tous les autres ont tort. Au contraire, vous devez vous ouvrir aux autres visions du monde, aux valeurs qui ne sont pas nécessairement les vôtres, aux règles, à la symbolique des autres cultures. La race humaine se caractérise par sa diversité : sexe, couleur de la peau, orientation sexuelle, etc. Ces différences, quand elles se rencontrent, provoquent des chocs.

Seul le dialogue peut nous donner accès à une culture qui n'est pas la nôtre. Débarrassez-vous de vos préjugés et intéressez-vous à la réalité qui se cache derrière les stéréotypes. Pour approfondir votre réflexion, vous pouvez consulter les ouvrages suivants :

BERGER, P. et T. LUCKMAN, « *La Construction sociale de la réalité* », dans *Références*, Paris, Armand Colin (coll.), 1997.

L'ensemble de l'œuvre du sociologue Erving Goffman qui décrit les actions humaines et les codes sociaux.

6- *Le pouvoir ! Le mot lui-même exprime la puissance !* Nombre de personnes n'aiment pas ce mot; elles le confondent avec *abus*. Ces personnes, si elles veulent rester maîtres du jeu en situation de conflit, devront changer radicalement leur perception du pouvoir. Le pouvoir c'est la capacité d'influencer les autres. Il n'appartient à personne et peut être exercé par quiconque a accès aux sources de pouvoir adéquates, dans le cadre d'une situation donnée. N'est-ce pas là une définition qui vous donne des ailes ? En d'autres mots : tout le monde a du pouvoir et a la possibilité d'augmenter son pouvoir. Le chapitre 6 met à votre disposition des outils pour mesurer votre propre niveau de pouvoir en le comparant à celui des personnes de votre entourage. Ces outils, je les ai appelés : *Inventaire des sources de pouvoir, Grille de répartition du pouvoir, Grille d'évaluation rapide du pouvoir*. Si votre niveau de pouvoir est très élevé, alors vous disposez d'une plus grande marge de manœuvre pour réagir face à votre adversaire. Si, au contraire, vous disposez de peu de pouvoir, vous devrez lutter pour développer de nouvelles sources de pouvoir et devenir un joueur qu'on écoute et qui impose le respect. Pour éventuellement sortir d'un conflit avec des résultats positifs, il faut que vous amassiez le plus de pouvoir possible. Si vous désirez en savoir plus sur la manière de hausser votre niveau de pouvoir, je vous suggère les lectures suivantes :

CROZIER, M. et E. FRIEDBERG, *L'acteur et le système*, Paris, Éditions du Seuil, 1977.

MINTZBERG, H., *Le pouvoir dans les organisations*, 2ᵉ éd., Paris, Éditions d'Organisation, 2003.

7- *Pour faire un tout de ces données éparses (structures informelles, intérêts, culture et pouvoir), vous disposez du CLIP-C.* Cet outil combine tous les éléments de votre analyse et vous donne une vue panoramique de la situation. Avec en main cette image complète et articulée, vous serez en mesure d'établir des liens entre les différentes composantes du conflit et de décider par où et comment vous attaquer au problème.

8- *Pour rester maître du jeu en situation de conflit, il faut user de stratégie.* En d'autres mots, vos actions doivent être adaptées à la situation. Par exemple, ne pas se défiler si le moment est venu de se confronter à l'autre, ne pas se taire si la situation exige que l'on parle. Vous disposez, au chapitre 8, d'un guide pour vous aider à identifier la stratégie la mieux adaptée à votre situation.

9- *Finalement, tout ce savoir que vous avez acquis sera mis à contribution pour développer vos talents de négociateur.* Une bonne négociation repose avant tout sur une bonne préparation. Sachez exprimer qui vous êtes et ce que vous voulez. Assurez-vous aussi de bien connaître la partie adverse. Écoutez en vous mettant dans la peau de l'autre. Un bon négociateur doit se montrer souple et ferme, généreux et intéressé, ouvert mais pas trop. Pour en savoir plus sur la négociation, je vous suggère les lectures suivantes :

FISHER, R. et W. URY, *Comment réussir une négociation*, Paris, Éditions du Seuil, 2006.

MORGAN, G., *Images de l'organisation*, Québec, Presses de l'Université Laval, 1997. Ce livre couvre l'ensemble des concepts organisationnels abordés dans le présent ouvrage.

Vous disposez maintenant des cartes maîtresses pour rester maître du jeu en situation de conflit. Si vous appliquez la méthode de manière constante et avec persistance, vous développerez le savoir, les aptitudes et la confiance dont vous avez besoin pour bien jouer et gagner. Un dernier conseil : n'oubliez jamais que tout ça est un jeu ! Amusez-vous !

BIBLIOGRAPHIE

ABDENNUR, A., *Camouflaged Aggression: The Hidden Threat to Individuals and Organizations*, Alberta, Detselig Enterprises, 2000.

ARRIVÉ, J.-Y., *Savoir vivre ses émotions*, Paris, Éditions Retz, 2001.

AUDET, M., *Santé mentale et travail : l'urgence de penser autrement l'organisation*, Québec, Presses de l'Université Laval, 2004.

BALICCO, C., *Pour en finir avec le harcèlement psychologique*, Paris, Éditions d'Organisation, 2001.

BERGER, P. et T. LUCKMAN, « *La Construction sociale de la réalité* », dans *Références*, Paris, Armand Colin (coll.), 1997.

BINETTE, N., *Victime au travail : l'enfer du harcèlement psychologique*, Montréal, Éditions de l'Homme, 2005.

CAVAIOLA, A.A. et N.J. LAVENDER, *Toxic Coworkers: How to Deal with Dysfunctional People on the Job*, Oakland (California), New Harbinger Publications, 2000.

CHALVIN, E., *Comment sortir des petits conflits dans le travail*, Paris, Dunod, 2000.

CHELDELIN, S., D. DRUCKMAN et L. FAST (éds.), *Conflict: From Analysis to Intervention*, London, Continuum, 2003.

CLAVIER, H., H. DE KOVACHICH, M. ESPOSITO et P. RENAUD, *Guide pratique de la médiation*, Toronto, Carswell, 1997.

CLICHÉ, B., *Harcèlement et les lésions psychologiques*, Cowansville, Éditions Yvon Blais, 2005.

COMPÈRE, B., *Régulation des conflits du travail*, Paris, Éditions d'Organisation, 2001.

CORDEAU, M.-J., *Harcèlement psychologique au travail : témoignage, définition, législation*, Chicoutimi, JCL, 2004.

CORMIER, S., *Dénouer les conflits relationnels en milieu de travail*, Québec, Presses de l'Université du Québec, 2004.

COURCY, F., *Violences au travail : diagnostic et prévention*, Montréal, Presses de l'Université de Montréal, 2004.

CROWE, S.A., *Since Strangling Isn't an Option...: Dealing With Difficult People – Common Problems and Uncommon Solutions*, New York, Perigee Book, 1999.

CROZIER, M. et E. FRIEDBERG, *L'acteur et le système*, Paris, Éditions du Seuil, 1977.

DANA, D., *Conflict Resolution*, New York, McGraw-Hill Trade, 2000.

DE GAULEJAC, V., *Les sources de la honte*, Paris, Desclée de Brouwer, 1996.

DEUTSCH, M. et P.T. COLEMAN (éds.), *The Handbook of Conflict Resolution: Theory and Practice*, San Francisco, Jossey-Bass, 2000.

EVANS, P., *The Verbally Abusive Relationship: How to Recognize It and How to Respond*, Cincinnati, Adams Media Corporation, 1996.

FISHER, R., A.K. SCHNEIDER et E. KOPELMAN, *Beyond Machiavelli: Tools for Coping With Conflict*, Cambridge (Mass.), Harvard University Press, 1996.

FISHER, R. et W. URY, *Comment réussir une négociation*, Paris, Éditions du Seuil, 2006.

FOLGER, J.P., M.S. POOLE et R.K. STUTMAN, *Working Through Conflict: Strategies for Relationships, Groups, and Organizations*, 4ᵉ éd., New York, Addison-Wesley Publishing Company, 2000.

FORTIN, B., *Synthèse de Difficult Conversations. Les conversations difficiles*, disponible en ligne <www.psychologue.levillage.org/sme1020/2de.html>.

FROST, P.J., *Toxic Emotions at Work: How Compassionate Managers Handle Pain and Conflict*, Boston, Harvard Business School Press, 2003.

GBÉZO, B.E., *Agressivité et violences au travail : comment y faire face ?*, ESF EME, 2000.

GUÉRARD, G., *Dépression et conflits : symptômes de dynamiques organisationnelles problématiques*, Objectif Prévention, ASSTSAS, 2004, disponible en ligne <www.asstsas.qc.ca/documentation/op/ op275004.pdf>.

GUÉRARD, G., « De l'émotion à l'action, Parler lors d'un conflit » dans *Sans pépins*, vol. 9, nᵒ 2, juin 2007, disponible en ligne <www.asstsas.qc.ca/article.asp? DocID=991>.

GUTTMAN, H.M., *When Goliaths Clash: Managing Executive Conflict to Build a More Dynamic Organization*, New York, AMACOM (American Management Association), 2003.

Harvard Business Review, *Négociation et résolution de conflits*, Paris, Éditions d'Organisation, 2001.

HEIM, P., S. MURPHY et S.K. GOLANT, *In the Company of Women: Turning Workplace Conflict into Powerful Alliances*, New York, J.P. Tarcher, 2001.

HIAM, A., *Taming the Conflict Dragon: Mastering Obstacles to Collaboration in the Workplace & in Life*, Arizona, Facts on Demand Press, 2003.

HIRIGOYEN, M.-F., *Le Harcèlement moral : la violence perverse au quotidien*, Paris, Syros, 1998.

HIRIGOYEN, M.-F., *Le malaise dans le travail, harcèlement moral : démêler le vrai du faux*, Paris, Syros, 2001.

HORN, A., *Face It: Recognizing and Conquering the Hidden Fear That Drives All Conflict at Work*, New York, AMACOM (American Management Association), 2004.

Institut de Psychodynamique, *Espace de réflexion, espace d'action en santé mentale au travail*, Québec, Presses de L'Université Laval, 2006.

LABELLE, G., *Comment désamorcer les conflits au travail*, Montréal, Transcontinental, 2005.

LAFLAMME, S., *Communication et émotion*, Paris, L'Harmattan, Logiques sociales, 1995.

LAFOND, R., *Harcèlement psychologique : Tout ce que l'employeur doit savoir*, Cowansville, Éditions Yvon Blais, 2004.

LANDAU, S., B. LANDAU et D. LANDAU, *From Conflict to Creativity: How Resolving Workplace Disagreements Can Inspire Innovation and Productivity*, San Francisco, Jossey-Bass, 2001.

LEBEDUN, J. et K.M. MILLER (éd.), *Managing Workplace Conflict*, West Des Moines, Provant Media (Duplicate of AMRNM), 1998.

LERNER, H., *The Dance of Connection: How to Talk to Someone When You're Mad, Hurt, Scared, Frustrated, Insulted, Betrayed, or Desperate*, New York, Harper Collins, 2002.

LIPSKY, D.B., R.L. SEEBER et R. FINCHER, *Emerging Systems for Managing Workplace Conflict: Lessons from American Corporations for Managers and Dispute Resolution Professionals*, San Francisco, Jossey-Bass, 2003.

LULOFS, R.S., *Conflict, from Theory to Action*, Boston, Pearson Allyn & Bacon, 1999.

LUNDIN, W. et K. LUNDIN, *When Smart People Work for Dumb Bosses: How to Survive in a Crazy and Dysfunctional Workplace*, New York, McGraw-Hill/Contemporary Books, 1998.

MALAREWICKZ, J.-A., *Gérer les conflits au travail*, Paris, Village mondial, 2004.

MAYER, B.S., *The Dynamics of Conflict Resolution: A Practitioner's Guide*, San Francisco, Jossey-Bass, 2000.

MINTZBERG, H., *Structure in Fives: Designing Effective Organizations*, Englewood Cliffs (N.-J.), Prentice Hall, 1992.

MORGAN, G., *Images de l'organisation*, Québec, Presses de l'Université Laval, 1997.

NAMIE, G. et R. NAMIE, *The Bully at Work: What You Can Do to Stop the Hurt and Reclaim Your Dignity on the Job*, Naperville (Illinois), Sourcebooks Trade, 2000.

POTTER-EFRON, R.T., *Working Anger: Preventing & Resolving Conflict on the Job*, Oakland (California), New Harbinger Publications, 1998.

SKOPEC, E.W. et L. KIELY, *Everything's Negotiable When You Know How to Play the Game*, New York, AMACOM (American Management Association), 1994.

SMITH, S.T., *Surviving Aggressive People: Practical Violence Prevention Skills for the Workplace and the Street*, Boulder (Colorado), Sentient Publications, 2003.

STONE, D., B. PATTON, S. HEEN et R. FISHER, *Difficult Conversations: How to Discuss What Matters Most*, New York, Penguin USA (Paper), 2000.

URSINY, T., *Coward's Guide to Conflict: Empowering Solutions For Those Who Would Rather Run Than Fight*, Naperville (Illinois), Sourcebooks Trade, 2003.

URSINY, T., *The Coach's Handbook: Exercises for Resolving Conflict in The Workplace*, Chicago, Advantage Coaching and Training, 1999.

WEINER, D.L. et R.E. LEFTON, *Power Freaks: Dealing With Them in the Workplace or Anyplace*, Amherst (New York), Prometheus Books, 2002.

WITHERS, W., *The Conflict Management Skills Workshop: A Trainer's Guide*, New York, AMACOM (American Management Association), 2002.

YOKE, J.H. et D. PARKER, *Parties in Conflict: Secret Motives and Hidden Differences*, Saratoga (California), R. & E. Publications, 1993.

ZEMKE, R., C. RAINES et B. FILIPCZAK, *Generations at Work: Managing the Clash of Veterans, Boomers, Xers, and Nexters in Your Workplace*, New York, AMACOM (American Management Association), 2000.

INDEX ANALYTIQUE

Les chiffres font référence aux pages.